한자와 중국어 함께 배우는
간체자 천자문

빠르고 쉽게 배우는 세계 최초의 중국어 간체 천자문

한자와 중국어 함께 배우는
간체자 천자문

임장춘 지음

도서출판 사람과 사람

책머리에

한국의 문화 발전에 밑거름이 되어온 전통천자문(繁體, 異體漢字)을 세계 최초로 중국의 현행 간체자(簡體漢字)로 바꾼 『간체자 천자문으로 배우는 중국어』를 세상에 내놓게 된 것을 기쁘게 생각한다. 아울러 중국의 간체자 개혁으로 말미암아 반세기 동안 전통천자문이 중국 한자문화와 이탈된 마당에 이 책으로 두 가지의 천자문 문화를 접목시킴은 물론, 한국과 중국의 한자문화를 다시 하나의 체계로 이어지도록 시도했다는 면에서 아이디어가 참신함을 자부한다.

전하는 바에 따르면 대략 1500년 전에 중국 남조시대(南朝時代) 양(梁) 나라의 주홍사(周興嗣, 470~521년)라는 선비가 양무제(梁武帝)의 명에 따라 4언고시(四言古詩) 250구를 지어 올렸다고 한다. 그 글자 수가 1000자라 하여 천자문 또는 하룻밤 사이에 엮느라 머리까지 희었다고 하여 일명 '백수문(白首文)'이라고도 칭한다. 자연 현상으로부터 인류 도덕에 이르는 세상의 진리를 조리 있게 깔끔히 다듬은 천자문은 우리 민족에게 지혜를 키워주는 인생의 좌우명으로, 슬기롭게 삶을 영위하게 이끌어 준 훌륭한 한자문화 자산으로 지금까지 전해오고 있다.

하지만 1950년대 중반, 중국은 2230여 자에 달하는 번체자를 글자체가 완전히 다른 간체자로 개혁했는데 현행 전통천자문에만 해도 현재 중국인들이 쓰지 않는 번체, 이체자가 무려 380여 자나 된다. 그럼에도 불구하고 현재까지 한국, 일본, 중국 등 나라에서 출판된 50여 종의 천자문 책들은 여전히 구태의연한 번체, 이체자로 되어 있으니, 결국 우리들은 13억 중국인들이 이미 포기한 '죽은 글'을 계속 배우고 있는 셈이다. 이는 전통 한자문화 공부에는 도움이 되겠지만 중국과의 경제교류나 중국 진출을 위한 실용 한자, 중국어 교육에는 별로 도움이 되지 않을 것으로 생각된다. 한자문화의 이러한 이탈 현상은 전통천자문 문화에 대한 개혁과 새로운 학습방법의 창출을 요구하고 있다.

한편 7만 자에 달하는 중국어 한자와 한국어 기본 어휘의 70퍼센트를 이루는 한국어 한자는 다 같은 한자임에도 불구하고 각기 중국어와 한국어라는 서로 다른 언어문자 체계를 이루고 있다. 따라서 한자의 모체인 중국글의 형체가 원래의 번체에서 간체로 변형된 실정을 고려하여 한국의 한자교육도 이 변화된 현실을 직시하고 따르는 것이 바람직하다고 생각된다. 그래야만 한·중 두 나라의 한자문화가 지속적인 조화를 이루고 발전할 수 있을 것이다. 그렇지 않다면 두 나라 한자문화의 이탈로 인한 제반 사회교육과 정치, 경제, 문화교류 발전에 심각한 영향을 초래할 수도 있을 것이다.

중국의 세계적 위상이 급부상함에 따라 일고 있는 중국어 붐 속에 활발하게 펼쳐지는 한자교육·전사회적인 한자급수 자격평가 공부뿐만 아니라 초등학교에서까지 한자를 가르치는 활발한 움직임은 이제 한자 → 중국어(간체자)의 접목교육을 절실히 요청하고 있다. 이 책은 기왕의 번체, 이체자와 간체자의 대조 해설을 기본으로 중국어 발음, 한글 발음, 뜻풀이, 예문(일상용어 단어, 고사성어, 기본회화)의 순으로 5000개 단어와 500마디 회화를 엮음과 아울러 총 250구의 4언고시를 우리말로 풀이하여 중국의 실용 한자, 또는 중국어를 공부하는데 최대한의 편리와 도움을 주고자 했다.

이 책의 편찬, 출판에 물심양면의 지지와 도움을 아끼지 않으신 변경섭(卞景燮) 전통일부 남북연락사무소장, 이재정(李在禎) 전성공회대학교 총장, 상옥화(尚玉和) 전주한중국대사관 영사, 문상주(文尚柱) 한국학원총연합회장, 진태하(陳泰夏) 전국한자교육추진총연합회위원장, 장형식(張炯植) 한국한자급수자격평가원장 등 의로운 분들에게 심심한 사의를 표함과 아울러 책 출판을 기꺼이 허락해 주신 김성호(金成鎬) '도서출판 사람과 사람' 사장님과 불편한 몸으로 편집, 교정을 맡아준 김정희(金貞姬) 여사에게 고마움을 표한다.

2004년 1월 임장춘

차례

한자와 중국어 함께 배우는 간체자 천자문

일러두기 | 8

간체자에 대하여 | 10
중국 정부가 간체자를 만든 데에 적용한 세 가지 기준과 원칙.

중국어의 발음 | 12
중국어는 병음과 성조 부호에 의해 정확히 발음되며 그 뜻이 전달된다.
병음의 성모 21자와 병음의 운모 36자, 성조의 발음과 특수발음법, 얼화음을 풀이했다.

부수에 대하여 | 16
한자의 부수는 총 214개. 놓이는 위치에 따라 크게 8가지로 나뉘어진다.

간체자로 바뀐 부수 | 18
중국어에서는 총 214개 부수 가운데 일부 부수를 간체자로 바꾸어 사용하고 있다. 그 부수가 글자의 어디에 위치하건 대체로 간체자로 바꿔 사용한다. 간체자에서 흔히 쓰고 있는 24개의 부수는?

간체자의 필순 | 19
간체자의 필순은 대체로 한자의 필순과 동일하다고 하는데?

자음으로 본 차례 | 20
간체자를 자음 순으로 찾아보기

간체자 천자문 | 27

부록
컴퓨터 및 인터넷 상용단어 | 279

일러두기

이 책은 전통천자문 한자로 중국어 간체자와 중국어 회화(천자문 → 간체자 → 중국어회화)를 배울 수 있도록 접목한 책이다. 전통천자문의 순서에 따라 한 글자마다 간체한자와 대조하여 '중국어 발음 | 한글 발음 | 뜻풀이 | 예문(일상용어, 고사성어, 기본생활 회화)'의 순으로 해설했고 별도로 획순을 표시했다. 아울러 총 250구의 4언고시를 우리말로 풀이했으며, 한 페이지마다 초급 수준의 중국어 회화를 '중국어 발음 | 우리말 풀이'의 순으로 배열했다. 전체적으로 한자 공부에 갓 입문한 초, 중, 고교생 및 한자급수자격평가 응시생들, 그리고 중국어 기초가 낮은 대학생들에게 보다 유용한 참고서가 될 수 있도록 애썼으며 천자문은 알고 있으나 간체자와 중국어 회화가 되지 않아서 중국과의 경제교류에 불편을 겪고 있는 상공, 기업인들에게도 길라잡이가 되도록 노력했다.

한자 발음의 우리말 표기는 '우리말 표기법'(문교부 고시 제85-11호, 1986년 1월 7일)의 중국어 한글대조표를 기준으로 삼았다. 다만 실제 발음과 다르게 표시되는 것에 한해서는 발음의 정확성을 기한다는 점에서 필자가 보완하기도 했다. 그리고 우리말 해설은 『국어대사전』(이희승 편저, 서울 민중서림, 1994)을 참조했다. 이밖에 『새중한사전』(중국어대사전 편집위원회 편저, 1990)과 『신화자전』(새신화자전편집부 편저, 중국 해남출판사, 1995)을 참고했음을 밝힌다.

이 책은 우리에게 낯설은 중국어 간체자를 빠르고 쉽고 간단명료하고도 체계적으로 익힐 수 있다는 점이 특징이자 장점이다.

① 빠르다. 간체자와 번체자를 한 눈에 대조함으로써 한자에 대한 이해를 빠르게 해준다.
② 쉽다. 중국어 간체자에 대한 우리말 발음 토를 달아 주어 까다로운 중국어 발음도 손쉽게 할 수 있다.
③ 간단명료하다. 옥편이나 사전은 한 글자에 대해 너무 구체적으로 설명해 놓아 초보자나 시간적 여유가 없는 이들이 이용하기에 불편한 점이 한두 가지가 아니다. 하지만 이 책에서는 이들의 편리를 기해 가장 기본적인 것만 택해 해설함으로써 번잡함을 최소화했다.
④ 체계적이다. 발음, 뜻풀이, 단어, 회화 예문을 체계적으로 설명해 놓음으로써 사전과 옥편이 따로 없이 공부할 수 있도록 했다.

간체자에 대하여

간체자란 종래 사용해온 한자(번체자)가 필획이 많아 쓰기 복잡하고 어렵다는 점에서 그 획수를 간소화하여 쓰기 편리하고 기억하기 쉽게 고친 중국의 개혁문자이다. 예컨대 배워서 익힌다는 뜻의 '학습'을 번체자로 쓰면 '學習(xué xí)'으로 16획과 11획이지만 간체자로는 '学习'이라고 써서 8획과 3획으로 줄어든다. 마음이 개운하지 않다는 뜻의 '우울'을 번체자로 쓰면 '憂鬱(yōu yù)'로 16획과 29획이지만 간체자로는 '忧郁'이라고 써서 7획과 8획으로 대폭 줄어든다.

중국의 한자는 대략 7만여 자이다. 잘 아시다시피 한자는 수천 년 동안 여러 차례의 변천 과정을 겪어 왔다. 주나라 때 태사(太史) 주가가 만들었다는 대전체(大篆體)에서 시작하여 진시황 때 이사(李斯)가 대전체를 다시 간략하게 변형시킨 소전체(小篆體), 진나라 때의 예서체(隸書體), 그러다가 지금 우리가 쓰고 있는 정자체인 해서체(楷書體)로까지 간소화되었다.

그러나 해서체 역시 획수도 많고 모양이 복잡하여 일반인들이 사용하기 쉽지 않았다. 이에 중국 정부는 1956년 1월 간체자 515자와 간화편방자(簡化偏旁字) 54자를 확정 발표했고 1964년 5월에 이르러서는 총 2235자의 '간화자총표(簡化字總表)'를 확정 시행했다. 중국에서 사용되는 간체자는 총 한자의 30분의 1에 불과한 숫자이지만 일반인들이 일상생활을 꾸려나가는 데는 거의 어려움이 없다.

간체자 제정 원칙

중국 정부가 간체자를 만든 데에는 세 가지 기준이 있다. 첫째, 필획이 17획 이상인 글자는 반드시 그 필획을 줄이며 12획 이하는 줄이지 않되, 12~17획인 글자는 경우에 따라 처리한다. 둘째, 이미 통용되어 온 간편한 한자는 계속 사용한다. 셋째, 한자 서예법의 규칙과 특징에 맞게 간소화한다. 이상의 세 가지 기준에서 아래와 같이 몇 가지 원칙을 적용시켰다.

① 필획이 적은 고문자(古文字)나 습관적으로 쓰여온 속자(俗字) 중의 적당한 글자로 대치한다.
　　衛→卫(wèi), 義→义(yì), 幣→币(bì)
② 부수(部首) 가운데 복잡한 것을 단순하게 부호화하거나 간략화한다.
　　堅→坚(jiān), 溝→沟(gōu), 燈→灯(dēng)
③ 글자의 한 부분만으로도 다른 글자와 구별할 수 있다면 그 일부분만을 취한다.
　　豊→丰(fēng), 與→与(yǔ), 麗→丽(lì)
④ 동음이체자(同音異體字)로 전체를 대체하거나 글자 가운데 음이 되는 부분을 음이 같은 간단한 글자로 대체한다.
　　護→护(hù), 畫→画(huà), 匯→汇(huì)
⑤ 흘림체(草書體) 중 일부를 해서체로 사용한다.
　　龍→龙(lóng), 於→于(yú), 書→书(shū)

중국어는 병음(拼音)과 성조(聲調) 부호에 의해 정확히 발음되며 그 뜻이 전달된다. '병음'은 로마자를 대용한 발음부호, 즉 한글의 자음에 해당한 성모(聲母)와 모음에 해당한 운모(韻母)와의 결합을 말하며, '성조'는 매 음절에 표기되는 성음의 고저강약을 나타내는 부호이다. 따라서 이 두가지 표기만 정확히 알면 중국어를 제대로 발음할 수 있다.

병음의 성모(21자)

○ 순음(脣音): 두 입술을 이용하여 내는 소리 ㅣ b(뻐) p(퍼) m(머)
○ 순치음(脣齒音): 아래 입술과 윗니 사이로 내는 소리 ㅣ f(뻐)
○ 설첨음(舌尖音): 혀의 끝으로 내는 소리 ㅣ d(떠) t(터) n(너) l(러)
○ 설근음(舌根音): 혀의 뒷부분으로 내는 소리 ㅣ g(거) k(커) h(허)
○ 설면음(舌面音): 혀의 중간으로부터 내는 소리 ㅣ j(지) q(치) x(시)
○ 권설음(卷舌音): 혀를 말아서 내는 소리 ㅣ zh(츠) ch(츠) sh(스) r(르)
○ 설치음(舌齒音): 혀와 이 사이에서 내는소리 ㅣ z(쯔) c(츠) s(쓰)

【포인트 설명】

① zh, ch, sh, r, z, c, s를 제외한 성모는 모두 단독적인 단음으로 음절을 구성할 수 없으며 반드시 운모의 앞에 놓여서야만 그 원음을 나타낸다.

② f의 한글발음 위에 '△'를 표기한 것은 순음 b, p의 한글발음과 구별되게 발음하기 위한 것(즉, 윗니를 아랫입술에 갖다대고 b, p의 중간음을 택해 숨을 내쉬며 발음)이다.

③ zh, ch, sh, r의 한글발음 위에 'O'을 표기한 것은 권설음(혀끝을 위로 말아 올려 발음함)의 발음을 뜻하며 설치음 z, c, s(혀끝을 곧게 펴서 앞니 사이로 발음함)와 구별하기 위한 것이다.

④ zh, ch, sh, r, z, c, s가 다른 운모와 결합되지 않고 단독으로 쓰일 경우에 반드시 뒤에 운모 'i'를 붙여야 한다(예컨대 知 zhi, 自 zi). 그러나 이 경우에 'i'의 음인 '이'는 발음되지 않는다.

병음의 운모(36자)

○ 단운모(單韻母): 홑음(6개) ㅣ a(아) o(오) e(어) i(이) u(우) ü(위)
○ 복운모(復韻母): 두 소리가 겹쳐나는 소리(13개) ㅣ ai(아이) ei(에이) ao(아오) ou(어우) ia(야) iao(야오) ie(예) iou(여우) ua(와) uo(워) uai(와이) üei(웨이) üe(위에)
○ 비운모(鼻韻母): 비음을 동반한 소리(16개) ㅣ an(안) en(언) ang(앙) eng(엉) ong(웅) ian(앤) in(인) iang(양) ing(잉) iong(윰) uan(완) uen(원) uang(왕) ueng(웡) üan(위안) ün(윈)
○ 권설운모(卷舌韻母): 혀를 위로 말아서 내는 소리(1개) ㅣ er(얼)

【포인트 설명】

① 운모 i, u, ü가 단독 음절로 쓰일 때는 각기 그 앞에 y, w, y 부호를 붙여 yi(衣), wu(吳), yu(魚)로 표기한다.

② 앞에 성모 없이 운모로 음절이 시작될 때 운모 i, u, ü의 표기는 다음과 같다.

○ i로 시작되는 음절은 i를 y로 바꾸어 표기한다.

  牙 ia → ya, 羊 iang → yang

○ u로 시작되는 음절은 u를 w로 바꾸어 표기한다.

  瓦 ua → wa, 王 uang → wang

○ ü로 시작되는 음절은 ü를 yu로 바꾸어 표기한다(원래 ü의 두 점을 취소한 u로).

  魚 ü → yu, 月 üe → yue

○ 성모 j, q, x 및 y의 뒤에 운모 ü가 결합될 경우는 ü의 위 두 점을 취소하여 표기한다.

  居 ju, 去 qu, 许 xu, 魚 yu

성조의 발음

성조는 한자의 발음을 정확하게, 그리고 그 음절의 뜻을 나타내거나 구별하는데 매우 중요한 역할을 한다. 예컨대 동일한 'ma' 발음을, 1성인 경우에는 mā(妈, 어머니)로, 2성은 má(麻, 삼)로, 3성은 mǎ(马, 말)로, 4성은 mà(骂, 욕하다)로, 그리고 경성일 경우에는 ma(吗, 어미사, 성조 부호를 표기하지 않음)로 발음되어 각기 그 뜻이 달라진다.

중국어의 성조는 통상 4성(四聲)이라 부른다. 1성, 2성, 3성, 4성 등 네 가지 성조가 기본이기 때문이다. 그러나 실제로는 '경성'이란 발음도 있음을 유의해야 한다.

성조 발음 표시도

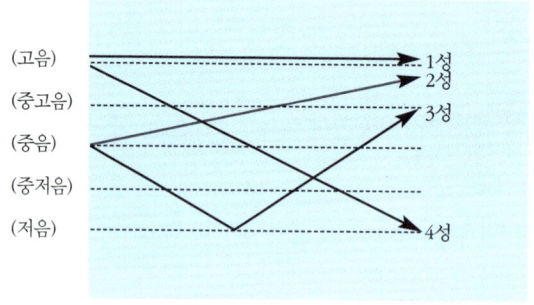

1성(一聲)은 '阴平'이라고도 함. 부호는 ' ˉ '(높고 평평하게, 즉 고음에서 발음)
2성(二聲)은 '阳平'이라고도 함. 부호는 ' ´ '(중음에서 고음까지 상승시키며 빨리 발음)
3성(三聲)은 '上声'이라고도 함. 부호는 ' ˇ '(중음에서 저음 → 중고음으로 상승시켜 발음)
4성(四聲)은 '去声'이라고도 함. 부호는 ' ` '(고음에서 저음으로 하강시켜 발음)
경성(輕聲)은 '入声'이라고 하며 부호는 보통 표기하지 않음(짧고 가볍게 발음)

【포인트 설명】

① 성조부호는 각 음절의 주요 운모(발음할 때 입을 크게 벌리는 운모) 위에 표기한다.

② 복합운모(復韻母)는 a, e, o의 순으로, 'iu' 'ui'의 경우에는 뒷운모 위에 성조를 표기한다(예: 员 yuān, 月 yuè, 有 yǒu, 流 liú, 水 shuǐ).

③ 운모 i 위에 성조를 표기할 경우에는 i 위의 점은 생략하고 직접 성조부호로 대체한다(예: 丽 lì, 林 lím, 京 jīng).

성조의 특수발음법

①3성 변화상태의 발음

○ 3성이 두 개 이상 연속 발음될 경우에는 제일 마지막 3성 음절 외의 앞의 3성 음절은 모두 2성으로 발음한다(你好 nǐ hǎo→ní hǎo, 我很满意 wǒ hěn mǎn yì→wó hén mǎn yì).

○ 3성 뒤에 1, 2, 4성이 계속될 경우, 3성은 원발음의 절반인 반3성으로, 즉 중음 위치에서 저음 위치로 하강하는 부분만 발음한다.

② '一' '不' 성조 변화상태의 발음

○ '一'는 원래 1성으로 발음되지만 1, 2, 3성 앞에서는 4성으로 발음하며 4성이나 경성 앞에서는 2성으로 발음한다(一家 yī jiā→yì jiā, 一国 yī guó→yì guó, 一起 yī qǐ→yì qǐ, 一样 yī yàng→yí yàng, 一个 yī ge→yí ge).

○ '不'는 원래 4성으로 발음되지만 뒤의 4성 앞에서는 2성으로 발음한다(不是 bù shì→bú shì).

③ 경성의 발음

○ 경성은 보통 두 음절 낱말 가운데 두 번째 음절 또는 동사, 형용사어의 중첩된 뒷 음절을 가볍고 짧게 발음하는 성조이다.

○ 동음(同音)이 중첩한 명사나 동사의 두 번째 음절(星星 xīng xing, 看看 kàn kan), 동의(同意)복합어의 두 번째 음절(意义 yì yi, 热闹 rè nao), 동사 뒤에서 문법 역할만 하는 보어조사(看着 kàn zhe, 说过 shuō guo, 吃了 chī le), 여러가지 조사 또는 접미사(尾巴 wěi ba, 后头 hòu tou), 외래어의 두 번째 음절(的士 dí shi, 冰淇淋 bīng qi lín)에 경성을 쓴다.

얼화음

표준 중국어의 발음에는 혀를 말아서 내는 소리, 즉 얼화음(儿化音)이라는 특수 발음법이 있다. 주로 베이징어에서 자주 쓰인다. 얼화음은 발음을 유연하고도 듣기 좋게 하는 역할뿐만 아니라 어떤 경우에는 완전히 한 음절(글자)의 뜻을 나타내기도 한다. 예컨대 huà는 画(동사, '그리다'의 뜻)이지만 huàr의 경우는 画儿(명사, '그림'이라는 뜻)로 풀이된다.

【포인트 설명】

① 얼화음은 보통 한 음절(또는 중첩되는 음절)의 제일 마지막에 표기된다.

  球 qiúr(볼), 慢慢的 màn mānr de(천천히)

② 얼화음의 기본발음은 권설음모(卷舌韵母) er(얼)로 발음된다.

③ 얼화음 儿은 보통 er로 표기하며 운미(韵尾)로 쓰일 때는 r로 표기한다.

  儿童 ér tong(아동), 儿子 ér zi(아들), 花儿 huār(꽃), 玩儿 wánr(놀다)

한자는 대체로 '상, 하, 좌, 우, 중' 5개 부분이 합해져서 정방형 모양으로 표기되는데, 이 글자요소 중 가장 기본적이고 공통적으로 쓰이는 부분을 부수라고 한다. 한글로 말하면 자음, 모음과 같은 것이며 영어의 알파벳과 같다.

한자의 부수는 총 214개이다. 놓이는 위치에 따라 크게 8가지로 나뉘어 부르는데, 옥편(玉篇)이나 자전(字典)을 이용할 때 매우 도움이 된다. 왜냐 하면 옥편이나 자전의 배열 기준이 부수이기 때문이다.

부수에 대하여

1. 부수가 글자의 왼쪽에 있을 때 '변(邊)' 혹은 '편(扁)'이라 한다.

   亻(사람 인): 化(huà), 代(dài), 付(fù)

   彳(두 인): 征(zhēng), 彼(bǐ), 很(hěn)

   扌(손 수): 打(dǎ), 扫(sǎo), 护(hù)

   氵(물 수): 污(wū), 河(hé), 江(jiāng)

2. 부수가 글자의 오른쪽에 있을 때 '방(傍)'이라 한다.

   攵(칠 복): 攻(gōng), 放(fàng), 政(zhèng)

   欠(하품 흠): 软(ruǎn), 欣(xīn), 欧(ōu)

   页(머리 혈): 顶(dǐng), 须(xū), 顽(wān)

   阝(언덕 부): 阳(yāng), 防(fāng), 部(bù)

3. 부수가 글자의 위에 있을 때 '머리'라 한다.

   宀(집 면): 守(shǒu), 字(zì), 完(wán)

   艹(풀 초): 苗(miáo), 苦(kǔ), 英(yīng)

   竹(대 죽): 笑(xiào), 笨(bèn), 简(jiǎn)

   雨(비 우): 雷(léi), 零(líng), 雾(wù)

4. 부수가 글자의 밑에 있을 때 '발'이라 한다.

　　　　　皿(그릇 명) : 盆(pén), 盒(hé), 盗(dào)
　　　　　儿(밑사람 인) : 光(guāng), 先(xiān), 克(kè)
　　　　　灬(불 화) : 杰(jié), 点(diǎn), 煮(zhǔ)
　　　　　心(마음 심) : 忘(wàng), 思(sī), 急(jí)

5. 부수가 글자의 위와 왼쪽을 덮고 있을 때 '엄(안)'이라 한다.

　　　　　广(바윗집 엄) : 床(chuáng), 座(zuò), 庙(miào)
　　　　　尸(주검 시) : 尿(niào), 屎(shī), 屋(wū)
　　　　　虍(범 호) : 虐(nüè), 虚(xū), 虑(lǜ)
　　　　　疒(병질 엄) : 病(bìng), 疙(gē), 疼(téng)

6. 부수가 글자의 왼쪽과 밑을 감싸고 있을 때 '받침'이라 한다.

　　　　　辶(뛸 착) : 退(tuì), 过(guò), 远(yuǎn)
　　　　　廴(끌 인) : 廷(tíng), 延(yán), 建(jiàn)
　　　　　走(달릴 주) : 超(chāo), 赶(gǎn), 趣(qù)

7. 부수가 글자를 에워싸고 있을 때 '몸'이라 한다.

　　　　　囗(에워쌀 위) : 回(huí), 固(gù), 图(tú)
　　　　　门(문 문) : 闪(shǎn), 闭(bì), 问(wèn)
　　　　　行(다닐 행) : 衍(yǎn), 衙(yá), 衔(xián)

8. 부수가 독립적인 글자이면서 부수로 쓰이는 것도 있다.

　　　　　木(나무 목) : 杯(bēi), 村(cūn), 柿(shì)
　　　　　山(메 산) : 岸(àn), 炭(tàn), 崩(bēng)
　　　　　火(불 화) : 灶(zào), 炙(jiǔ), 炒(chǎo)

중국어에서는 총 214개의 부수 가운데 일부 부수를 간체자로 바꾸어 사용하고 있다. 이 경우에 대체로 그 부수가 글자의 어디에 위치하건 간체자로 바꿔서 사용한다. 간체자에서 흔히 쓰고 있는 24개의 부수는 다음과 같다(순서는 간체자를 기준으로 했음).

言 → 讠 (말씀 언) : 计(jì), 评(píng), 说(shuō)

爿 → 丬 (조각 장, 장수 장) : 壮(zhuàng), 状(zhuàng), 将(jiàng)

門 → 门 (문 문) : 闪(shǎn), 闷(mèn), 闯(chuǎng)

辶 → 辶 (쉬엄쉬엄 갈 착) : 送(sòng), 达(dá), 运(yùn)

食 → 饣 (밥 식) : 饥(jī), 饱(bǎo), 饿(è)

糸 → 纟 (실 사) : 纱(shā), 纹(wén), 给(gěi)

馬 → 马 (말 마) : 驼(tuó), 骡(luó), 驴(lú)

韋 → 韦 (가죽 위) : 苇(wěi), 围(wéi), 韩(hán)

車 → 车 (수레 차) : 军(jūn), 轻(qīng), 轿(jiào)

貝 → 贝 (조개 패) : 贫(pín), 贴(tiē), 购(gòu)

見 → 见 (볼 견) : 视(shì), 观(guān), 觉(jué)

風 → 风 (바람 풍) : 枫(fēng), 飘(piāo), 飓(jù)

龍 → 龙 (용 룡) : 聋(lóng), 袭(xí), 龚(gōng)

金 → 钅 (쇠 금) : 钉(dīng), 针(zhēn), 铜(tóng)

鳥 → 鸟 (새 조) : 鸭(yā), 鸥(ōu), 鹰(yīng)

頁 → 页 (머리 혈) : 预(yù), 颈(jǐng), 颅(lú)

麥 → 麦 (보리 맥) : 麸(fū), 麹(qū), 麰(móu)

鹵 → 卤 (염전 로) : 鹾(cuó), 航(gǎng)

角 → 角 (뿔 각) : 觖(jué), 觥(gōng), 觚(gū)

齒 → 齿 (이 치) : 龄(líng), 龈(yín), 龇(zì)

黽 → 黾 (힘쓸 민) : 渑(miǎn), 蝇(yíng), 绳(shéng)

魚 → 鱼 (고기 어) : 鲜(xiān), 鲸(jīng), 鳄(è)

靑 → 青 (푸를 청) : 清(qīng), 情(qíng), 请(qǐng)

骨 → 骨 (뼈 골) : 骶(dǐ), 骼(qià), 髌(bìn)

한자의 필순(筆順)이란 글자를 쓰는 획(画)의 순서를 말한다. 필순이 틀리면 글자의 모양이 나지 않을 뿐더러 정확한 글자가 쓰여지지 않으므로 반드시 순서에 따라 획을 써야 한다. 간체자 필순은 대체로 한자의 필순과 동일하다.

왼쪽에서 오른쪽으로 쓴다.
    川 → ノ ノ 川

위에서 아래로 쓴다.
    三 → 一 二 三

가로 획과 세로 획이 교차될 경우, 가로 획을 먼저 긋고 나서 세로 획을 긋는다.
    十 → 一 十

삐침과 파임이 만날 때는 삐침을 먼저 쓰고 나서 파임을 쓴다.
    天 → 一 二 チ 天

좌, 우로 대칭이 되는 형태의 글자는 가운데 부분을 먼저 쓰고나서 왼쪽, 오른쪽의 순서로 쓴다.
    水 → 丨 刁 氵 水

안과 바깥쪽이 있을 때는 먼저 바깥쪽을 쓴 다음 안쪽을 쓰고 아래 입구를 막는다.
    国 → 丨 冂 冂 月 月 囯 国 国

글자 전체를 가로 혹은 세로로 꿰뚫는 획은 나중에 쓴다.
    母 → 乚 乃 乃 乃 母 母

오른쪽 위의 점은 맨 나중에 찍는다.
    犬 → 一 ナ 大 犬

받침으로 쓰이는 글자 중 받침부수 '走'는 먼저 쓰고 받침부수 '廴'은 나중에 쓴다.
    起 → 一 十 土 キ キ 走 走 起 起 起
    建 → ㄱ ㄱ ㄹ ㄹ ㄹ 聿 聿 津 津 建

간체자의 필순

자음으로 본 차례

【가】
可〔可〕75
家〔家〕154
驾〔駕〕158
假〔假〕173
稼〔稼〕192
轲〔軻〕197
嘉〔嘉〕203
歌〔歌〕241
佳〔佳〕262

【각】
刻〔刻〕160

【간】
简〔簡〕249

【갈】
竭〔竭〕91
碣〔碣〕187

【감】
敢〔敢〕68
甘〔甘〕107
感〔感〕168
鉴〔鑑〕202

【갑】
甲〔甲〕140

【강】
冈〔岡〕40
姜〔薑〕44
羌〔羌〕58
绛〔絳〕224
糠〔糠〕232
康〔康〕244

【개】
芥〔芥〕44
盖〔蓋〕65
改〔改〕71
皆〔皆〕262

【갱】
更〔更〕171

【거】
巨〔巨〕41

去〔去〕108
据〔據〕134
钜〔鉅〕188
居〔居〕211
渠〔渠〕217
举〔舉〕242

【건】
建〔建〕81
巾〔巾〕236

【검】
剑〔劍〕41

【견】
坚〔堅〕129
见〔見〕209
遣〔遣〕215

【결】
结〔結〕38
洁〔潔〕237

【겸】
谦〔謙〕200

【경】
景〔景〕79
庆〔慶〕86
竞〔競〕88
敬〔敬〕90
竟〔竟〕104
京〔京〕132
泾〔涇〕134
惊〔驚〕136
经〔經〕150
卿〔卿〕152
轻〔輕〕158
倾〔傾〕166

【계】
启〔啓〕139
阶〔階〕143
溪〔溪〕161
鸡〔鷄〕186
诚〔誡〕205
稽〔稽〕247

【고】
羔〔羔〕78
姑〔姑〕115
鼓〔鼓〕142
槁〔槁〕149
高〔高〕155
皋〔皋〕208
古〔古〕213
故〔故〕233
顾〔顧〕250
孤〔孤〕275

【곡】
谷〔谷〕83
毂〔轂〕156
曲〔曲〕163

【곤】
昆〔崑〕40
困〔困〕172
昆〔昆〕187
鲲〔鯤〕223

【공】
拱〔拱〕56
恭〔恭〕67
空〔空〕83
孔〔孔〕117
功〔功〕159
公〔公〕165
贡〔貢〕195
恐〔恐〕248
工〔工〕264

【과】
果〔果〕43
过〔過〕71
寡〔寡〕275

【관】
官〔官〕48
观〔觀〕136
冠〔冠〕155

【광】
光〔光〕42

广〔廣〕145
匡〔匡〕165
旷〔曠〕189

【괴】
槐〔槐〕152

【괵】
虢〔虢〕173

【교】
交〔交〕119
矫〔矯〕243
巧〔巧〕260

【구】
驹〔駒〕62
驱〔驅〕156
九〔九〕181
求〔求〕213
具〔具〕229
口〔口〕230
旧〔舊〕233
惧〔懼〕248
垢〔垢〕251
矩〔矩〕271

【국】
国〔國〕51
鞠〔鞠〕67

【군】
君〔君〕89
群〔群〕148
军〔軍〕178
郡〔郡〕182

【궁】
宫〔宮〕135
躬〔躬〕205

【권】
劝〔勸〕196

【궐】
阙〔闕〕41
厥〔厥〕203

【귀】
归〔歸〕60

贵〔貴〕109
【규】
规〔規〕120
【균】
钧〔鈞〕260
【극】
克〔剋〕80
极〔極〕206
【근】
谨〔謹〕200
近〔近〕207
根〔根〕221
【금】
金〔金〕39
禽〔禽〕137
琴〔琴〕258
【급】
及〔及〕64
给〔給〕154
【긍】
矜〔矜〕273
【기】
岂〔豈〕68
己〔己〕74
器〔器〕76
基〔基〕103
气〔氣〕118
既〔既〕147
绮〔綺〕167
起〔起〕177
几〔幾〕199
其〔其〕204
讥〔譏〕205
机〔機〕209
饥〔飢〕232
玑〔璣〕267

【길】
吉〔吉〕270
【난】
难〔難〕76

【남】
男〔男〕70
南〔南〕193
【납】
纳〔納〕143
【낭】
囊〔囊〕226
【내】
奈〔奈〕43
乃〔乃〕50
内〔內〕145
【녀】
女〔女〕69
【년】
年〔年〕265
【념】
念〔念〕80
恬〔恬〕259
【녕】
宁〔寧〕170
【농】
农〔農〕191
【능】
能〔能〕72
【다】
多〔多〕170
【단】
短〔短〕73
端〔端〕82
旦〔旦〕164
丹〔丹〕180
【달】
达〔達〕146
【담】
淡〔淡〕45
谈〔談〕73
【답】
答〔答〕250
【당】
唐〔唐〕52

堂〔堂〕84
当〔當〕91
棠〔棠〕107
【덕】
德〔德〕81
【대】
大〔大〕66
对〔對〕140
岱〔岱〕183
带〔帶〕273
【도】
陶〔陶〕52
道〔道〕55
都〔都〕131
图〔圖〕137
途〔途〕173
盗〔盜〕255
【독】
笃〔篤〕101
独〔獨〕223
读〔讀〕225
犊〔犢〕253
【돈】
敦〔敦〕197
顿〔頓〕243
【동】
冬〔冬〕34
同〔同〕118
动〔動〕126
东〔東〕132
洞〔洞〕188
桐〔桐〕220
【두】
杜〔杜〕149
【득】
得〔得〕72
【등】
腾〔騰〕37
登〔登〕105
等〔等〕276

【라】
罗〔羅〕151
骡〔騾〕253
【락】
洛〔洛〕133
落〔落〕222
【란】
兰〔蘭〕95
【람】
蓝〔藍〕240
【랑】
朗〔朗〕266
廊〔廊〕272
【래】
来〔來〕33
【량】
良〔良〕70
量〔量〕76
两〔兩〕209
粮〔糧〕234
凉〔涼〕252
【려】
吕〔呂〕36
丽〔麗〕39
黎〔黎〕57
虑〔慮〕214
驴〔驢〕253
【력】
力〔力〕91
历〔曆〕217
【련】
连〔連〕118
辇〔輦〕155
【렬】
列〔列〕32
烈〔烈〕69
【렴】
廉〔廉〕123
【령】
令〔令〕102

灵〔靈〕138
聆〔聆〕201
领〔領〕271
【례】
礼〔禮〕110
【로】
露〔露〕38
路〔路〕152
劳〔勞〕200
老〔老〕234
【록】
禄〔祿〕157
【론】
论〔論〕213
【뢰】
赖〔賴〕64
【료】
廖〔廖〕212
辽〔遼〕257
【루】
楼〔樓〕136
累〔累〕215
陋〔陋〕275
【류】
流〔流〕97
【륜】
伦〔倫〕259
【률】
律〔律〕36
【륵】
勒〔勒〕160
【릉】
凌〔凌〕224
【리】
李〔李〕43
履〔履〕93
离〔離〕122
理〔理〕201
利〔利〕261
【린】

鳞〔鱗〕46
【림】
临〔臨〕93
林〔林〕208
【립】
立〔立〕81
【마】
磨〔磨〕120
摩〔摩〕224
【막】
莫〔莫〕72
漠〔漠〕179
邈〔邈〕189
【만】
万〔萬〕64
满〔滿〕127
晚〔晚〕219
【망】
忘〔忘〕72
罔〔罔〕73
邙〔邙〕133
莽〔莽〕218
亡〔亡〕256
【매】
寐〔寐〕239
每〔每〕265
【맹】
盟〔盟〕174
孟〔孟〕197
【면】
面〔面〕133
绵〔綿〕189
勉〔勉〕204
眠〔眠〕239
【멸】
灭〔滅〕173
【명】
鸣〔鳴〕61
名〔名〕81
命〔命〕92

明〔明〕146
铭〔銘〕160
冥〔冥〕190
【모】
慕〔慕〕69
母〔母〕114
貌〔貌〕202
毛〔毛〕263
【목】
木〔木〕63
睦〔睦〕111
牧〔牧〕177
目〔目〕226
【몽】
蒙〔蒙〕276
【묘】
杳〔杳〕190
亩〔畝〕193
妙〔妙〕262
庙〔廟〕272
【무】
无〔無〕104
茂〔茂〕159
武〔武〕168
务〔務〕192
【묵】
墨〔墨〕77
默〔默〕212
【문】
文〔文〕49
问〔問〕55
门〔門〕185
闻〔聞〕275
【물】
物〔物〕128
勿〔勿〕169
【미】
靡〔靡〕74
美〔美〕101
糜〔糜〕130

微〔微〕164
【민】
民〔民〕53
【밀】
密〔密〕169
【박】
薄〔薄〕93
【반】
盘〔盤〕135
磻〔磻〕161
饭〔飯〕229
叛〔叛〕256
【발】
发〔發〕54
发〔髮〕65
【방】
方〔方〕64
傍〔傍〕139
纺〔紡〕235
房〔房〕236
【배】
背〔背〕133
陪〔陪〕155
杯〔杯〕242
拜〔拜〕247
徘〔徘〕274
【백】
白〔白〕62
伯〔伯〕115
百〔百〕182
魄〔魄〕268
【번】
烦〔煩〕176
【벌】
伐〔伐〕53
【법】
法〔法〕175
【벽】
璧〔璧〕87
壁〔壁〕150

【변】
弁〔弁〕144
辨〔辨〕202
【별】
别〔別〕110
【병】
丙〔丙〕139
兵〔兵〕154
并〔并〕182
秉〔秉〕198
并〔竝〕262
【보】
宝〔寶〕87
步〔步〕271
【복】
服〔服〕50
伏〔伏〕58
覆〔覆〕75
福〔福〕86
本〔本〕191
【봉】
凤〔鳳〕61
奉〔奉〕114
封〔封〕153
【부】
父〔父〕89
夫〔夫〕112
妇〔婦〕112
傅〔傅〕113
浮〔浮〕134
府〔府〕151
富〔富〕157
阜〔阜〕163
扶〔扶〕166
俯〔俯〕272
【분】
分〔分〕119
坟〔墳〕147
纷〔紛〕261

【불】
不〔不〕97
弗〔弗〕122
【비】
悲〔悲〕77
非〔非〕87
卑〔卑〕110
比〔比〕116
匪〔匪〕124
飞〔飛〕136
肥〔肥〕158
碑〔碑〕160
枇〔枇〕219
【빈】
宾〔賓〕60
嚬〔嚬〕264
【사】
师〔師〕47
四〔四〕66
使〔使〕75
丝〔絲〕77
事〔事〕89
似〔似〕95
斯〔斯〕95
思〔思〕99
辞〔辭〕100
仕〔仕〕105
写〔寫〕137
舍〔舍〕139
肆〔肆〕141
士〔士〕170
沙〔沙〕179
史〔史〕198
谢〔謝〕216
嗣〔嗣〕245
祀〔祀〕246
射〔射〕257
【산】
散〔散〕214
【상】

霜〔霜〕38
翔〔翔〕46
裳〔裳〕50
常〔常〕66
伤〔傷〕68
上〔上〕111
相〔相〕151
赏〔賞〕196
箱〔箱〕226
象〔象〕240
床〔床〕240
觞〔觴〕242
尝〔嘗〕246
颡〔顙〕247
详〔詳〕250
想〔想〕251
【새】
塞〔塞〕185
【색】
穑〔穡〕192
色〔色〕202
索〔索〕211
【생】
生〔生〕39
笙〔笙〕142
【서】
暑〔暑〕33
西〔西〕132
书〔書〕150
黍〔黍〕194
庶〔庶〕199
【석】
席〔席〕141
石〔石〕187
夕〔夕〕239
释〔釋〕261
【선】
善〔善〕86
仙〔仙〕138
宣〔宣〕179

禅〔禪〕184
膳〔膳〕229
扇〔扇〕237
璇〔璇〕267
【설】
设〔設〕141
说〔說〕168
【섭】
摄〔攝〕106
【성】
成〔成〕35
圣〔聖〕80
声〔聲〕83
盛〔盛〕96
诚〔誠〕101
性〔性〕125
星〔星〕144
城〔城〕186
省〔省〕205
【세】
岁〔歲〕35
世〔世〕157
税〔稅〕195
【소】
所〔所〕103
素〔素〕197
疏〔疏〕209
逍〔逍〕214
宵〔霄〕224
少〔少〕234
啸〔嘯〕258
笑〔笑〕264
邵〔邵〕270
【속】
属〔屬〕228
续〔續〕245
俗〔俗〕261
束〔束〕273
【솔】
率〔率〕60

【송】
松〔松〕96
悚〔悚〕248
【수】
收〔收〕34
水〔水〕39
垂〔垂〕56
首〔首〕57
树〔樹〕61
殊〔殊〕109
随〔隨〕112
受〔受〕113
守〔守〕127
兽〔獸〕137
岫〔岫〕190
谁〔誰〕210
手〔手〕243
修〔修〕269
绥〔綏〕270
【숙】
宿〔宿〕32
夙〔夙〕94
叔〔叔〕115
孰〔孰〕164
俶〔俶〕193
熟〔熟〕195
淑〔淑〕263
【순】
笋〔筍〕240
【슬】
瑟〔瑟〕142
【습】
习〔習〕84
【승】
升〔陞〕143
承〔承〕146
【시】
始〔始〕49
恃〔恃〕74
诗〔詩〕78

是〔是〕88
时〔時〕162
市〔市〕225
侍〔侍〕236
施〔施〕263
矢〔矢〕265
【식】
食〔食〕62
息〔息〕97
寔〔寔〕170
植〔植〕204
【신】
臣〔臣〕58
身〔身〕65
信〔信〕75
慎〔慎〕102
神〔神〕126
新〔新〕195
薪〔薪〕269
【실】
实〔實〕159
【심】
深〔深〕93
甚〔甚〕104
心〔心〕126
寻〔尋〕213
审〔審〕250
【아】
儿〔兒〕116
雅〔雅〕129
阿〔阿〕162
我〔我〕194
【악】
恶〔惡〕85
乐〔樂〕109
岳〔嶽〕183
【안】
安〔安〕100
雁〔雁〕185
【알】

幹〔幹〕267
【암】
岩〔巖〕190
【앙】
仰〔仰〕272
【애】
爱〔愛〕57
【야】
夜〔夜〕42
野〔野〕188
也〔也〕278
【약】
若〔若〕99
弱〔弱〕166
约〔約〕175
跃〔躍〕254
【양】
阳〔陽〕36
让〔讓〕51
养〔養〕67
羊〔羊〕78
骧〔驤〕254
【어】
於〔於〕191
鱼〔魚〕198
饫〔飫〕231
御〔御〕235
语〔語〕277
【언】
言〔言〕100
焉〔焉〕278
【엄】
严〔嚴〕90
奄〔奄〕163
业〔業〕103
【여】
余〔餘〕35
与〔與〕90
如〔如〕96

【역】
亦〔亦〕148
【연】
缘〔緣〕86
渊〔淵〕98
筵〔筵〕141
宴〔宴〕241
妍〔妍〕264
【열】
悦〔悅〕244
热〔熱〕252
【염】
染〔染〕77
厌〔厭〕232
【엽】
叶〔葉〕222
【영】
盈〔盈〕31
映〔暎〕98
荣〔榮〕103
咏〔詠〕108
楹〔楹〕140
英〔英〕148
缨〔纓〕156
营〔營〕164
永〔永〕270
【예】
隶〔隸〕149
乂〔乂〕169
誉〔譽〕180
艺〔藝〕194
翳〔翳〕221
豫〔豫〕244
【오】
五〔五〕66
梧〔梧〕220
【옥】
玉〔玉〕40
【온】
温〔溫〕94

【외】
外〔外〕113
畏〔畏〕227
【완】
玩〔翫〕225
阮〔阮〕258
【왈】
曰〔曰〕90
【왕】
往〔往〕33
王〔王〕60
【요】
遥〔遙〕214
飘〔飄〕222
要〔要〕249
曜〔曜〕266
【욕】
欲〔欲〕76
辱〔辱〕207
浴〔浴〕251
【용】
龙〔龍〕47
容〔容〕99
用〔用〕178
庸〔庸〕199
【우】
宇〔宇〕30
雨〔雨〕37
羽〔羽〕46
虞〔虞〕52
优〔優〕105
友〔友〕119
右〔右〕145
禹〔禹〕181
寓〔寓〕226
祐〔祐〕269
愚〔愚〕276
【운】
云〔雲〕37
云〔云〕184

运〔運〕223
【울】
郁〔鬱〕135
【위】
为〔爲〕38
位〔位〕51
渭〔渭〕134
魏〔魏〕172
威〔威〕179
委〔委〕221
炜〔煒〕238
谓〔謂〕277
【원】
远〔遠〕189
园〔園〕218
垣〔垣〕228
圆〔圓〕237
愿〔願〕252
【월】
月〔月〕31
【유】
有〔有〕52
惟〔惟〕67
维〔維〕79
犹〔猶〕116
猷〔猷〕203
游〔遊〕223
攸〔攸〕227
輶〔輶〕227
帷〔帷〕236
【육】
育〔育〕57
【윤】
闰〔閏〕35
尹〔尹〕161
【융】
戎〔戎〕58
【은】
殷〔殷〕54
隐〔隱〕121

银〔銀〕238
【음】
阴〔陰〕88
音〔音〕201
【읍】
邑〔邑〕131
【의】
衣〔衣〕50
宜〔宜〕102
仪〔儀〕114
义〔義〕123
意〔意〕128
疑〔疑〕144
【이】
迩〔邇〕59
以〔以〕107
而〔而〕108
移〔移〕128
二〔二〕132
伊〔伊〕161
贻〔貽〕203
易〔易〕227
耳〔耳〕228
异〔異〕234
【익】
益〔益〕108
【인】
人〔人〕48
因〔因〕85
仁〔仁〕121
引〔引〕271
【일】
日〔日〕31
壹〔壹〕59
逸〔逸〕125
【임】
任〔任〕260
【입】
入〔入〕114
【자】

字〔字〕49
资〔資〕89
子〔子〕116
慈〔慈〕121
自〔自〕130
紫〔紫〕185
兹〔茲〕192
姿〔姿〕263
者〔者〕277
【작】
作〔作〕80
爵〔爵〕130
【잠】
潜〔潛〕46
箴〔箴〕120
【장】
张〔張〕32
藏〔藏〕34
章〔章〕56
场〔場〕62
长〔長〕74
帐〔帳〕140
将〔將〕151
墙〔墻〕228
肠〔腸〕230
庄〔莊〕273
【재】
在〔在〕61
才〔才〕70
载〔載〕193
宰〔宰〕231
再〔再〕247
哉〔哉〕278
【적】
积〔積〕85
籍〔籍〕104
迹〔跡〕181
赤〔赤〕186
寂〔寂〕212
的〔的〕217

适〔適〕230
绩〔績〕235
嫡〔嫡〕245
贼〔賊〕255
【전】
传〔傳〕83
颠〔顛〕124
殿〔殿〕135
转〔轉〕144
典〔典〕147
剪〔剪〕177
田〔田〕186
笺〔牋〕249
【절】
切〔切〕120
节〔節〕123
【접】
接〔接〕242
【정】
贞〔貞〕69
正〔正〕82
定〔定〕100
政〔政〕106
静〔靜〕125
情〔情〕125
丁〔丁〕168
精〔精〕178
亭〔亭〕184
庭〔庭〕188
【제】
帝〔帝〕47
制〔制〕49
诸〔諸〕115
弟〔弟〕117
济〔濟〕166
祭〔祭〕246
【조】
调〔調〕36
鸟〔鳥〕48
吊〔弔〕53

朝〔朝〕55
造〔造〕122
操〔操〕129
赵〔趙〕172
组〔組〕210
条〔條〕218
早〔早〕220
凋〔凋〕220
糟〔糟〕232
钓〔釣〕260
照〔照〕268
眺〔眺〕274
助〔助〕277
【족】
足〔足〕243
【존】
存〔存〕107
尊〔尊〕110
【종】
终〔終〕102
从〔從〕106
钟〔鐘〕149
宗〔宗〕183
【죄】
罪〔罪〕53
【좌】
坐〔坐〕55
左〔左〕146
佐〔佐〕162
【주】
宙〔宙〕30
珠〔珠〕42
周〔週〕54
州〔州〕181
主〔主〕184
奏〔奏〕215
昼〔晝〕239
酒〔酒〕241
诛〔誅〕255
【준】

俊〔俊〕169
遵〔遵〕175
【중】
重〔重〕44
中〔中〕199
【즉】
则〔則〕92
即〔即〕208
【증】
增〔增〕206
蒸〔蒸〕246
【지】
地〔地〕29
知〔知〕71
之〔之〕96
止〔止〕99
枝〔枝〕118
志〔志〕127
持〔持〕129
池〔池〕187
祗〔祗〕204
纸〔紙〕259
指〔指〕269
【직】
职〔職〕106
稷〔稷〕194
直〔直〕198
【진】
辰〔辰〕32
珍〔珍〕43
尽〔盡〕92
真〔眞〕127
振〔振〕156
晋〔晉〕171
秦〔秦〕182
陈〔陳〕221
【집】
集〔集〕147
执〔執〕252
【징】

澄〔澄〕98
【차】
此〔此〕65
次〔次〕122
车〔車〕158
且〔且〕244
【찬】
赞〔讚〕78
餐〔飡〕229
【찰】
察〔察〕201
【참】
斩〔斬〕255
唱〔唱〕112
【채】
菜〔菜〕44
彩〔彩〕138
【책】
策〔策〕159
【처】
处〔處〕211
【척】
尺〔尺〕87
陟〔陟〕196
戚〔慼〕216
戚〔戚〕233
【천】
天〔天〕29
川〔川〕97
贱〔賤〕109
千〔千〕154
践〔踐〕174
【첨】
瞻〔瞻〕274
【첩】
妾〔妾〕235
牒〔牒〕249
【청】
听〔聽〕84

清〔清〕94
青〔青〕180
【체】
体〔體〕59
【초】
草〔草〕63
初〔初〕101
楚〔楚〕171
招〔招〕216
超〔超〕254
诮〔誚〕276
【촉】
烛〔燭〕238
【촌】
寸〔寸〕88
【총】
宠〔寵〕206
【최】
最〔最〕178
催〔催〕265
【추】
秋〔秋〕34
推〔推〕51
抽〔抽〕218
【축】
逐〔逐〕128
【출】
出〔出〕40
黜〔黜〕196
【충】
忠〔忠〕92
充〔充〕230
【취】
取〔取〕98
吹〔吹〕142
聚〔聚〕148
翠〔翠〕219
【측】
昃〔昃〕31
恻〔惻〕121

25

【치】
致〔致〕37
侈〔侈〕157
驰〔馳〕180
治〔治〕191
耻〔恥〕207
【칙】
敕〔敕〕200
【친】
亲〔親〕233
【칠】
漆〔漆〕150
沈〔沈〕212
【칭】
称〔稱〕42
【탐】
耽〔耽〕225
【탕】
汤〔湯〕54
【태】
殆〔殆〕207
【택】
宅〔宅〕163
【토】
土〔土〕174
【퇴】
退〔退〕123
【통】
通〔通〕145
【투】
投〔投〕119
【특】
特〔特〕253
【파】
颇〔頗〕177
杷〔杷〕219
【팔】
八〔八〕153
【패】

沛〔沛〕124
霸〔霸〕171
【팽】
烹〔烹〕231
【평】
平〔平〕56
【폐】
陛〔陛〕143
弊〔弊〕176
【포】
饱〔飽〕231
捕〔捕〕256
布〔布〕257
【표】
表〔表〕82
飘〔飄〕222
【피】
被〔被〕63
彼〔彼〕73
疲〔疲〕126
【필】
必〔必〕71
笔〔筆〕259
【핍】
逼〔逼〕210
【하】
河〔河〕45
遐〔遐〕59
下〔下〕111
夏〔夏〕131
何〔何〕175
荷〔荷〕217
【학】
学〔學〕105
【한】
寒〔寒〕33
汉〔漢〕167
韩〔韓〕176
闲〔閑〕211
【함】

咸〔鹹〕45
【합】
合〔合〕165
【항】
恒〔恒〕183
抗〔抗〕206
【향】
馨〔馨〕95
【해】
海〔海〕45
解〔解〕210
骸〔骸〕251
骇〔駭〕254
【행】
行〔行〕79
幸〔幸〕208
【허】
虚〔虛〕84
【현】
玄〔玄〕29
贤〔賢〕79
县〔縣〕153
弦〔絃〕241
悬〔懸〕267
【협】
侠〔俠〕152
【형】
形〔形〕82
兄〔兄〕117
衡〔衡〕162
刑〔刑〕176
【혜】
惠〔惠〕167
嵇〔嵇〕258
【호】
号〔號〕41
好〔好〕130
户〔戶〕153
乎〔乎〕278
【홍】

洪〔洪〕30
【회】
怀〔懷〕117
回〔回〕167
会〔會〕174
晦〔晦〕268
徊〔徊〕274
【획】
获〔獲〕256
【횡】
横〔橫〕172
【화】
火〔火〕47
化〔化〕63
祸〔禍〕85
和〔和〕111
华〔華〕131
画〔畫〕138
【환】
桓〔桓〕165
欢〔歡〕216
纨〔紈〕237
丸〔丸〕257
环〔環〕268
【황】
黄〔黃〕29
荒〔荒〕30
皇〔皇〕48
煌〔煌〕238
惶〔惶〕248
【효】
效〔效〕70
孝〔孝〕91
【후】
后〔後〕245
【훈】
训〔訓〕113
【휘】
晖〔暉〕266
【훼】

毁〔毀〕68
【휴】
亏〔虧〕124
【흔】
欣〔欣〕215
【흥】
兴〔興〕94
【희】
羲〔羲〕266

간체자 천자문

天 地 玄 黄

天 톈 tiān	地 띠 dì	玄 쉬안 xuán	黄 황 huáng
天 하늘 천	地 땅(따) 지	玄 검을 현	黄 누를 황

天地玄黃 하늘은 검(붉)고 땅은 누르다

天
- 天地 (天地) tiān dì 하늘과 땅
- 天气 (天氣) tiān qì 일기, 날씨
- 天长日久 (天長日久) tiān cháng rì jiǔ 시간이 가고 세월이 흘러가다
- 天高云淡 (天高雲淡) tiān gāo yún dàn 하늘은 높고 구름은 맑다
- 听天由命 (听天由命) tīng tiān yóu mìng 운명을 하늘에 맡기다, 천명에 따르다

天	地
一	一
二	十
于	土
天	圵
	圵
	地

地
- 地图 (地圖) dì tú 지리부도
- 地理 (地理) dì lǐ 토지의 상태
- 土地 (土地) tǔ dì 땅, 흙
- 地利人和 (地利人和) dì lì rén hé (지리적으로) 살기좋고 사람들이 화목하다
- 地久天长 (地久天長) dì jiǔ tiān cháng 하늘과 땅처럼 영원하리

玄
- 玄发 (玄發) xuán fà 검은 머리카락
- 玄色 (玄色) xuán sè 검은 색
- 玄服 (玄服) xuán fú 검은 옷
- 玄鸟 (玄鳥) xuán niǎo 제비(별명)
- 玄鹤飞去 (玄鶴飛去) xuán hè fēi qù 검은 목두루미가 날아가다

玄	黄
丶	卝
亠	卝
宀	苗
玄	苗
玄	黄

黄
- 蛋黄 (蛋黃) dàn huáng 달걀의 노른자위
- 黄昏 (黃昏) huáng hūn 해가 지고 어둑어둑할 때
- 黄色 (黃色) huáng sè 누런색
- 黄粱美梦 (黃粱美夢) huáng liáng měi mèng 실현될 수 없는 허무한 꿈
- 秋天是黄金季节 qiū tiān shì huáng jīn jì jié 가을은 황금과 같은 계절이다

회화 한마당

- 你(您)好? nǐ(nín) hǎo 안녕하십니까?
- 你(您)好! nǐ(nín) hǎo (당신도) 안녕하시지요!

宇 宙 洪 荒

위 yǔ　　쩌우 zhòu　　홍 hóng　　황 huāng

宇 宙 洪 荒

집 우　　집 주　　넓을 홍　　거칠 황

宇宙洪荒 우주는 넓고 거칠다

宇
- 宇宙(宇宙) yǔ zhòu 천지
- 宇航员(宇航員) yǔ háng yuán 우주비행사
- 屋宇(屋宙) wū yǔ 집
- 望衡对宇(望衡對宇) wàng héng duì yǔ 거리가 가까워 서로 바라볼 수 있다
- 宇宙旅行时代开始了 yǔ zhòu lǚ xíng shí dài kāi shǐ le 우주여행시대가 시작되었다

宙
- 宙始(宙始) zhòu shǐ 예로부터 지금까지의 시간
- 宇宙空间(宇宙空間) yǔ zhòu kōng jiān 항성,행성간의 공간,아주 넓은 공간
- 宇宙飞船(宇宙飛船) yǔ zhòu fēi chuán 우주선
- 宇宙速度(宇宙速度) yǔ zhòu sù dù 우주 속도
- 宇宙空间显得变小了 yǔ zhòu kōng jiān xiǎn de biàn xiǎo le 우주 공간이 작아 보인다

洪
- 洪水(洪水) hóng shuǐ 장마
- 洪恩(洪恩) hóng ēn 큰 은덕
- 洪流(洪流) hóng liú 거센 흐름
- 洪水猛兽(洪水猛獸) hóng shuǐ měng shòu 홍수나 야수가 덮친 듯한 큰 재화
- 他的声音很洪亮 tā de shēng yīn hěn hóng liàng 그의 목소리는 매우 우렁차다

荒
- 荒原(荒原) huāng yuán 거친 들
- 荒唐(荒唐) huāng táng 거칠고 허탄함
- 荒漠(荒漠) huāng mò 거칠고 한없이 넓음
- 黄淫无耻(黃淫無恥) huāng yín wú chǐ 주색에 빠졌어도 수치스러움을 모르다
- 开垦荒地(開墾荒地) kāi kěn huāng dì 황폐한 땅을 개간하다

宇	宙
丶	丶
八	宀
宀	宁
宁	宁
宁	宙
宇	宙

洪	荒
氵	艹
氵	艹
汁	芒
洪	荒
洪	荒
洪	荒

회화 한마당
早上好! zǎo shàng hǎo　밤새 편안히 지내셨습니까? (아침 인사)
晚上好! wǎn shàng hǎo　밤(저녁)에 잘 지내십니까? (밤 인사)

日 月 盈 昃

日 rì	月 yuè	盈 yíng	昃 zè
날 일	달 월	찰 영	기울 측

日月盈申 해는 (바로 위에 있다가도) 기울고 달은 (둥글었다가도) 이즈러진다

日	日记(日記) rì jì 매일 생긴 일의 기록 日夜(日夜) rì yè 낮과 밤 日新月异(日新月異) rì xīn yuè yì 날마다 달마다 새롭다 日夜想念(日夜想念) rì yè xiǎng niàn 밤낮으로 (그를) 그리다 出国日期(出國日期) chū guó rì qī 출국 날짜(시기)	日 月 丨 丿 冂 几 日 月 日 月
月	月亮(月亮) yuè liàng 달 月光(月光) yuè guāng 달빛 月夜(月夜) yuè yè 달밤 月晕而风(月暈而風) yuè yùn ér fēng 달무리가 서니 바람이 일 징조이다 中秋节吃月饼(中秋節吃月餠) zhōng qiū jié chī yuè bǐng 추석에 월병(중국의 추석 전통음식)을 먹다	
盈	盈余(盈余) yíng yú 차고 남음 盈满之咎(盈滿之咎) yíng mǎn zhī jiù 달도 차면 기울듯 모든 일이 다 이루어질 때 도리어 재앙이 닥침 喜客盈门(喜客盈門) xǐ kè yíng mén 반가운 손님이 차고 넘치다 热泪盈眶(熱淚盈眶) rè lèi yíng kuàng 뜨거운 눈물이 눈에 그득함	盈 昃 丿 冂 乃 曰 及 日 盈 尸 盈 尸 盈 昃
昃	日昃(日昃) rì zè 해가 기울어짐 石昃(石昃) shí zè 돌이 기울어 무너짐 日昃之离(日昃之離) rì zè zhī lí 해가 기울어질 때 지구와 분리됨을 뜻함 日昃归乡(日昃歸鄕) rì zè guī xiāng 해질 무렵에 마을로 돌아가다	

 회화 한마당
晚安! wǎn ān (밤) 편안히 주무세요!(밤 인사)
再见! zài jiàn 다시 뵙겠습니다!, 다시 만납시다!

辰 宿 列 张

- 辰 chén / 별 진
- 宿 sù / 잘 숙
- 列 liè / 벌릴 렬
- 张 zhāng / 벌릴 장

辰 / 宿 / 列 / 張

辰宿列张 별무리는 (하늘에 흐트러짐 없이) 규칙적으로 배열되어 있다

辰
- 北辰 (北辰) běi chén 북극성
- 辰时 (辰時) chén shí 오전 7~9시
- 星辰 (星辰) xīng chén 해,달,별등의 총칭
- 良辰美景 (良辰美景) liáng chén měi jǐng 좋은 시절에 아름다운 경물
- 时辰没到 (時辰没到) shí chén méi dào 예정한 시각이 되지 않음

宿
- 宿舍 (宿舍) sù shè 숙소
- 露宿 (露宿) lù sù 한데서 잠
- 投宿 (投宿) tóu sù 여관에 듦
- 风餐露宿 (風餐露宿) fēng cān lù sù 야외에서 먹고 자다
- 住宿方便 (住宿方便) zhù sù fāng biàn 투숙하기에 편리함

列
- 排列 (排列) pái liè 죽 벌여서 열을 지음
- 罗列 (羅列) luō liè 죽 늘어 놓음
- 名列前茅 (名列前茅) míng liè qián máo 이름이 앞자리에 놓이다
- 列出名单 (列出名單) liè chū míng chān 명단을 짜다

张
- 张贴 (張貼) zhāng tiē (펼쳐)붙임
- 开张 (開張) kāi zhāng 개업, 개장
- 张开嘴 (張開嘴) zhāng kāi zuǐ 입을 벌리다
- 张口结舌 (張口結舌) zhāng kǒu jié shé 말문이 막히다
- 张嘴就骂人 (張嘴就罵人) zhāng zuǐ jiù mà rén 입을 열기만 하면 곧 욕설을 퍼붓다

辰	宿
一	宀
厂	宁
尸	宁
戶	疠
辰	宿
辰	宿

列	张
一	乛
厂	弓
歹	弘
歹	弘
列	张
列	张

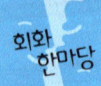
회화한마당

- 你(您)吃饭了吗? nǐ(nín) chī fàn le ma 식사를 하셨습니까?
- 我已经吃了(饭). wǒ yǐ jīng chī le(fàn) 이미 식사를 했습니다.

寒	来	暑	往
한 hán	라이 lái	수 shǔ	왕 wǎng
寒	來	暑	往
찰 한	올 래	더울 서	갈 왕

寒来暑往 겨울이 오고 여름이 간다

寒	寒气(寒氣) hán qi 찬 기운 天寒地冻(天寒地凍) tiān hán dì dòng 하늘과 땅이 꽁꽁 얼어붙다(몹시 추움) 嘘寒问暖(噓寒問暖) xū hán wèn nuǎn 입김으로 추위를 녹여주듯 다른 사람을 관심있게 대하다 数九寒天要出门 shǔ jiǔ hán tiān yào chū mén 엄동설한에 집을 떠나다	寒 来 宀 一 宂 二 宑 三 宒 平 寒 来 寒 来
来	来去(來去) lái qù 오가다 来意(來意) lái yì 다녀온 의도 来之不易(來之不易) lái zhī bù yì 성공하거나 손에 넣기가 쉽지 않다 来料加工(來料加工) lái liào jiā gōng 제공된 원료로 가공하다 欢迎来宾(歡迎來賓) huān yíng lái bīn 귀빈(손님)을 환영하다	
暑	暑天(暑天) shǔ tiān 더운 날, 여름날 暑假(暑假) shǔ jià 여름방학 暑热炎天(暑熱炎天) shǔ rè yán tiān 찌는 듯한 날씨 严寒酷暑(嚴寒酷暑) yán hán kù shǔ 매우 추운 겨울과 매우 더운 여름 暑假期间去中国 shǔ jià jī jiān qù zhōng guó 여름방학 기간에 중국으로 가다	暑 往 旦 丿 旱 彳 昇 彳 昪 彳 暑 往 暑 往
往	往年(往年) wǎng nián 지난 해 礼尚往来(禮尚往來) lǐ shāng wǎng lái 오는 것이 있으면 가는 것도 있어야 하는 법 来往客人多(來往客人多) lái wǎng kè rén duō 오가는 손님이 많다 来而不往非礼也 lái ér bù wǎng fēi lǐ yě 와주었는데 답례로 가지 않는 것은 예의에 어긋나는 것이다	

你(您)休息好了吗? nǐ(nín) xiū xī hǎo le ma 휴식을 잘 취하셨습니까?
我睡得很舒服. wǒ shuì de hěn shū fu 매우 달콤하게 잘 잤습니다.

秋 收 冬 藏

秋 츄 qiū	收 서우 shōu	冬 뚱 dōng	藏 창 cáng
秋 가을 추	收 거둘 수	冬 겨울 동	藏 감출 장

秋收冬藏 가을철에는 거두어 들이고 겨울철에는 저장한다

秋

- 秋收 (秋收) qiū shōu 가을걷이
- 秋季 (秋季) qiū jì 가을철
- 秋千 (秋千) qiū qian 그네
- 秋风落叶 (秋風落葉) qiū fēng luò yè 가을 바람에 잎이 지다
- 秋高气爽 (秋高氣爽) qiū gāo qì shuǎng 가을의 하늘은 높고 대기는 상쾌하다

秋	收
二	乚
千	丩
禾	収
秋	收
秋	
秋	

收

- 收获 (收獲) shōu huò 얻다, 거두다
- 收入 (收入) shōu rù 소득
- 收据 (收據) shōu jù 영수증
- 收回成命 (收回成命) shōu huí chéng mìng 이미 발표한 결정(명령)을 회수하다
- 来信收到 (來信收到) lái xìn shōu dào 보내 온 편지를 받다

冬

- 冬天 (冬天) dōng tian 겨울날
- 冬眠 (冬眠) dōng mián 겨울 내내 잠을 잠
- 冬日可爱 (冬日可愛) dōng rì kě ài 겨울 햇빛마냥 온화하고 자애롭다
- 冬夏长青 (冬夏長青) dōng xià cháng qīng 겨울이나 여름이나 늘 푸르다(젊고 오래 산다는 뜻)

藏

- 藏储 (藏儲) cáng chǔ 저장함
- 藏书 (藏書) cáng shū 간직해 둔 책
- 藏身 (藏身) cáng shēn 몸을 숨기다
- 包藏祸心 (包藏禍心) bāo cáng huò xīn (마음속에) 나쁜 심보를 감추다
- 无藏身之地 (無藏身之地) wú cáng shēn zhī dì 몸을 숨길 곳이 없다

冬	藏
丿	艹
夕	芦
夂	艿
冬	莊
冬	藏
	藏

- 初次见面. chū cì jiàn miàn 처음 뵙겠습니다.
- 见到你(您)很高兴. jiàn dào nǐ(nín) hěn gāo xìng 당신을 뵙게 되어 매우 기쁩니다.

闰 余 成 岁

룬 rùn	위 yú	쳥 chéng	쑤이 suì
閏	餘	成	歲
윤달 윤	남을 여	이룰 성	해 세

闰余成岁 (양력과 음력 시간 차이로) 남는 시각이 합쳐져 윤년이 된다

		필순
闰	闰年(閏年) rùn nián 윤달, 윤일이 든 해 闰秋(閏秋) rùn qiū 윤 9월 黄杨厄闰(黃楊厄閏) huáng yáng è rùn 운수가 사납다(매염봉우와 같은 뜻) 二月二十九(日)是闰日 èr yuè èr shí jiǔ(rì) shì rùn rì 2월 29일은 윤일(태양력에서 윤달에 드는 특별한 날)이다	闰 丶 丨 门 闩 闰 闰
余	余生(餘生) yú shēng 남은 생애 余款(餘款) yú kuǎn 남은 돈 余地(餘地) yú dì 나위, 여유, 여지 死有余辜(死有餘辜) sǐ yǒu yú gū 죽어도 그 죄는 남아 있다 为事要留有余地 bàn shì yào liú yǒu yú dì 일 처리는 여지를 남겨야 한다	余 丿 人 𠆢 𠆢 余 余 余
成	成功(成功) chéng gōng 뜻을 이룸 成立(成立) chéng lì 사물이 이루어짐 完成任务(完成任務) wán chéng rèn wù 임무를 완성(수행)하다 成千上万(成千上萬) chéng qiān shàng wàn 수천만(수량이 많음을 뜻함) 失败乃成功之母 shī bài nǎi chéng gōng zhī mǔ 실패는 성공의 어머니	成 丿 厂 厂 成 成 成
岁	岁数(歲數) suì shu 연세, 나이 岁月流逝(歲月流逝) suì yuè liú shì 세월의 흐름은 흐르는 물과 같다 岁寒知松柏(歲寒知松柏) suì hán zhī sōng bǎi 오랜 세월의 고난을 거쳐야 사람의 품격을 볼 수 있다는 뜻 辞旧岁, 迎新年(辭舊歲迎新年) cí jiù suì, yíng xīn nián 묵은 해를 보내고 새해를 맞다	岁 丶 山 山 岁 岁 岁

 久仰大名. jiǔ yǎng dà míng 존함을 일찍 들었습니다.
认识您很荣幸. rèn shí nín hěn róng xìng 당신을 알게 되어 매우 영광입니다.

律 呂 调 阳

律 뤼 lǜ   呂 뤼 lǚ   调 탸오 tiáo   阳 양 yáng

律 법칙 률   呂 법칙 려   調 고를 조   陽 볕 양

律呂調陽 (음악의 12음률을 조화하는) 율(양)과 려(음)에 의해 (세상의) 음과 양이 조화된다

律

- 律己 (律己) lǜ jǐ 자기를 단속함
- 律师 (律師) lǜ shī 변호사
- 金科玉律 (金科玉律) jīn kē yù lǜ 아주 완미한 법률, 규정
- 遵守纪律 (遵守紀律) zūn shǒu jì lǜ 기율(규율)을 좇아서 지키다
- 五音六律 (五音六律) wǔ yīn liù lǜ 옛날 중국 음악의 다섯 가지 소리와 여섯 가지 률

呂

- 律呂 (律呂) lǜ lǚ 율려(중국 고대 악기의 기수와 우수의 여섯관을 가리킴)
- 黄钟大吕 (黃鍾大呂) huáng zhōng dà lǚ 음악, 문장이 정대하고 오묘함을 뜻함
- 吕剧听不明白 (呂劇聽不明白) lǚ jù tīng bù míng bái 려극(중국의 지방극)은 알아듣지 못한다

调

- 调和 (調和) tiáo hé 잘 어울리게 함
- 调配 (調配) tiáo pèi 배합, 조합
- 风调雨顺 (風調雨順) fēng tiáo yǔ shùn 바람, 비가 조화를 이루다(농사에 알맞다)
- 调节气氛 (調節氣氛) tiáo jié qì fēn 분위기를 조절하다
- 协调关系 (協調關係) xié tiáo guān xi 관계를 조정(조화)하다

阳

- 阳光 (陽光) yáng guāng 태양의 빛
- 阳伞 (陽傘) yáng sǎn 양산(햇빛을 가리는데 쓰임)
- 阳关大道 (陽關大道) yáng guān dà dào (목적지에 이를 수 있는) 넓고 큰 길
- 阳奉阴违 (陽奉陰違) yáng fèng yīn wéi 겉으로는 순종하는 척 하지만 속으로는 딴 궁리를 하다
- 阳台晾衣 (陽台晾衣) yáng tāi liàng yī 베란다에 옷을 걸어 말리다

회화 한마당

久仰, 久仰. jiǔ yǎng, jiǔ yǎng 존함을 일찍(많이) 들어 왔습니다.
哪里, 哪里. nǎ lǐ, nǎ lǐ 천만예요.

云 腾 致 雨

윈 yún	텅 téng	즈 zhì	위 yǔ
雲	騰	致	雨
구름 운	날 등	이를 치	비 우

云腾致雨 구름이 날아 올라 비가 된다

云	云雾(雲霧) yún wù 구름 안개
	彩云(彩雲) cǎi yún (채)색 구름
	云集(雲集) yún jí 구름처럼 많이 모임
	云开见日(雲開見日) yún kāi jiàn rì 운무가 걷히니 해가 보인다(오해가 풀림)
	万里无云(萬里無雲) wàn lǐ wú yún 만리창공에 구름 한 점 없다
		云 腾
		一 月
		二 胖
		云 朕
		云 朕
		  腾
		  腾

腾	腾贵(騰貴) téng quì 물건 값이 뛰어오름 腾蛟起凤(騰蛟起鳳) téng jiāo qǐ fèng 용이 날아오르고 봉황이 날아가듯이 재간이 뛰어나다는 뜻 万马奔腾(萬馬奔騰) wàn mǎ bēn téng 천군마마 내달린다, 기세가 당당함 腾云驾雾(騰雲駕霧) téng yún jià wù 구름과 안개를 타고 하늘을 날다(기세 좋고 매우 빠르다는 비유)	
致	致病(致病) zhì bìng 병에 걸리다 致残(致殘) zhì cán 불구가 되다 致此一游(致此一游) zhì cǐ yī yóu 이곳에 와서 유람하다 致于死地(致于死地) zhì yú sǐ dì 도저히 살아 나올 수 없는 위험한 곳으로 몰아넣다 招致失败(招致失敗) zhāo zhì shī bài 실패를 초래하다	致 雨 云 一 至 厂 至 冂 至 币 致 雨 致 雨
雨	淋雨(淋雨) lín yǔ 비를 맞음 下雨(下雨) xià yǔ 비가 내림 雨天(雨天) yǔ tiān 비오는 날 风雨不误(風雨不誤) fēng yǔ bù wù 비바람이 몰아쳐도 어김없다 雨过天晴(雨過天晴) yǔ guò tiān qíng 소나기가 지나가자 하늘이 다시 개이다(상황이 좋아짐을 뜻함)	

好久(几年, 多年)没见. hǎo jiǔ(jǐ nián, duō nián) méi jiàn 오랫동안(몇 년, 여러 해) 뵙지 못했군요.
真是少见. zhēn shì shǎo jiàn 정말 오래간 만입니다.

露 结 为 霜

露 lù	结 jiē	为 wéi, wèi	霜 shuāng
露	結	爲	霜
이슬 로	맺을 결	할 위	서리 상

露结为霜 이슬이 맺혀 서리가 된다

露
- 晨露(晨露) chén lù 아침 이슬
- 露水(露水) lù shuǐ 이슬
- 人生朝露(人生朝露) rén shēng zhāo lù 인생은 아침 이슬같이 덧없다
- 雨露滋润(雨露滋潤) yǔ lù zī rùn 이슬비가 촉촉히 적셔주다
- 露宿风餐(露宿風餐) lù sù fēng cān 바람과 이슬을 무릅쓰고 한데에서 먹고 자다

结
- 结果(結果) jiē guǒ 결말의 상태
- 勾结(勾結) gōu jié 결탁함
- 结党营私(結黨營私) jié dǎng yíng sī 소집단을 무어 사리를 도모하다
- 结下友谊(結下友誼) jié xià yǒu yì 우정을 맺다

为
- 行为(行爲) xíng wéi 사람이 행하는 짓
- 为民(爲民) wéi mín 백성을 위함
- 成为(成爲) chéng wéi 이룩되다
- 为非作歹(爲非作歹) wéi fēi zuò dǎi 나쁜짓을 다 하다
- 有所作为(有所作爲) yǒu suǒ zuò wéi 어느 정도 성과가 있다

霜
- 下霜(下霜) xià shuāng 서리가 내림
- 霜天(霜天) shuāng tiān 가을날
- 霜叶(霜葉) shuāng yè 단풍잎
- 雪上加霜(雪上加霜) xuě shàng jiā shuāng 연속적으로 재난을 받다(가하다)
- 霜气横秋(霜氣橫秋) shuāng qì héng qiū 태도가 냉엄하다

회화 한마당
- 最近忙吗? zuì jìn máng ma 요즘 바쁘시지요?
- 很忙.(忙得不可开交) hěn máng (máng de bù kě kāi jiāo) 매우 바쁩니다(눈코 뜰 새조차 없답니다).

金	生	丽	水
진 jīn	성 shēng	리 lì	수이 shuǐ
金	生	麗	水
쇠 금	날 생	빛날 려	물 수

金生丽水 금은 여수강(중국 운남성 대리자치주)에서 난다

		金	生
金	金铜矿(金銅礦) jīn tóng kuàng 금동이 매장되어 있는 광산 千金难买(千金難買) qiān jīn nán mǎi 천금을 주고도 사기 어렵다 金银不换(金銀不換) jīn yín bù huàn 금과 은으로도 바꾸지 못한다 金城汤池(金城湯池) jīn chéng tāng chí 끓는 못물에 둘러싸인 무쇠 성(방비가 매우 견고하다는 뜻)	人 今 今 余 余 金	丿 ㅗ 牛 牛 生
生	生命(生命) shēng mìng 목숨 生气(生氣) shēng qì 노여워하다, 화를 내다 白面书生(白面書生) bái miàn shū shēng 글만 읽고 세상물정 모르는 선비를 뜻함 生机勃勃(生機勃勃) shēng jī bó bó 생기 있고 발랄함 生在韩国(生在韓國) shēng zài hán guó 한국에서 태어나다		

		丽	水
丽	华丽(華麗) huá lì 화려함 美丽(美麗) měi lì 아름다움 丽都(麗都) lì dū 아름다운 도시 风和日丽(風和日麗) fēng hé rì lì 바람은 부드럽고 날씨는 화창하다 风景秀丽(風景秀麗) fēng jǐng xiù lì 경치가 아름답다	一 ㄱ 丆 丽 丽 丽	丿 丬 水 水
水	水平(水平) shuǐ píng 잔잔한 수면처럼 평평한 상태, 수준 水滴穿石(水滴穿石) shuǐ dī chuān shí 물방울이 돌을 뚫는다(미력이나마 노력하면 성공한다는 뜻) 水深莫测(水深莫測) shuǐ shēn mò cè 물이 깊어 가늠하기 어렵다 趟水过河(趟水過河) tāng shuǐ guò hé 강을 건너다		

近来好吗(可好)? jìn lái hǎo ma(kě hǎo) 요즘 잘 보내십니까?
托您的福, 很好! tuō nín de fú, hěn hǎo (당신) 덕분에 잘 지내고 있습니다.

玉	出	昆	冈
위 yù	추 chū	쿤 kūn	강 gāng
玉	出	崑	岡
구슬 옥	날 출	뫼 곤	뫼 강

玉出昆冈 옥은 곤륜산(중국 신강, 청해, 서장 자치구에 뻗음)에서 난다

玉
- 玉体(玉體) yù tǐ 임금의 몸, 남의 몸의 경칭
- 玉容(玉容) yù róng 아름다운 얼굴
- 玉姿(玉姿) yù zī 아름다운 몸매
- 玉石混淆(玉石混淆) yù shí hùn xiáo 옥과 돌이 뒤섞이듯이 선과 악이 뒤섞임
- 金玉不换(金玉不換) jīn yù bù huàn 금과 옥으로도 바꾸지 못한다

出
- 出现(出現) chū xiàn 나타남
- 出售(出售) chū shòu 팔다, 매각함
- 神出鬼没(神出鬼沒) shén chū guǐ mò 자유자재로 출몰함
- 出入自如(出入自如) chū rù zì rú 출입이 자유롭다
- 出头露面(出頭露面) chū tóu lòu miàn 공개 장소에 나타남, 사람들 앞에 나서다

昆
- 昆仑(昆侖) kūn lún 곤륜산
- 昆山片玉(昆山片玉) kūn shān piàn yù 곤륜산 옥(옥 가운데 상등품이라는 뜻)
- 长江, 黄河发源于昆仑山脉 cháng jiāng huáng hé fā yuán yú kūn lún shān mài 장강과 황하의 발원지는 곤륜산맥이다

冈
- 山冈(山岡) shān gāng 높지 않은 산
- 冈峦起伏(岡巒起伏) gāng luán qǐ fú 산등성이가 기복을 이루며 이어지다
- 爬山越冈(爬山越岡) pá shān yuè gāng 높고 낮은 산을 오르내림
- 江原道冈陵多(江原道岡陵多) jiāng yuán dào gāng líng duō 강원도에는 산등성이와 구릉이 많다

玉	出
一	ㄴ
二	屮
干	屮
王	出
玉	出

昆	冈
口	丨
日	冂
日	冂
昆	冈
昆	
昆	

회화 한마당

- 最近过得怎样? zuì jìn guò de zěn yàng 요즘 잘 지내십니까?
- 过得很好(马马虎虎, 对对付付). guò de hěn hǎo(mǎ mǎ hū hū, duì duì fù fù) 잘 보냅니다 (그럭저럭 지냅니다).

剑 号 巨 阙

剑 jiàn	号 hào	巨 jù	阙 què
劍	號	巨	闕
칼 검	부를 호	클 거	집 궐

剑号巨阙 보검은 거궐(구야자가 만든 월국의 보검)을 제일로 꼽는다

剑

拔剑 (拔劍) bá jiàn 검을 빼들다
剑术 (劍術) jiàn shù 검술
剑拔弩张 (劍拔弩張) jiàn bá nǔ zhāng 칼을 뽑고 활을 당기다(일촉즉발의 긴장된 순간)
项庄舞剑, 意在沛公 xiàng zhuāng wǔ jiàn, yì zài pèi gōng 항장(항우 수하의 장수)이 검춤을 춘 것은 유방을 죽이기 위해서이다(목적이 딴 데 있다는 뜻)

号

改号 (改號) gǎi hào 이름(명칭)을 고치다
号称 (號稱) hào chēng 자랑하다, 불러지다
号叫 (號叫) hào jiào 울부짖다
发号施令 (發號施令) fā hào shī lìng 명령을 내려 시행하다
这家号主是谁?(這家號主是誰) zhè jiā hào zhǔ shì shéi 이 상점의 주인은 누구인가?

剑	号
丿	丶
人	口
今	口
全	므
剑	号
剑	

巨

巨人 (巨人) jù rén 거대한 사람, 거인
巨大 (巨大) jù dà 엄청나게 큼
巨响 (巨響) jù xiǎng 큰 울림소리
创巨痛深 (創巨痛深) chuàng jù tòng shēn 상처가 크고 고통이 심하다
反响巨烈 (反響巨烈) fǎn xiǎng jù liè 반향이 대단히 크게 일다

阙

宫阙 (宮闕) gōng què 임금이 사는 곳, 궁궐
阙下 (闕下) què xià 천자에 대한 존칭
弥缝其阙 (彌縫其闕) mí féng qí què 잘못된 것을 미봉하다
上书阙下 (上書闕下) shàng shū què xià 천자께 공문서를 올리다

巨	阙
一	门
丆	门
ヨ	闩
巨	阕
	阙
	阙

您身体好吗? nín shēn tǐ hǎo ma 몸 건강하십니까?
老样子. (过一天, 算一天) lǎo yàng zi (guò yī tiān, suàn yī tiān) 여전합니다(매일 그럭저럭 지냅니다).

珠 zhū	称 chēng	夜 yè	光 guāng
珠	稱	夜	光
구슬 주	일컬을 칭	밤 야	빛 광

珠称夜光 구슬은 야광주를 으뜸으로 친다

珠
- 珍珠(珍珠) zhēn zhū 조개류의 체내에서 형성되는 구슬 모양의 분비물 덩어리, 진주
- 鱼目混珠(魚目混珠) yú mù hùn zhū 물고기 눈알을 진주에 뒤섞다(가짜를 진짜로 속인다는 뜻)
- 珠走玉盘(珠走玉盤) zhū zǒu yù pán 구슬이 옥 쟁반에서 구르다(목소리가 아름답다는 뜻)
- 珍藏珠宝(珍藏珠寶) zhēn cáng zhū bǎo 구슬(진주)을 소중히 보존하다

称
- 称呼(稱呼) chēng hu 부르는 호칭
- 称王称霸(稱王稱霸) chēng wáng chēng bà 세상에 자기밖에 없는 것처럼 판치며 세를 부리다
- 称兄道弟(稱兄道弟) chēng xiōng dào dì '형님' '아우' 하며 지내는 매우 친한 사이
- 怎样称呼?(怎樣稱呼?) zěn yàng chēng hu 어떻게 부를(호칭할)까요?

珠	称
二	二
王	千
𤣩	禾
𤣩	秂
珒	秎
珠	称

夜
- 夜间(夜間) yè jiān 밤
- 逛夜市(逛夜市) guàng yè shì 야시장을 구경하다
- 夜班儿(夜班兒) yè bānr 야간근무
- 夜以继日(夜以繼日) yè yǐ jì rì 낮에 밤을 이어 가다, 밤낮 없이 돌아치다
- 夜不闭户(夜不閉戶) yè bù bì hù 밤에도 문을 닫지 않는다(태평세월을 비유)

光
- 光荣(光榮) guāng róng 영광(스럽다)
- 光线(光線) guāng xiàn 광선, 빛
- 光辉灿烂(光輝燦爛) guāng huī càn làn 광휘가 찬란하다
- 光彩夺目(光彩奪目) guāng cǎi duó mù 찬란한 빛이 눈부시다
- 光芒四射(光芒四射) guāng máng sì shè 사방에 빛을 뿌리다

夜	光
亠	丨
广	丬
疒	丬
疚	业
夜	圴
	光

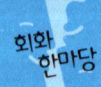

请多关照. qǐng duō guān zhào 잘 돌보아주세요, 잘 부탁드립니다.
没问题, 放心好了. méi wèn tí, fàng xīn hǎo le 별 문제 없으니 걱정하지 마세요.

果 珍 李 柰

果 guǒ	珍 zhēn	李 lǐ	柰 nài
과실 과	보배 진	오얏 리	벚 내

果珍李柰 과실 중의 진품은 오얏(자두)과 능금(벚)이다

果	果汁 (果汁) guǒ zhī 과일 즙, 쥬스 结果 (結果) jié guǒ 열매를 맺음, 결말의 상태 果实 (果實) guǒ shí 과수에 생긴 열매 水果 (水果) shuǐ guǒ 과일 硕果累累 (碩果累累) shuò guǒ léi léi 성과가 주렁지다	果 珍 口 一 日 丁 旦 王 早 珍 果 珍 果 珍
珍	珍重 (珍重) zhēn zhòng 귀중하다 珍视 (珍視) zhēn shì 귀중히 여기다 奇珍异宝 (奇珍異寶) qí zhēn yì bǎo 보배롭고 기이한 보물 珍惜青春 (珍惜青春) zhēn xī qīng chūn 청춘을 소중히 여기다 吃山珍海味 (吃山珍海味) chī shān zhēn hǎi wèi 산해진미를 먹다	
李	李树 (李樹) lǐ shù 오얏나무 桃李满天下 (桃李滿天下) táo lǐ mǎn tiān xià 복숭아, 오얏나무처럼 우수한 후대를 많이 배양함을 뜻함 张三李四 (張三李四) zhōng sān lǐ sì 아무 아무개 사람(모두 잘 알고 있는 사람을 이름) 张冠李戴 (張冠李戴) zhōng guān lǐ dài 장씨의 갓을 이씨가 쓰다(다른 것으로 잘못 대치함을 비유)	李 柰 一 十 十 木 木 木 杢 杢 李 李 李 柰
柰	柰园 (柰園) nài yuán 능금나무 동산 柰子 (柰子) nài zi 능금, 벚 果珍李柰 (果珍李柰) guǒ zhēn lǐ nài 과실 중에서 진품은 오얏과 능금이다 柰花盛开 (柰花盛開) nài huā shèng kāi 능금 꽃이 만발하다	

请照顾一下(吧). qǐng zhào gu yī xià(ba) 좀 돌봐 주세요.
好说好说. hǎo shuō hǎo shuō 그래요, 문제 없습니다.

차이 cài	쭝 zhòng	졔 jiè	쟝 jiāng
菜	重	芥	薑
나물 채	무거울 중	겨자 개	생강 강

菜重芥姜 야채 중의 으뜸은 겨자와 생강이다

菜	山菜(山菜) shān cài 산나물 菜单儿(菜單兒) cài chānr 요리 메뉴 蔬菜(蔬菜) shū cài 야채, 채소 面有菜色(面有菜色) miàn yǎo cài sè 얼굴에 굶주린 빛이나 병색이 돈다 你来点菜(你來點菜) nǐ lái diǎn cài 당신이 요리를 주문하세요
重	重量(重量) zhòng liang 무게 重要(重要) zhòng yào 귀중하고 중요로움 重点(重點) zhòng diǎn 중시해야 할 점 重于泰山(重于泰山) zhòng yú tài shān 태산보다도 무겁다(뜻 있는 죽음을 비유) 重视这个问题(重視這個問題) zhòng shì zhè ge wèn tí 이 문제를 중요시하다
芥	芥末(芥末) jiè me 겨자가루 芥菜(芥菜) jiè(gài) cài 갓 芥子油(芥子油) jiè zi yóu 겨자기름 视若草芥(視若草芥) shì ruò cǎo jiè 보잘것없는 것으로 여기다 他心中有芥蒂(他心中有芥蒂) tā xīn zhōng yǒu jiè dì 그의 마음속에 응어리가 맺혀 있다
黃	生姜(生薑) shēng jiāng 생강 姜是老的辣(薑是老的辣) jiāng shì lǎo de là 생강은 여문 것이 맵다(나이가 들면 노련하다는 뜻) 喝姜汤治感冒(喝薑湯治感冒) hē jiāng tāng zhì gǎn mào 생강탕 마시고 감기를 떼다

菜	重
艹	二
艹	亠
艹	亠
艹	亠
苹	重
菜	重

芥	姜
一	丷
艹	亠
艹	亠
芥	羊
芥	美
芥	姜

请多指教. qǐng duō zhǐ jiào 많이 지도해(가르쳐) 주세요.
哪里哪里, 无从谈起. nǎ lǐ nǎ lǐ, wú cóng tán qǐ 지도라니요, 괜한 말씀입니다.

海 咸 河 淡

하이 hǎi　　샌 xián　　허 hé　　딴 dàn

海　　鹹　　河　　淡

바다 해　　짤 함　　물 하　　싱거울 담

海咸河淡 바다물은 짜지만 냇물은 싱겁다

海
- 海鲜(海鮮) hǎi xiān 생선, 횟물
- 海味(海味) hǎi wèi 해물 맛
- 海底捞月(海底撈月) hǎi dǐ lāo yuè 바다에서 달 건지듯 헛심을 쓰다
- 越洋过海(越洋過海) yuè yáng guò hǎi 바다를 건너다
- 坐船过大海(坐船過大海) zuò chuán guò dà hǎi 배를 타고 바다를 건너다

咸
- 咸菜(咸菜) xián cài 짠지, 김치
- 咸味(咸味) xián wèi 짠맛
- 咸淡(咸淡) xián dàn 짜고 싱겁다
- 咸牛肉(咸牛肉) xián niú ròu 절인 소고기
- 味儿太咸了(味兒太咸了) wèr tài xián le 맛이 너무 짜다

海	咸
氵	一
氵	厂
汁	戶
海	咸
海	咸
海	咸

河
- 河水(河水) hé shuǐ 강물
- 河坝(河壩) hé bà 제방
- 河流(河流) hé liú 물의 흐름
- 河清海晏(河清海晏) hé qīng hǎi yàn 황하의 물은 맑고 바다는 고요하다(천하태평의 뜻)
- 江河泛滥(江河泛濫) jiāng hé fàn làn 강물이 넘쳐 흐르다

淡
- 淡酒(淡酒) dàn jiǔ 안주 없는 술
- 淡季(淡季) dàn jì 불경기 계절
- 淡泊明志(淡泊明志) dàn bó míng zhì 생활이 소박해야만 자신의 뜻과 의지를 나타낼 수 있다는 뜻
- 要吃清淡的(要吃清淡的) yào chī qīng dàn de 담백한 음식을 먹으련다

河	淡
氵	氵
氵	氵
汀	沙
河	沙
河	沙
河	淡

회화 한마당

- 请帮帮忙(吧). qǐng bāng bāng máng(ba) 좀 도와주세요.
- 别客气. bié kè qi 사양하지 마세요.

鳞 潜 羽 翔

鳞 lín	潜 qián	羽 yǔ	翔 xiáng
鱗 비늘 린	潛 잠길 잠	羽 깃 우	翔 날개 상

鳞潜羽翔 물고기는 (물속에) 잠겨있지만 새는 (하늘을) 날아간다

鳞
- 刮鳞(刮鱗) guā lín 물고기 비늘을 (긁어) 제거하다
- 鱼鳞(魚鱗) yú lín 물고기의 비늘
- 鳞甲(鱗甲) lín jiǎ 비늘과 껍데기
- 鳞次栉比(鱗次櫛比) lín cì zhì bǐ 물고기 바늘과 빗살처럼 빽빽히 들어서다
- 遍体鳞伤(遍體鱗傷) biàn tǐ lín shāng 온몸이 비늘처럼 상처투성이다

潜
- 潜入(潛入) qián rù 남몰래 들어감, 숨김
- 潜水(潛水) qián shuǐ 물속에 잠기다
- 潜力(潛力) qián lì 잠재력
- 潜移默化(潛移默化) qián yí mò huà 모르는 사이에 점차적으로 감화되다
- 病菌潜伏(病菌潛伏) bìng jūn qián fú 병균이 들어와 잠복하다

羽
- 羽毛(羽毛) yǔ máo 새의 깃털
- 羽毛扇(羽毛扇) yǔ máo shān 깃털 부채
- 羽毛丰满(羽毛豐滿) yǔ máo fēng mǎn 새의 몸에 털이 빽빽히 돋아나다(재간이 늘어났음을 비유)
- 打羽毛球(打羽毛球) dǎ yǔ máo qiú 배드민턴을 치다

翔
- 翱翔(翱翔) áo xiáng (새가) 높이 날다
- 飞翔(飛翔) fēi xiáng 날아가다
- 翔步(翔步) xiáng bù 느린 걸음을 하다
- 鸾翔凤翥(鸞翔鳳翥) luán xiáng fèng zhù 붓놀림이 날듯이 절묘함을 비유
- 大鸟飞翔天空(大鳥飛翔天空) dà diǎo fēi xiáng tiān kōng 큰새가 하늘로 비상하다

鳞	潜
鱼	氵
鱼	氵
鲜	汦
鲜	潜
鳞	潜
鳞	潜

羽	翔
丁	乊
刁	羊
习	刹
羽	翔
羽	翔
羽	翔

请多帮助. qǐng duō bāng zhù 좀 많이 (잘) 도와주세요.
没问题, 尽力而为. méi wèn tí, jìn lì ér wéi 별 문제 없으니, 힘껏 하겠습니다(힘껏 돕겠습니다).

龙 师 火 帝

龙 룽 lóng	师 스 shī	火 훠 huǒ	帝 띠 dì
龍 룡 용	師 스승 사	火 불 화	帝 임금 제

龙师火帝 (천황 복희씨와 지황 신농씨는 각기) '용'자와 '화'자로 관명을 칭했다

		龙	师
龙	龙王(龍王) lóng wáng 용왕 苍龙(蒼龍) cháng lóng 푸른용 龙飞凤舞(龍飛鳳舞) lóng fēi fèng wǔ 문필이 (용과 봉황이 날고 춤추듯이) 활발함을 비유함 龙腾虎跃(龍騰虎躍) lóng téng hǔ yuè 용과 호랑이마냥 기세등등하고 활력이 넘치다 望子成龙(望子成龍) wàng zǐ chéng lóng 자식이 출세하기를 바람	一 ナ 九 龙 龙	丨 刂 丿 广 厂 师
师	师生(師生) shī shēng 선생과 학생 老师(老師) lǎo shī 스승, 선생 师老兵疲(師老兵疲) shī lǎo bīng pí 군대는 노쇠하고 병사들은 지치다 拜人为师(拜人爲師) bài rén wéi shī 타인을 스승으로 모시다		

		火	帝
火	火山(火山) huǒ shān 화산 火速(火速) huǒ sù 신속히, 빠르다 火上加油(火上加油) huǒ shàng jiā yóu 붙는 불에 부채질하다, 불에 기름치다 热火朝天(熱火朝天) rè huǒ cháo tiān 기세 드높다, 의기가 충천하다 烧火做饭(燒火做飯) shāo huǒ zuò fàn 불을 지펴 밥을 짓다	丶 丷 少 火	亠 立 产 帝 帝
帝	帝国(帝國) dì guó 황제가 통치하는 나라 帝国主义(帝國主義) dì guó zhǔ yì 영토나 권력을 넓히려는 주의 帝王将相(帝王將相) dì wáng jiāng xiàng 황제와 문무 관원 反对帝国统治(反對帝國統治) fǎn duì dì guó tǒng zhì 제왕 통치를 반대하다		

拜托了. bài tuō le 부탁드립니다.
不(别, 不用, 甭)客气. bù(bié, bù yòng, béng) kè qi 사양하지 마세요.

냐오 niǎo	관 guān	런 rén	황 huáng
鳥	官	人	皇
새 조	벼슬 관	사람 인	임금 황

鸟官人皇 '조'자로 관명을 칭한 사람은 인황(소호씨)이다

鸟	鸟类(鳥類) niǎo lèi 새의 종류 挂鸟笼(子)(挂鳥籠子) guà niǎo lóng zi 조롱을 걸다 鸟语花香(鳥語花香) niǎo yǔ huā xiāng 새가 지저귀고 꽃 향기가 그윽하다(봄날의 정취를 뜻함) 百鸟齐飞(百鳥齊飛) bǎi niǎo qí fēi 뭇새가 함께 날아가다	鸟 ′ ⺈ ⺈ 鸟 鸟 鸟
官	官员(官員) guān yuán 관리 武官(武官) wǔ guān 군에 적을 둔 관리 官逼民反(官逼民反) guān bī mín fǎn 관리들의 핍박에 백성들이 반대하다 当官为民(當官爲民) dāng guān wèi mín 벼슬을 하면 백성을 위해야 한다 官官相护(官官相護) guān guān xiāng hù 관리들끼리 서로 감싸고 돌다	官 宀 宀 宀 官 官
人	人权(人權) rén quán 인간이 인간으로서 당연히 갖는 권리, 인권 人类(人類) rén lèi 세계의 모든 사람, 인류 人山人海(人山人海) rén shān rén hǎi 사람으로 산과 바다를 이룬다(사람이 많이 모인다는 뜻) 为人民服务(爲人民服務) wèi rén mín fú wù 인민을 위해 봉사하다	人 ノ 人
皇	皇上(皇上) huáng shàng 황제 皇帝(皇帝) huáng dì 임금 皇位(皇位) huáng wèi 왕위, 황제 자리 三皇五帝(三皇五帝) sān huáng wǔ dì 옛날 중국에 있었다고 하는 여덟 황제를 뜻함 进出皇宫(進出皇宮) jìn chū huáng gōng 황궁에 드나들다	皇 ′ ⺈ 白 皁 皁 皇

请帮我拿(出)主意. qǐng bāng wǒ ná(chū) zhǔ yì 저한테 방법을 좀 가르쳐주세요.
无能为力(让我想想). wú néng wéi lì (ràng wǒ xiǎng xiǎng) (저도) 어쩔 수 없어요(제가 좀 생각해 봅시다).

始制文字 (상고시대 때 복희 황제가 창힐에게 명해) 처음 문자를 만들었다

		始	制
始	开始(開始) kāi shǐ 시작 始终(始終) shǐ zhōng 시작부터 끝까지 始终如一(始終如一) shǐ zhōng rú yī 시작부터 마지막까지 변함없이 有始有终(有始有終) yǒu shǐ yǒu zhōng 시작이 있으면 끝이 있다, 시작이 있고 끝이 있게 擅始擅终(擅始擅終) shàn shǐ shàn zhōng 시종일관하다	ㄥ ㄠ ㄠ 如 始 始	ㅡ ㄴ 듸 制 制 制
制	制做(制做) zhì zuò 만들다, 제작하다 体制(體制) tǐ zhì 조직의 양식, 상태, 체제 因人制宜(因人制宜) yīn rén zhì yí 각자의 실정에 비추어 알맞게 처신하다 废止不合理制度 fèi zhǐ bù hé lǐ zhì dù 불합리한 제도를 폐지하다		

		文	字
文	作文(作文) zuò wén 글을 짓다 文不对题(文不對題) wén bù duì tí 문장의 내용과 제목이 어울리지 않는다(동문서답과 같은 말) 文武双全(文武雙全) wén wǔ shuāng quán 학문과 무예를 겸비하다 发展新文化(發展新文化) fā zhǎn xīn wén huà 새로운 문화를 발전시키다	丶 二 ナ 文	丶 宀 宀 宁 字 字
字	文字(文字) wén zì 글자, 문자 字典(字典) zì diǎn 사전 字斟句酌(字斟句酌) zì zhēn jù zhuó 글자마다 구절마다 자세히 따지며 수정하다 写字要工正(寫字要工正) xiě zì yào gōng zhèng 글씨는 바르게 써야 한다 字里行间(字里行間) zì lǐ háng jiān (문장의) 구절구절, 여기저기		

 회화 한마당

麻烦你(您), 帮我找(叫)车. má fán nǐ(nín), bāng wǒ zhǎo(jiào) chē 수고스럽지만 차를 좀 불러주세요.
可以. kě yǐ 그래요.

乃 服 衣 裳

나이 nǎi	부 fú	이 yī	상 shang
乃	服	衣	裳
이에 내	입을 복	옷 의	치마 상

乃服衣裳 이에 (비로소) 옷을 지어입기 시작했다

乃
- 乃知(乃知) nǎi zhī 이에 비로소 알다
- 乃能(乃能) nǎi néng 비로소 … 할 수 있다
- 乃心王室(乃心王室) nǎi xīn wáng shì 이 몸은 밖에 있어도 마음은 늘 조정에 있다
- 此乃上策也(此乃上策也) cǐ nǎi shàng cè yě 이것이야말로 상책이란 말이야

乃	服
ノ	月
丆	月
乃	肜
	胏
	服
	服

服
- 服饰(服飾) fú shì 의복과 장신구
- 服装(服裝) fú zhuāng 신분, 직업 등에 좇아서 차려 입은 일정한 옷차림, 옷, 복장
- 夏服单衣(夏服單衣) xià fú dān yī 여름에 홑옷을 입다
- 身服西装(身服西裝) shēn fú xī zhuāng 정장을 차려 입다

衣
- 毛衣(毛衣) máo yī 털옷(스웨터)
- 衣服(衣服) yī fú 옷차림
- 衣类(衣類) yī lèi 옷 등속의 총칭
- 衣冠楚楚(衣冠楚楚) yī guān chǔ chǔ 옷 매무새가 단정하고 아름답다
- 丰衣足食(豐衣足食) fēng yī zú shí 입을 옷과 먹을 음식이 풍족하다

衣	裳
丶	丷
二	严
亠	尚
亣	堂
衤	堂
衣	裳

裳
- 衣裳(衣裳) yī shang 옷
- 同价红裳(同價紅裳) tóng jià hóng shang 같은 값이면 다홍치마(기왕이면 좋은 것을 선택한다는 뜻)
- 穿好衣裳(穿好衣裳) chuān hǎo yī shang 옷을 바로 입다

劳驾, 请让让路. láo jià, qǐng ràng ràng lù 죄송하지만(실례지만) 길을 좀 내주세요.
请便吧. qǐng biàn ba 편한 대로 하세요.

推 位 让 国

투이 tuī　　웨이 wèi　　랑 ràng　　궈 guó

推　位　讓　國

밀 추　자리 위　사양 양　나라 국

推位让国 (상고시대, 다섯 임금이) 양위하여 나라를 다스리게 했다

| 推 | 推动 (推動) tuī dòng 앞으로 밀어 움직임
推测 (推測) tuī cè 미루어 헤아림
推车 (推車) tuī chē 수레를 밀다
推陈出新 (推陳出新) tuī chén chū xīn 낡은 것을 버리고 새 것을 만들어 내다
推荐人才 (推薦人才) tuī jiàn rén cái 인재를 천거하다 |

| 位 | 位置 (位置) wèi zhì 자리, 지위
换位 (換位) huàn wèi 자리를 바꾸다
不得其位 (不得其位) bù dé qí wèi 그의 자질에 알맞은 지위를 얻지 못하다
各就各位 (各就各位) gè jiù gè wèi 저마다 자기의 위치를 찾다 |

推	位
一	ノ
十	亻
扌	仁
扩	仵
扩	位
推	位

| 让 | 推让 (推讓) tuī ràng 서로 양보하다
让位 (讓位) ràng wèi 자리를 양보하다
互让 (互讓) hù ràng 서로 사양하다
让枣推梨 (讓棗推梨) ràng zǎo tuī lí 권하거나 사양함(우정이 두터움을 비유)
谁也不让步 (誰也不讓步) shéi yě bù ràng bù 누구도 양보하지 않는다 |

| 国 | 强国 (强國) qiáng guó 강대한 나라
国家 (國家) guó jiā 나라
国籍 (國籍) guó jí 국가 구성원이 되는 자격, 국적
国计民生 (國計民生) guó jì mín shēng 국가경제와 인민의 생활
国泰民安 (國泰民安) guó tài mín ān 나라가 태평하고 인민이 살기가 편안함 |

让	国
丶	冂
讠	冂
计	用
计	囯
让	国

您贵姓? nín guì xìng (당신) 성씨는 무엇입니까? (존칭)
我姓金(免贵姓金). wǒ xìng jīn (miǎn guì xìng jīn) (저는) 김씨입니다. (괄호 안은 자기를 낮추는 표현)

有 虞 陶 唐

有 yǒu	虞 yú	陶 táo	唐 táng
있을 유	나라 우	질그릇 도	당나라 당

有虞陶唐 (그 대표 인물로는) 우순왕과 당요왕(도당)이다

有
- 占有(占有) zhàn yǒu 자기 소유로 함
- 私有(私有) sī yǒu 개인이 소유함
- 没有空(沒有空) méi yǒu kòng 시간이 없다, 겨를이 없다
- 有备无患(有備無患) yǒu bèi wú huàn 사전에 준비가 있으면 재화를 면한다
- 大有希望(大有希望) dà yǒu xī wàng 전망이 매우 밝다

虞
- 虞廷(虞廷) yú tíng 우나라 순왕 정부
- 虞心(虞心) yú xīn 다행을 바라는 심리
- 不虞之誉(不虞之譽) bù yú zhī yù 생각지도 못한 영예와 찬양
- 虞姬是楚王项羽的爱妾 yú jī shì chǔ wáng xiàng yǔ de ài qiè 오희는 초나라 항우왕의 애첩이다

陶
- 陶器(陶器) táo qì 오지그릇
- 陶俑(陶俑) táo yǒng 진흙으로 만든 인형(순장용품), 토우
- 陶冶(陶冶) táo yě 질그릇을 굽거나 쇠붙이를 부리다, 길러내다, 다듬다
- 陶犬瓦鸡(陶犬瓦鷄) táo quǎn wǎ jī 도자기로 만든 개와 흙으로 빚은 닭(무용지물의 뜻)
- 观陶瓷展(觀陶瓷展) guān táo cí zhǎn 도자기 전시회를 관람하다

唐
- 唐诗(唐詩) táng shī 당나라의 시
- 唐皇(唐皇) táng huáng 광막하다, 한없이 넓다
- 唐诗宋词(唐詩宋詞) táng shī sòng cí 당나라 시와 송나라의 사(詞)
- 唐代文化很发展 táng dài wén huà hěn fā zhǎn 당나라 문화는 매우 발전했다

有	虞
一	广
𠂇	虍
才	虘
冇	虞
有	虞
有	虞

陶	唐
阝	广
阝	户
阡	庐
阣	唐
陶	唐
陶	唐

회화 한마당

怎么称呼您? zěn me chēng hu nín (당신의 존함을) 어떻게 불러야 될까요? (존칭)
我姓金, 名叫顺吉. wǒ xìng jīn, míng jiào shùn jí 저의 성은 김씨이고 이름은 순길이라고 합니다.

吊民伐罪

吊 땨오 diào	民 민 mín	伐 바 fá	罪 쭈이 zuì
弔 조상 조	民 백성 민	伐 칠 벌	罪 허물 죄

吊民伐罪 만백성의 질고에 관심을 두고 죄 지은 자들을 처단했다

吊
- 谨吊(謹弔) jǐn diào 삼가 조의를 표함
- 吊祭(弔祭) diào jì 제사를 지내다
- 吊客(弔客) diào kè 조문객
- 吊丧(弔喪) diào sāng 조의를 표함
- 痛吊先烈(痛弔先烈) tòng diào xiān liè 비통한 마음으로 선열을 추모함

民
- 民意(民意) mín yì 국민의 의사
- 民众(民眾) mín zhòng 인민대중
- 民主(民主) mín zhǔ 주권이 국민에게 있음, 민주
- 民富国强(民富國強) mín fù guó qiáng 백성이 부유하고 나라가 강대하다
- 人民当家作(做)主 rén mín dāng jiā zuò(zuò) zhǔ 인민이 (나라의) 주인이 되다

伐
- 伐罪(伐罪) fá zuì 죄를 추궁해 처벌하다
- 讨伐(討伐) tǎo fá 적이나 반항자의 무리를 치다
- 伐木(伐木) fá mù 나무를 베어냄
- 伐毛洗髓(伐毛洗髓) fá máo xǐ suǐ 털을 깎고 골수를 깨끗이 하다, 자신의 그릇됨을 철저히 씻다
- 惩伐敌人(懲伐敵人) chéng fá dí rén 적(원수)을 응징하다

罪
- 罪人(罪人) zuì rén 죄를 범한 자, 죄인
- 犯罪(犯罪) fàn zuì 죄를 범하다
- 得罪人(得罪人) dé zuì rén 미움을 받다
- 罪有应得(罪有應得) zuì yǒu yīng dé 벌을 받아 마땅하다
- 罪恶滔天(罪惡滔天) zuì è tāo tiān 죄악이 하늘에 사무치다

吊	民
丶	ㄱ
口	コ
口	尸
吊	民
吊	民
吊	

伐	罪
丿	口
亻	四
亻	罒
代	罪
伐	罪
伐	罪

 회화 한마당

你叫什么名字? nǐ jiào shén me míng zi (너, 자네) 이름은 뭐라고 하지?
我叫金顺吉. wǒ jiào jīn shùn jí 김순길이라고 합니다.

周 发 殷 汤

周 쩌우 zhōu / 週 / 두루 주
发 바 fā / 發 / 펼 발
殷 인 yīn / 慇 / 나라 은
汤 탕 tāng / 湯 / 끓을 탕

周发殷汤 (그 대표 인물은) 주나라의 발무왕과 은나라의 성탕왕이었다

周
- 周到 (週到) zhōu dào 주의가 두루 미쳐 자세하고 빈틈이 없음
- 周密 (週密) zhōu mì 아주 세밀함
- 周而复始 (週而復始) zhōu ér fù shǐ 한바퀴 돌고 다시 시작하다(계속하다의 뜻)
- 封锁周围 (封鎖週圍) fēng suǒ zhōu wéi 주위를 봉쇄하다

周	发
冂	丆
冂	少
冃	岁
冐	发
周	发
周	

发
- 发展 (發展) fā zhǎn 널리 뻗어 나감, 발전
- 出发 (出發) chū fā 시작(하다), 출발
- 发愤图强 (發愤圖強) fā fèn tú qiáng 분발하여 강해지기를 꾀하다
- 发生效率 (發生效率) fā shēng xiào lǜ 효율을 발생함
- 发出命令 (發出命令) fā chū mìng lìng 명령을 내리다

殷
- 殷代 (慇代) yīn dài 은나라
- 殷谢 (慇謝) yīn xiè 깊이 감사드림
- 殷勤 (慇勤) yīn qín 열정적이며 주밀하다
- 殷鉴不远 (慇鑒不遠) yīn jiàn bù yuǎn 선인의 실패한 교훈이 얼마 지나지 않았다
- 敬献殷勤 (敬獻慇勤) jìng xiàn yīn qín 정성을 다하다

殷	汤
厂	丶
𠂆	冫
𠂢	氵
𠂤	氻
𣎆	汤
殷	汤

汤
- 汤药 (湯藥) tāng yào 달여 먹는 한약
- 汤火 (湯火) tāng huǒ 끓는 물과 불
- 肉汤 (肉湯) ròu tāng 고기국
- 赴汤蹈火 (赴湯蹈火) fù tāng dǎo huǒ 물불을 가리지 않고 뛰어들다
- 汤火不避 (湯火不避) tāng huǒ bù bì 물불을 가리지 않는다

您的尊姓大名(呢)? nín de zūn xìng dà míng(ne) 존함은요?
我叫金顺吉, 叫我老金好了. wǒ jiào jīn shùn jí, jiào wǒ lǎo jīn hǎo le 김순길이라고 하는데, 로찐이라고 부르면 되지요.

坐 朝 问 道

쭤 zuò　　차오 cháo　　원 wèn　　따오 dào

坐 朝 問 道

앉을 좌　　조정 조　　물을 문　　길 도

坐朝问道 나라를 다스림에는 (주로) 치국의 방도를 따져야 한다

坐
- 坐好 (坐好) zuò hǎo 편안하게 앉다
- 坐车 (坐車) zuò chē 차를 타다
- 坐堂 (坐堂) zuò táng 집안일을 주관하다
- 坐井观天 (坐井觀天) zuò jǐng guān tiān 우물 안에서 하늘을 보다, 견식이 좁음
- 坐立不安 (坐立不安) zuò lì bù ān 안절부절 못하다

朝
- 朝廷 (朝廷) cháo tíng 군주가 나라의 정치를 의논 또는 집행하는 곳, 조정
- 朝拜 (朝拜) cháo bài (황제를) 알현하다, 배알하다
- 朝代 (朝代) cháo dài 왕조의 연대
- 朝野 (朝野) cháo yě 조정과 민간
- 改朝换代 (改朝換代) gǎi cháo huàn dài 왕조가 바뀌다

坐	朝
丿	十
人	古
人人	古
𠘧	卓
坐	朝
坐	朝

问
- 问答 (問答) wèn dǎ 물음과 대답
- 问道于盲 (問道于盲) wèn dào yú máng 소경에게 길 묻기
- 不耻下问 (不恥下問) bù chǐ xià wèn 자기보다 못한 사람에게 묻는 것을 수치로 여기지 않는다
- 答记者问 (答記者問) dá jì zhě wèn 기자의 물음에 답변하다

道
- 街道 (街道) jiē dào 길거리
- 道路 (道路) dào lù 길
- 道理 (道理) dào lǐ 바른 길
- 道听途说 (道聽途說) dào tīng tú shuō 길가에서 들은 말, 근거 없는 풍문
- 道不拾遗 (道不拾遺) dào bù shí yí 길가에서 다른 사람이 흘린 것을 줍지 않는다 (평안한 세상을 비유)

问	道
丶	丷
冂	丷
门	丷
门	首
问	首
问	道

祝(愿)你生意兴旺! zhù(yuàn) nǐ shēng yì xīng wàng 장사가 잘 되기를 바랍니다.
谢(谢)你的祝愿! xiè(xiè) nǐ de zhù yuàn 축원해 주셔서 감사합니다.

垂	拱	平	章
추이 chuí	꿍 gǒng	핑 píng	장 zhāng
垂	拱	平	章
드리울 수	모을 공	다스릴 평	법 장

垂拱平章 옷깃을 드리우고 두 손을 모아 (겸허하게) 공정처사해야 한다

垂
- 下垂(下垂) xià chuí 아래로 드리움
- 垂死(垂死) chuí sǐ 죽음에 이름
- 垂手(垂手) chuí shǒu 손을 드리우다
- 垂头丧气(垂頭喪氣) chuí tóu sàng qì 풀이 죽고 기가 꺾이다, 소침하다
- 永垂不朽(永垂不朽) yǒng chuí bù xiǔ 썩지 않고 영원히 빛나다

垂	拱
二	丁
三	扌
乒	打
乒	拱
垂	拱
垂	拱

拱
- 拱手(拱手) gǒng shǒu 두 손을 모으다
- 拱别(拱別) gǒng bié 두 손을 모으고 헤어짐
- 拱肩缩背(拱肩縮背) gǒng jiān suō bèi 어깨를 움츠리고 허리를 꼬부리다
- 拱手告别(拱手告別) gǒng shǒu gào bié 두 손을 모으고 이별을 고함
- 众星拱月(衆星拱月) zhòng xīng gǒng yuè 뭇별이 달을 에워싸다

平
- 和平(和平) hé píng 마음이 평안함, 나라 사이가 화목함, 평화
- 平时(平時) píng shí 평소
- 平地(平地) píng dì 평평한 땅
- 平白无故(平白無故) píng bái wú gù 아무런 이유도 없이
- 心平气和(心平氣和) xīn píng qì hé 마음이 평안하고 태도가 온화하다(친절함을 뜻함)

平	章
一	丶
丆	立
六	音
平	音
平	音
	章

章
- 章程(章程) zhāng chéng 조목으로 나누어 정한 규정
- 文章华丽(文章華麗) wén zhāng huá lì 문장이 아름답다
- 章回小说(章回小說) zhāng huí xiǎo shuō 횟수를 나누어 서술한 장편소설
- 杂乱无章(雜亂無章) zá luàn wú zhāng 난잡하고 조리가 없음
- 约法三章(約法三章) yuē fǎ sān zhāng 몇 가지 규정을 지어 준수함

회화 한마당

请问您做什么工作? qǐng wèn nín zuò shén me gōng zuò (실례지만) 당신은 무슨 일을 하시나요?
我在做韩中贸易. wǒ zài zuò hán zhōng mào yì 저는 한중 무역을 하고 있습니다.

아이 ài	위 yù	리 lí	셔우 shǒu
愛	育	黎	首
사랑 애	기를 육	검을 려	머리 수

爱育黎首 백성을 사랑하며 가르치다

爱

- 爱情(愛情) ài qíng 사랑하는 마음
- 爱人(愛人) ài rén 사랑하는 사람
- 爱国(愛國) ài guó 나라를 사랑함
- 爱财如命(愛財如命) ài cái rú mìng 재산을 목숨처럼 중히 여기다
- 爱不释手(愛不釋手) ài bù shì shǒu 아까워서 놓기 아쉽다

育

- 育林(育林) yù lín 나무를 기르다
- 育人(育人) yù rén 사람을 양성하다
- 教育(教育) jiào yù 가르쳐서 기름, 교육
- 生儿育女(生兒育女) shēng ér yù nǚ 아들딸을 낳아 기르다
- 教育有方(教育有方) jiào yù yǒu fāng 가르치는데 방도가 있다

黎

- 黎面(黎面) lí miàn 검은 얼굴
- 黎明(黎明) lí míng 희미하게 밝아 오는 새벽, 여명
- 黎民(黎民) lí mín 백성, 군중
- 黎明即起(黎明即起) lí míng jí qǐ 날이 밝을 무렵에 바로 일어나다
- 黎明上路(黎明上路) lí míng shàng lù 동틀 무렵 길에 오르다

首

- 回首(回首) huí shǒu 머리를 돌리다
- 首都(首都) shǒu dū 한 나라의 서울
- 首先(首先) shǒu xiān 우선, 먼저
- 首屈一指(首屈一指) shǒu qū yī zhǐ 첫째로 꼽히다, 제일, 으뜸
- 斩首示众(斬首示眾) zhǎn shǒu shì zhòng 머리를 베어들고 사람들 앞에서 시위하다

爱	育
爫	亠
爫	亡
爫	亡
爫	育
爱	育
爱	育

黎	首
禾	丷
利	丷
利	丷
犁	首
黎	首
黎	首

 회화 한마당

您的公司在哪儿? nín de gōng sī zài nǎr (당신의) 회사(공사)는 어디에 있습니까?
在明东中国大使馆附近. zài míng dōng zhōng guó dà shǐ guǎn fù jìn 명동의 중국대사관 근처에 있습니다.

	쳔 chén	부 fú	룽 róng	챵 qiāng
	臣	伏	戎	羌
	신하 신	엎드릴 복	오랑캐 융	되 강

臣伏戎羌 (변강의) 다른 민족들도 신하처럼 (임금에) 충성을 다하다

臣	大臣 (大臣) dà chén 신하 忠臣 (忠臣) zhōng chén 충성스런 신하 臣心如水 (臣心如水) chén xīn rú shuǐ 충신의 마음은 물같이 결백하다 表彰功臣 (表彰功臣) biǎo zhāng gōng chén 공신을 표창하다 君为臣纲 (君爲臣綱) jūn wéi chén gāng 임금은 신하의 근본이 되다	臣 伏 一 丿 丆 亻 五 仁 五 仆 丏 伏 臣 伏
伏	埋伏 (埋伏) mái fú 상대방을 불시에 해치려고 일정한 곳에 숨어 있다, 매복 伏地 (伏地) fú dì 땅에 엎드리다 伏老 (伏老) fú lǎo 부모님께 순종하다 伏首贴耳 (伏首貼耳) fú shǒu tiē ěr 순종하다, 굽신거리다 伏伏贴贴 (伏伏貼貼) fú fú tiē tiē 굽신거리다, 매우 순종하다	
戎	戎夷 (戎夷) róng yí 오랑캐 또는 그 나라 사람 戎族 (戎族) róng zú 옛 중국 서부의 야만족 戎甲 (戎甲) róng jiǎ 무기(武裝) 投笔从戎 (投筆從戎) tóu bǐ cóng róng 펜대를 내려놓고 참군하다 过戎马生涯 (過戎馬生涯) guò róng mǎ shēng yá 종군 생애를 지내다	戎 羌 一 丷 丆 丷 手 羊 弌 䒑 戎 羊 戎 羌
羌	羌族 (羌族) qiāng zú 쓰촨성의 소수민족 羌无故实 (羌無故實) qiāng wú gù shí 이야기거리도 없고 출처도 없다(羌은 문언조사로 사용됨) 访羌民寨 (訪羌民寨) fǎng qiāng mín zhài 강족(중국 쓰촨성의 소수민족) 마을을 방문하다	

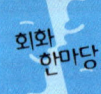

您的家呢? nín de jiā ne 당신의 댁은요?
我住在龙山. wǒ zhù zai lóng shān 용산에 있습니다.

遐 迩 壹 体

遐 샤 xiá	迩 얼 ěr	壹 이 yī	体 티 tǐ
遐 멀 하	邇 가까울 이	壹 한 일	體 몸 체

遐迩壹体 원근(변강의 다른 민족이나 제후들)이 하나로 뭉치다

遐	遐迩 (遐邇) xiá ěr 멀고 가깝다 遐福 (遐福) xiá fú 큰 복(洪福) 遐迩闻名 (遐邇聞名) xiá ěr wén míng 이름이 널리 알려지다 传至遐迩万里 (傳至遐邇萬里) chuán zhì xiá ěr wàn lǐ 원근 만리 땅에 전해지다(퍼지다)	遐 / 遐 / ㄱ / ㅅ / 目 / 个 / 艮 / 尔 / 叚 / 尔 / 叚 / 尔 / 遐 / 迩
迩	迩日 (邇日) ěr rì 근일, 최근 迩言 (邇言) ěr yán 얕은 말(言) 室迩人远 (室邇人遠) shì ěr rén yuǎn 집은 곁에 있으나 사람은 멀리 떨어짐 迩来可好 (邇來可好) ěr lái kě hǎo 요즘 편안하시지요	
壹	壹元 (壹元) yī yuán 일원 壹个 (壹個) yī ge 하나, 일 壹万 (壹萬) yī wàn 일만 遐迩壹体 (遐邇壹體) xiá ěr yī tǐ 원근이 하나가 되다 壹是 '一'的大写字体 yī shì 'yī' de dà xiě zì tǐ '壹'은 '一'의 대문자체이다	壹 / 体 / 士 / 亻 / 吉 / 仁 / 吉 / 什 / 壴 / 仕 / 壹 / 休 / 壹 / 体
体	体重 (體重) tǐ zhòng 몸무게 体育 (體育) tǐ yù 건강한 몸을 위한 교육, 체육 身体 (身體) shēn tǐ 몸 体贴入微 (體貼入微) tǐ tiē rù wēi 세세한 것까지 극진히 돌보다 体会很深 (體會很深) tǐ huì hěn shēn 체험이 매우 많다	

 坐什么车? zuò shén me chē 무슨 차를 탑니까?
坐一号线地铁, 非常方便. zuò yī hào xiàn dì tiě, fēi cháng fāng biàn 1호선 지하철을 타면 대단히 편리합니다.

率 쐐이 shuài	宾 빈 bīn	归 구이 guī	王 왕 wáng
率 거느릴 솔	賓 손 빈	歸 돌아갈 귀	王 임금 왕

率宾归王 타국인들도 몰려들어 귀화하여 왕을 섬기다

率
- 率领(率領) shuài lǐng 인솔하다, 거느리다
- 率兵(率兵) shuài bīng 군대를 거느림
- 率先(率先) shuài xiān 앞장서서 함
- 率由旧章(率由舊章) shuài yóu jiù zhāng 모든 것을 이전의 관례대로 하다
- 率团出访(率團出訪) shuài tuán chū fǎng 대표단을 인솔하여 출국 방문하다

宾
- 贵宾(貴賓) guì bīn 귀한 손님
- 宾客(賓客) bīn kè 손님, 귀빈
- 宾馆(賓館) bīn guǎn 호텔
- 宾至如归(賓至如歸) bīn zhì rú guī (손님이)제 집에 돌아온 것 같다
- 喧宾夺主(喧賓奪主) xuān bīn duó zhǔ 손님이 주인보다 더 떠들썩하다, 주객이 전도되다

归
- 归乡(歸鄉) guī xiāng 고향에 돌아오다
- 归家(歸家) guī jiā 집에 돌아옴
- 归纳(歸納) guī nà 귀납함
- 归心似箭(歸心似箭) guī xīn sì jiàn 집에 가고 싶은 마음이 간절하다
- 回归心切(回歸心切) huí guī xīn qiē (되)돌아가고 싶은 마음이 간절하다

王
- 王位(王位) wáng wèi 임금의 자리
- 王朝(王朝) wáng cháo 조정, 왕조
- 大王(大王) dà wáng 왕의 존칭
- 混世魔王(混世魔王) hùn shì mó wáng 세상을 혼잡하게 하는 악당
- 胜者为王(勝者爲王) shèng zhě wéi wáng 이긴 사람이 왕이 되다

회화 한마당

可不可以登门拜访? kě bù kě yǐ dēng mén bài fǎng (댁을) 방문해도 되겠습니까?
欢迎你来我家作客. huān yíng nǐ lái wǒ jiā zuò kè 꼭 놀러 오십시오(우리집에 오시는 것을 환영합니다).

鸣 凤 在 树

밍 míng　벙 fèng　짜이 zài　쑤 shù

鳴　鳳　在　樹

울 명　새 봉　있을 재　나무 수

鸣凤在树 (천하태평을 고하는) 봉황새는 나무에 (앉아서) 울어 댄다

鸣
鸣叫(鳴叫) míng jiào 울부짖다, 울다
鸣响(鳴響) míng xiǎng 소리가 울림
鸣谢(鳴謝) míng xiè 감사드리다
鸣冤叫屈(鳴冤叫屈) míng yuān jiào qū 억울함을 호소하다
鸣锣开道(鳴鑼開道) míng luó kāi dào 새 사물의 출현을 위해 여론을 조성하다

鸣	凤
口	丿
口'	几
吖	凤
吖	凤
鸣	
鸣	

凤
凤凰(鳳凰) fèng huáng 봉황(상상의 상서로운 새)
凤城(鳳城) fèng chéng 궁궐, 궁성
凤鸣朝阳(鳳鳴朝陽) fèng míng zhāo yáng 이른 아침에 봉황이 울다(드문 길조임을 뜻함)
龙配凤的好夫妻 lóng pèi fèng de hǎo fū qī 용과 봉황이 짝을 맺은 듯 금실이 좋은 부부, 천상배필

在
不在(不在) bù zài 없다, 존재하지 않음
在家(在家) zài jiā 집에 있음
存在(存在) cún zài 현실에 있음, 있는 일, 존재
在所难免(在所難免) zài suǒ nán miǎn 피할 수 없다, 불가피하다
在所不辞(在所不辭) zài suǒ bù cí 결코 마다하지(사양하지) 않다

在	树
一	十
ナ	木
ナ	杁
才	杁
右	杁
在	树
在	树

树
栽树(栽樹) zāi shù 나무를 심다
树木(樹木) shù mù 나무
树林(樹林) shù lín 나무가 우거진 모양, 수림
百年树人(百年樹人) bǎi nián shù rén 인재 양성에 오랜 시간이 걸린다는 뜻
植树造林(植樹造林) zhí shù zào lín 나무를 심어 수림을 조성하다

你几岁了? nǐ jǐ suì le 너는 몇 살이지?
我五岁. wǒ wǔ suì 저는 다섯 살입니다.

白驹食场 (평화를 상징하는) 흰 망아지는 마당가에서 풀을 뜯는다

白	白色(白色) bái sè 흰색 白发(白發) bái fà 하얗게 센 머리털 白手起家(白手起家) bái shǒu qǐ jiā 맨손으로 살림을 꾸리다 白头皆老(白頭皆老) bái tóu jiē jǎo 부부가 즐겁게 살며 함께 늙다, 백년해로하다 白雪皑皑(白雪皚皚) bái xuě āi āi 온통 흰눈으로 덮임
驹	小驹(小驹) xiǎo jū 망아지 驹犊(駒犢) jū dú 말의 새끼 白驹过隙(白駒過隙) bái jū guò xì 시간이 빠르게 지나감을 이름(흰 망아지가 빨리 내닫는 것을 문틈으로 본다는 뜻) 怀驹数月(懷駒數月) huái jū shù yuè 뱃속에 망아지(새끼)를 가진 지 몇달이 되다
食	饮食(飲食) yǐn shí 먹거리, 음식 食堂(食堂) shí táng 음식점, 식당 食谱(食譜) shí pǔ 음식 메뉴 食而不化(食而不化) shí ér bù huà 먹어도 소화시키지 못하다(배운 지식에 대한 비유) 住食方便(住食方便) zhù shí fāng biàn 잠자고 먹는데 편리하다
场	场所(場所) cháng suǒ 자리, 장소 运动场(運動場) yùn dòng cháng 경기나 유희를 하기 위해 설비를 갖춘 광장, 운동장 剧场(劇場) jù cháng 연극을 연출하거나 영화를 상영하는 곳 逢场作戏(逢場作戲) féng cháng zuò xì 기회를 보아가며 얼버무리다 大讲排场(大講排場) dà jiǎng pái cháng 겉차림에 매우 신경을 쓰다

白	驹
丿	丆
亻	马
冂	马
白	马
白	驹
	驹

食	场
人	一
今	十
今	土
今	圹
食	场
食	场

你(您)多大了? nǐ(nín) duō dà le 당신은 몇 살인가요?
我二十五(岁). wǒ èr shí wǔ (suì) 스물다섯(살)입니다.

化 被 草 木

化 huà	被 bèi	草 cǎo	木 mù
化 조화 화	被 입을 피	草 풀 초	木 나무 목

化被草木 덕화에 초목(백성)도 감화되었다

化
- 变化(變化) biàn huà 사물의 형상이나 성질 등이 달라짐, 변화
- 国际化(國際化) guó jì huà 국제화
- 化整为零(化整爲零) huà zhěng wéi líng 집중된 것을 분산시키다
- 逢凶化吉(逢凶化吉) féng xiōng huà jí 화가 복으로 되다, 전화위복
- 化解矛盾(化解矛盾) huà jiě máo dùn 모순을 (풀어) 해결하다

被
- 被打(被打) bèi dǎ 얻어맞다
- 被骂(被罵) bèi mà 욕을 먹다
- 被动(被動) bèi dòng 피동
- 泽被天下(澤被天下) zé bèi tiān xià 은혜와 덕택이 온 세상을 덮다
- 被迫承认(被迫承認) bèi pò chéng rèn (강요에 못견디어) 할 수 없이 승인하다

化	被
ノ	丶
亻	衤
亻	礻
化	衤
	被
	被

草
- 草人(草人) cǎo rén (짚으로 만든) 허수아비
- 草根(草根) cǎo gēn 풀뿌리
- 草木(草木) cǎo mù 풀과 나무
- 草木皆兵(草木皆兵) cǎo mù jiē bīng 초목이 모두 (적)군으로 보이다
- 种植花草(種植花草) zhòng zhí huā cǎo 꽃과 풀을 심다

木
- 木材(木材) mù cái 건축에 쓰이는 나무의 재료, 목재
- 木头(木頭) mù tóu 통나무, 목재
- 木已成舟(木已成舟) mù yǐ chéng zhōu 나무가 이미 배로 되다, 쑨 죽이 밥되랴
- 呆若木鸡(呆若木鷄) dāi ruò mù jī 목석처럼 무표정하다, 멍해 있다

草	木
艹	一
艹	十
艹	才
苎	木
苜	
草	

您多大年纪(岁数)了? nín duō dà nián jì(suì shù) le 당신은 연세가 어떻게 됩니까?
我今年五十(岁). wǒ jīn nián wǔ shí(suì) 올해 쉰(살)입니다.

赖 及 万 方

赖 lài	及 jí	万 wàn	方 fāng
賴	及	萬	方
힘입을 뢰	미칠 급	일만 만	나라, 곳 방

賴及万方 은혜와 덕택은 천리만방에까지 미쳤다

赖
- 打赖 (打賴) dǎ lài 이유없이 부인함, 시치미를 떼다, 억지를 부림
- 依赖 (依賴) yī lài 남에게 의지(부탁)함
- 赖皮 (賴皮) lài pí 무치하다
- 赖衣求食 (賴衣求食) lài yī qiú shí 먹고 입는 것을 남에게 의지하다
- 依赖父母 (依賴父母) yī lài fù mǔ 부모에 의지하다

赖	及
口	ノ
申	ア
束	乃
剌	及
籾	
赖	

及
- 及时 (及時) jí shí 제때에
- 波及 (波及) bō jí 여파가 멀리 미침
- 及锋而试 (及鋒而試) jí fēng ér shì 사기가 왕성할 때 승부를 겨루다
- 殃及池鱼 (殃及池魚) yāng jí chí yú 아무런 이유도 없이 (곁불에) 화를 당하다
- 措手不及 (措手不及) cuò shǒu bù jí 미처 손을 쓸 새가 없음, 어찌 할 바를 몰라 당황해 함

万
- 万岁 (萬歲) wàn suì 만년, 영원히 삶, 만세
- 千万 (千萬) qiān wàn 천만, 제발
- 一万元 (一萬元) yī wàn yuán (일)만 원
- 万古长青 (萬古長青) wàn gǔ cháng qīng 봄처럼 푸르고 싱싱하다
- 万万施不得 (萬萬施不得) wàn wàn shī bù dé 절대로(결코) 그래서는 안 된다

万	方
一	丶
丆	二
万	方
	方

方
- 方圆 (方圓) fāng yuán 둘레, 주위
- 方面 (方面) fāng miàn 방향, 측, 방면
- 正方形 (正方形) zhèng fāng xíng 네모 반듯한 형태(모양)
- 方方面面 (方方面面) fāng fāng miàn miàn 여러 방면
- 路通四面八方 (路通四面八方) lù tōng sì miàn bā fāng 길이 사면팔방으로 통하다

您高寿呢? nín gāo shòu ne 어르신의 연세가 얼마나 되십니까?
我今年七十(岁). wǒ jīn nián qī shí(suì) 올해 일흔(살)입니다.

盖 까이 gài	此 츠 cǐ	身 선 shēn	发 바 fà
蓋 덮을 개	此 이 차	身 몸 신	髮 터럭 발

盖此身发 이 몸의 일체를 지배하는 것

盖	掩盖(掩蓋) yǎn gài 가리다, 덮어 감추다 盖子(蓋子) gài zi 마개, 덮개 复盖(復蓋) fù gài 덮다 盖世无双(蓋世無雙) gài shì wú shuāng 온세상에 더 비할 것이 없다 雪盖大地(雪蓋大地) xuě gài dà dì 눈이 내려 대지를 덮다	盖: 兰 羊 差 善 善 盖 / 此: 丨 卜 止 止 此
此	此地(此地) cǐ dì 이곳 此人(此人) cǐ rén 이 사람 此时(此時) cǐ shí 이 시각 此起彼伏(此起彼伏) cǐ qǐ bǐ fú 여기저기에서 일어났다가 사라지다 以此表心意(以此表心意) yǐ cǐ biǎo xīn yì 이로써 성의를 표합니다	
身	身体(身體) shēn tǐ 몸 身心(身心) shēn xīn 몸과 마음 身不由己(身不由己) shēn bù yóu jǐ 몸이 자기 마음대로 되지 않는다 身材苗条(身材苗條) shēn cái miáo tiáo 몸매가 호리호리하다, 날씬하다 亲身经历(親身經歷) qīn shēn jīng lì 몸소 겪다	身: 丿 勹 勹 自 自 身 / 发: ㄥ 少 发 发 发
发	烫发(燙髮) tàng fà 파마(하다) 理发(理髮) lǐ fà 머리털을 깎음(깎다), 이발(하다) 白发(白髮) bái fà 하얗게 흰 머리칼 发短心长(髮短心長) fà duǎn xīn cháng 나이가 드니 지모가 깊다 白发苍苍(白髮蒼蒼) bái fà cāng cāng 백발이 성성하다, 머리가 희끗희끗하다	

您贵庚? nín guì gēng 어르신의 춘추가 어떻게 되십니까?
我今年八十(岁). wǒ jīn nián bā shí(suì) 올해 여든(살)입니다.

四 大 五 常

쓰 sì 따 dà 우 wǔ 창 cháng

四 大 五 常

넉 사 큰 대 다섯 오 항상 상

四大五常 4대(지, 화, 수, 풍) 요소와 5상(인, 의, 예, 지, 신)이다

四	四个(四個) sì ge 네 개 四十(四十) sì shí 사십, 마흔 四海为家(四海爲家) sì hǎi wéi jiā 온 천하를 자기집으로 삼다 四面玲珑(四面玲瓏) sì miàn líng lóng 교제 수완이 대단하다, 팔방미인 四面楚歌(四面楚歌) sì miàn chǔ gē 사면이 모두 적에게 포위 또는 고립된 경우를 뜻함
大	大家庭(大家庭) dà jiā tíng 대가정 大小(大小) dà xiǎo 크고 작은 것 大人(大人) dà rén 어른 大材小用(大材小用) dà cái xiǎo yòng 큰 감(인재)이 작은 일에 쓰이다 大操大办(大操大辦) dà cāo dà bàn 소문이 자자할 정도로 크게 떠벌려 하다
五	五个(五個) wǔ ge 다섯 개 五十(五十) wǔ shí 오십, 쉰 五湖四海(五湖四海) wǔ hú sì hǎi 세계 각지, 전국 방방곡곡 五谷不分(五穀不分) wǔ gǔ bù fēn 오곡을 구별하지 못하다, 세상 물정을 전혀 모르다 五官不正(五官不正) wǔ guān bù zhèng 오관(시각, 청각, 후각, 미각, 촉각)이 바르지 못함
常	常事(常事) cháng shì 경상적인(예사로운) 일 经常(經常) jīng cháng 계속해 변치않음 往常(往常) wǎng cháng 이왕 常备不懈(常備不懈) cháng bèi bù xiè 항상준비에 게으름이 없다 常规办事(常規辦事) cháng guī bàn shì 관례대로 일을 처리하다

四	大
丨	一
冂	ナ
四	大
四	
四	

五	常
一	丷
丆	尚
五	学
五	常
	常

比年纪还显得年轻啊! bǐ nián jì hái xiǎn de nián qīng a 연세에 비해 더 젊어 보입니다!
谢谢. xiè xiè 감사합니다.

恭 惟 鞠 养

恭 gōng	惟 wéi	鞠 jū	养 yǎng
恭	惟	鞠	養
공손 공	오직 유	기를 국	기를 양

恭惟鞠养 (부모님이) 길러주심에 (삼가) 공경의 마음을 가진다

恭
- 恭敬 (恭敬) gōng jìng 공손하다, 예의가 바르다, 공손히 섬김
- 恭贺 (恭賀) gōng hè 삼가 축하함
- 必恭必敬 (必恭必敬) bì gōng bì jìng 매우 공경하는 태도를 취하다
- 恭喜发财 (恭喜發財) gōng xǐ fā cái 부자되기를 (된 것을) 삼가 축원(축하)함
- 恭恭敬敬 (恭恭敬敬) gōng gōng jìng jìng 매우 공손함

惟
- 惟独 (惟獨) wéi dú 많은 가운데 홀로, 다만 홀로, 유독
- 惟命是听 (惟命是聽) wéi mìng shì tīng 시키는대로 절대 복종하다
- 惟妙惟肖 (惟妙惟肖) wéi miào wéi xiào 아주 묘하여 진짜와 꼭 같다
- 惟恐忘记 (惟恐忘記) wéi kǒng wàng jì 다만(단지) 잊어버릴까 걱정이다

恭	惟
卄	忄
卄	忄
共	忄
䒑	忏
恭	惟
恭	惟

鞠
- 鞠躬 (鞠躬) jū gōng 허리 굽혀 인사하다
- 鞠育 (鞠育) jū yù 기르다, 양육함
- 鞠躬尽瘁 (鞠躬盡瘁) jū gōng jìn cuì 나라를 위해 모든 힘을 다하다
- 鞠养父母 (鞠養父母) jū yǎng fù mǔ 부모를 정성껏 모시다

养
- 疗养 (療養) liáo yǎng 치료하며 휴식을 취함
- 养育 (養育) yǎng yù 부양하여 기름
- 培养 (培養) péi yǎng 북돋아 기름, 양성함, 배양
- 养生送死 (養生送死) yǎng shēng sòng sǐ 생전과 사후까지 효도를 다하다
- 休养生息 (休養生息) xiū yǎng shēng xī 국민생활을 안정시켜 원기를 회복하다

鞠	养
卄	丷
苩	兰
革	羊
靬	芙
鞠	养
鞠	养

你(您)属 什么? nǐ(nín) shǔ shén me (당신) 무슨 띠인가요?
我属马. wǒ shǔ mǎ 말띠입니다.

岂 敢 毁 伤

치 qǐ　　깐 gǎn　　후이 huǐ　　샹 shāng

豈　敢　毀　傷

어찌 기　용감할 감　헐 훼　상할 상

岂敢毁伤 (부모님이 낳아주신 이 몸을) 어찌 감히 훼손할 수 있으랴

岂

- 岂可(豈可) qǐ kě 어찌…수 있으랴
- 岂敢(豈敢) qǐ gǎn 어찌 감히
- 岂能(豈能) qǐ néng 어찌…할 수 있으랴
- 岂有此理(豈有此理) qǐ yǒu cǐ lǐ 어찌 이런 도리가 있을 수 있는가
- 岂非怪事(豈非怪事) qǐ fēi guài shì 이 아니 괴상한 일이 아닐소냐

敢

- 敢吃(敢吃) gǎn chī 주저하지 않고 아무것이나 (대담히) 먹다
- 敢干(敢干) gǎn gàn 대담하게 함
- 勇敢(勇敢) yǒng gǎn 용기가 있어 과감함, 용감
- 敢怒不言(敢怒不言) gǎn nù bù yán 분하지만 말하지 못하다
- 敢说敢干(敢說敢干) gǎn shuō gǎn gàn (주저하지 않고) 대담하게 말하고 행동함

毁

- 炸毁(炸毀) zhà huǐ 폭발시켜 없애 버림
- 毁灭(毀滅) huǐ miè 망가뜨림, 훼손
- 毁损(毀損) huǐ sǔn 손상함
- 毁形灭性(毀形滅性) huǐ xíng miè xìng 비통해 마지않음(몹시 슬퍼함을 비유)
- 毁掉证据(毀掉証據) huǐ diào zhèng jū 증거물을 없애다

伤

- 伤口(傷口) shāng kǒu 상처, 상한 부위
- 伤员(傷員) shāng yuán 부상자
- 治伤(治傷) zhì shāng 상처를 치료하다
- 伤天害理(傷天害理) shāng tiān hài lǐ 천리(天理)를 떠난 못할 짓을 하다
- 无伤大雅(無傷大雅) wú shāng dà yǎ 전체에는 손색이 없다, 큰 지장이 없다

岂	敢
丶	一
山	丁
山	丌
屮	币
屮	耳
当	耴
岂	敢

毁	伤
亻	丿
臼	亻
臼	亻
皁	亻
臼殳	伤
毁	伤

띠(十二属相) shí èr shǔ xiàng :

鼠 shǔ 쥐　牛 niú 소　虎 hǔ 호랑이　兔 tù 토끼　龙 lóng 용　蛇 shé 뱀
马 mǎ 말　羊 yáng 양　猴 hóu 원숭이　鸡 jī 닭　狗 gǒu 개　猪 zhū 돼지

女 慕 貞 烈

女 뉘 nǚ	慕 무 mù	貞 쩐 zhēn	烈 레 liè
女 계집 녀	慕 사모할 모	貞 곧을 정	烈 굳셀 렬

女慕貞烈 여자는 정조를 굳게 지키는 것을 따라야 한다

女
- 女人 (女人) nǚ rén 여자
- 女士 (女士) nǚ shì 품위 있는 여자의 존칭, 여사
- 女职工 (女職工) nǚ zhí gōng 여직원
- 女生外向 (女生外向) nǚ shēng wài xiàng 여자는 시집을 가면 남편을 따른다
- 女扮男装 (女扮男裝) nǚ bàn nán zhuāng 남자처럼 꾸미다, 남장하다

慕
- 思慕 (思慕) sī mù 사모하다
- 羡慕 (羨慕) xiàn mù 흠모함
- 爱慕 (愛慕) ài mù 사랑하고 사모함
- 慕名来拜 (慕名來拜) mù míng lái bài 명성을 사모하여 찾아 배알하다

女	慕
く	艹
夂	苫
女	苢
	莫
	慕
	慕

贞
- 贞女 (貞女) zhēn nǚ 정조를 지키는 여자
- 贞操 (貞操) zhēn cāo 순결, 정조
- 贞洁 (貞潔) zhēn jié 정조가 굳고 행실이 결백함
- 忠贞不渝 (忠貞不渝) zhōng zhēn bù yú 변함없이 충성과 지조를 다하다
- 坚贞不屈 (堅貞不屈) jiān zhēn bù qū 의지(지조)가 굳세어 굴하지 않다

烈
- 猛烈 (猛烈) měng liè 기세가 사납고 세참
- 热烈 (熱烈) rè liè 열렬함
- 烈性酒 (烈性酒) liè xìng jiǔ 매우 독한 술
- 烈火见真金 (烈火見真金) liè huǒ jiàn zhēn jīn 뜨거운 불 속에서만 순금을 가려낼 수 있다
- 烈日当空 (烈日當空) liè rì dāng kōng 쨍쨍 내리쬐는 태양이 하늘에 걸려 있다

贞	烈
丨	歹
丨	歹
广	歹
片	列
贞	列
贞	烈

鼠 : 老鼠过街, 人人喊打. lǎo shǔ guò jiē, rén rén hǎn dǎ 길거리에서 쥐를 보면 누구나 다 잡으라고 외친다 (공중의 미움을 받음을 비유).
这人鼠目寸光. zhè rén shǔ mù cùn guāng 이 사람은 안목이 짧다.

男	效	才	良
난 nán	쌰오 xiào	차이 cái	량 liáng
男	效	才	良
사내 남	본받을 효	재주 재	어질 량

男效才良 남자는 덕재를 본받아야 한다

男	男人(男人) nán rén 남자 男性(男性) nán xìng 남자의 총칭 男尊女卑(男尊女卑) nán zūn nǚ bēi 남자는 귀하고 여자는 천하다, 남존여비 男盜女娼(男盜女娼) nán dào nǚ chāng 남녀 모두 나쁜 짓을 하다 男女平等(男女平等) nán nǚ píng děng 남녀가 모두 동등함(동등하다), 남녀평등	
效	效法(效法) xiào fǎ 본받다, 따라하다 效仿(效仿) xiào fǎng 본받다, 흉내내다, 모방하다 东施效颦(東施效颦) dōng shī xiào pín 남의 허물도 덩달아 흉내냄을 비유 上行下效(上行下效) shàng xíng xià xiào 윗사람이 하는 대로 따라함, 윗물이 맑아야 아랫물이 맑다	

男	效
口	亠
日	六
田	㚔
田	效
男	效
男	效

才	才干(才幹) cái gàn 재주와 기능 才华(才華) cái huá 뛰어난 재능 才高八斗(才高八斗) cái gāo bā dǒu 재능이 풍부하다(재간이 비범함을 뜻함) 才华出众(才華出眾) cái huá chū zhòng 재능이 뛰어나다 有才无德(有才無德) yǒu cái wú dé 재능은 있어도 덕이 부족함
良	良民(良民) liáng mín 선량한 백성 良好(良好) liáng hǎo 좋음, 훌륭함 优良(優良) yōu liáng 뛰어나게 좋음 良药苦口(良藥苦口) liáng yào kǔ kǒu 좋은 약은 쓰다, 충언은 귀에 거슬린다 良师益友(良師益友) liáng shī yì yǒu 의로운 스승과 유익한 친구

才	良
一	丶
十	㇗
才	㇂
	𠃊
	良
	良

牛 : 老牛拉车, 越拉越使劲. lǎo niú lā chē, yuè lā yuè shǐ jìn 늙은 소는 수레를 끌수록 점점 더 힘을 쓴다.
　　使出九牛二虎之力. shǐ chū jiǔ niú èr hǔ zhī lì 젖 먹던 힘까지 다하다.

知 过 必 改

즈 zhī	꿔 guò	삐 bì	까이 gǎi

知 過 必 改

알 지	허물 과	반드시 필	고칠 개

知过必改 허물을 알면 반드시 고쳐야 한다

知
- 知识(知識) zhī shí 알고 있는 학문, 지식
- 知道(知道) zhī dào 알다
- 知难而进(知難而進) zhī nán ér jìn 어려움을 번연히 알면서 전진하다
- 知错必改(知錯必改) zhī cuò bì gǎi 잘못을 깨달으면 반드시 고쳐야 한다

知	过
㇏	一
上	寸
矢	寸
矢	寸
知	讨
知	过

过
- 过错(過錯) guò cuò 잘못
- 知过(知過) zhī guò 잘못을 알다
- 改过(改過) gǎi guò 잘못을 고치다
- 过失(過失) guò shí 실수
- 有过必纠(有過必糾) yǒu guò bì jiū 잘못이 있으면 반드시 시정해야 한다

必
- 必须(必須) bì xū 반드시
- 必要(必要) bì yào 꼭 소용이 됨
- 必由之路(必由之路) bì yóu zhī lù 반드시 거쳐가야 하는 길
- 必不可少(必不可少) bì bù kě shǎo (결단코) 없어서는 안 된다
- 何必如此(何必如此) hé bì rú cǐ 꼭 이럴 필요가 무엇인가(있는가)

必	改
心	㇇
心	㇉
必	己
必	改
	改
	改

改
- 修改(修改) xiū gǎi 수정(하다)
- 改正(改正) gǎi zhèng 고치다
- 改革(改革) gǎi gé 새롭게 뜯어 고침, 개혁
- 改邪归正(改邪歸正) gǎi xié guī zhèng 잘못을 고치고 바른길에 들어서다
- 改过自新(改過自新) gǎi guò zì xīn 잘못을 고쳐 새 사람이 되다

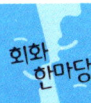

虎 : 虎口拔牙. hǔ kǒu bá yá 자는 범의 코를 쑤시다(매우 위험한 행동을 하는 것을 비유).
虎口余生. hǔ kǒu yú shēng 호랑이의 아가리에서 벗어나다(구사일생).

得 能 莫 忘

더 dé	넝 néng	뭐 mò	왕 wàng
得	能	莫	忘
얻을 득	능할 능	말 막	잊을 망

得能莫忘 익힌 재능은 잊지 말아야 한다

得
- 获得(獲得) huò dé 얻다, 취득하다
- 得到(得到) dé dào 얻다
- 所得(所得) suǒ dé 이미 얻은 것
- 得寸进尺(得寸進尺) dé cùn jìn chǐ 점차적으로 자기의 욕심을 차리다
- 得天独厚(得天獨厚) dé tiān dú hòu 독자적으로 특별히 좋은 조건을 갖추다

能
- 能力(能力) néng lì 일을 감당해 내는 힘, 능력
- 才能(才能) cái néng 재주, 비로소
- 有能耐(有能耐) yǒu néng nài 재주가 있음
- 能者为师(能者爲師) néng zhě wéi shī 능력이 있는 사람을 스승으로 모시다
- 能者多劳(能者多勞) néng zhě duō láo 실력자가 많은 일을 하다(수고를 더 하다)

得	能
彳	厶
彳	自
彳	自
徂	能
得	能
得	能

莫
- 莫去(莫去) mò qù 가지 않다
- 莫要(莫要) mò yào 그러지 마라
- 莫忘(莫忘) mò wàng 잊지 않는다
- 莫名其妙(莫名其妙) mò míng qí miào 그 오묘함을 알 리가 없다, 영문을 모르다
- 切齿莫忘(切齒莫忘) qiè chǐ mò wàng (이를 갈 정도로) 영원히 잊지 않다

忘
- 忘记(忘記) wàng jì 잊다
- 忘想(忘想) wàng xiǎng 망상
- 健忘症(健忘症) jiàn wàng zhèng 건망중
- 忘恩负义(忘恩負義) wàng ēn fù yì 배은망덕
- 得意忘形(得意忘形) dé yì wàng xíng 자만하여 자신의 처지를 잊다

莫	忘
艹	丶
苎	二
昔	亡
草	亠
莫	忘
莫	忘

회화 한마당

兔 : 兔走乌飞. tù zǒu wū fēi 세월이 살같이 지나가다(전설에 해를 金乌, 달을 玉兔라 하여 세월을 비유했음).
兔死狗烹. tù sǐ gǒu pēng 토끼 사냥이 끝나자 사냥개까지 잡아 먹는다(목적 달성 후 도와준 사람을 차버림).

罔 谈 彼 短

왕 wǎng	탄 tán	피 bǐ	단 duǎn
罔 없을 망	談 말씀 담	彼 저 피	短 짧을 단

罔谈彼短 타인의 단점을 (무작정) 꼬집지 말라

罔
- 罔然 (罔然) wǎng rán 멀거니 있는 모양
- 罔死 (罔死) wǎng sǐ 값없이 죽다
- 置若罔闻 (置若罔聞) zhì ruò wǎng wén 들은체 만체 하다
- 罔知所届 (罔知所屆) wǎng zhī suǒ jiè 간 곳을 모르다, 행방불명

罔	谈
丨	讠
冂	讠
冈	讠
冈	谈
罔	谈
罔	谈

谈
- 谈判 (談判) tán pàn 의논하여 옳고 그른 것을 판단함, 담판
- 谈话 (談話) tán huà 이야기(하다)
- 谈笑 (談笑) tán xiào 웃으면서 이야기함
- 谈笑风生 (談笑風生) tán xiào fēng shēng 흥미진진하게 이야기하다
- 谈虎变色 (談虎變色) tán hǔ biàn sè 무서운 일로 신경이 곤두서다, 말만 듣고도 무서워함

彼
- 此起彼伏 (此起彼伏) cǐ qǐ bǐ fú 여기저기서 연속해서 일어나다
- 知己知彼 (知己知彼) zhī jǐ zhī bǐ 자기를 알고 상대방도 알다
- 彼此彼此 (彼此彼此) bǐ cǐ bǐ cǐ 피차 일반이다
- 彼此一般 (彼此一般) bǐ cǐ yī bān 두 편이 서로 같다, 피차일반

彼	短
彳	⺮
彳	矢
彷	矢
彷	知
彼	短
彼	短

短
- 短命 (短命) duǎn mìng 명이 짧음
- 短处 (短處) duǎn chù 부족한 점
- 短距离 (短距離) duǎn jù lí 짧은 거리
- 短小精悍 (短小精悍) duǎn xiǎo jīng hàn 작지만 정교하고 깔끔하다
- 短兵相接 (短兵相接) duǎn bīng xiāng jiē 백병전을 하다, 격렬한 투쟁을 하다

- 龙 : 龙争虎斗. lóng zhēng hǔ dòu 용과 호랑이가 싸우다(싸움이나 경기가 매우 치열함을 비유).
- 龙行虎步. lóng xíng hǔ bù 위무당당하다(호기스럽다).

靡恃己长 자신의 장점도 (너무) 믿지 마라

靡

委靡(委靡) wěi mǐ 정신이 흐리터분하다
靡日不思(靡日不思) mǐ rì bù sī 생각하지 않는 날이 없다
靡靡之音(靡靡之音) mǐ mǐ zhī yīn 퇴폐음악
委靡不振(委靡不振) wěi mǐ bù zhèn 원기가 쇠퇴하여 활기가 없다

靡	恃
广	忄
庐	忄
麻	忄生
靡	忄生
靡	恃
靡	恃

恃

恃宠(恃寵) shì chǒng 총애에 의지하다
仗恃(仗恃) zhàng shì 의뢰하다
恃才傲物(恃才傲物) shì cái ào wù 자기 재능을 믿고 남을 깔보다
有恃无恐(有恃無恐) yǒu shì wú kǒng 믿는 데가 있어 안하무인이다

己

自己(自己) zì jǐ 자신
己见(己見) jǐ jiàn 자기의 견해
损人利己(損人利己) sǔn rén lì jǐ 남에게 해를 끼치며 자신의 이익을 꾀하다
舍己为人(捨己爲人) shě jǐ wèi rén 자기를 잊고 타인을 위하다
各抒己见(各抒己見) gè shū jǐ jiàn 저마다 자신의 견해를 내놓다

己	长
丁	丿
己	二
己	长
	长

长

长处(長處) cháng chù 웃점(우수한 점)
长短(長短) cháng duǎn 길고 짧음, 단점과 장점
长途(長途) cháng tú 장거리
长生不老(長生不老) cháng shēng bù lǎo 늙지 않고 오래 살다
长久之计(長久之計) cháng jiǔ zhī jì 사업의 장구한 계속을 도모하는 계획, 장구지책

회화 한마당

蛇 : 打长蛇阵. dǎ cháng shé zhèn 장사진을 치다.
蛇欲吞象. shé yù tūn xiàng 뱀이 코끼리를 삼키려 하듯이 욕심이 놀부 뺨쳐 먹겠다.

信 씬 xìn　使 스 shǐ　可 커 kě　覆 부 fù

信 믿을 신　使 하여금 사　可 가히 가　覆 덮을 복

信使可覆 믿음은 행동으로 옮겨져야 한다

信
相信(相信) xiāng xìn 믿다
信心(信心) xìn xīn 믿는 마음, 신심
信不过(信不過) xìn bù guò 믿을 수 없다
信口开河(信口開河) xìn kǒu kāi hé 입에서 나오는대로 거침없이 말하다
半信半疑(半信半疑) bàn xìn bàn yí 반쯤은 믿고 반쯤은 믿지 않음

使
使用(使用) shǐ yòng 쓰거나 부림, 사용함
使人(使人) shǐ rén 사람들로 하여금
使不得(使不得) shǐ bù dé 쓸 수 없음, 바람직하지 않음
使臂使指(使臂使指) shǐ bì shǐ zhǐ 팔과 손가락 쓰듯 마음대로 휘두르다
使得其反(使得其反) shǐ dé qí fǎn 역효과를 초래하다

可
可信(可信) kě xìn 믿을 만하다
可以(可以) kě yǐ 괜찮다
可不(可不) kě bù 그럼요
可乘之机(可乘之機) kě chéng zhī jī 틈탈 기회
可歌可泣(可歌可泣) kě gē kě qì (절로 노래가 나올 정도로) 감격적이고 눈물겹다

覆
覆灭(覆滅) fù miè 멸망(하다)
覆水难收(覆水難收) fù shuǐ nán shōu 쏟아진 물은 다시 담기 어렵다
前车之覆(前車之覆) qián chē zhī fù 앞수레가 뒤집힌 것(경험)을 교훈으로 삼다
全军覆没(全軍覆沒) quán jūn fù mò 전군이 전멸하다
天翻地覆(天翻地覆) tiān fān dì fù 하늘과 땅이 뒤집히다

马 : 一马当先, 万马奔腾. yī mǎ dāng xiān, wàn mǎ bēn téng 한 사람이 앞장서니 모든 이가 그 뒤를 따라 달려간다.
旗开得胜, 马到成功. qí kāi dé shèng, mǎ dào chéng gōng (싸움, 경기를) 시작하자마자 쉽게 성공하다.

器 欲 难 量

器 치 qì	欲 위 yù	难 난 nán	量 량 liàng
器 그릇 기	欲 하고자할 욕	難 어려울 난	量 헤아릴 량

器欲难量 기량은 헤아리기 어려울 정도여야 한다

器
- 机器(機器) jī qì 기계
- 器重(器重) qì zhòng 중요시하다, 아끼다
- 破器相接(破器相接) pò qì xiāng jiē 깨진 그릇 맞추기, 공연한 헛수고
- 玉不琢, 不成器(玉不琢, 不成器) yù bù zhuó, bù chéng qì 옥도 가공하지 않으면 쓸 모없다(노력하지 않으면 성공하지 못한다는 뜻)

欲
- 私欲(私欲) sī yù 개인 욕심
- 欲望(欲望) yù wàng 누리고자 탐함, 욕망
- 食欲(食欲) shí yù 음식을 먹으려는 욕망
- 欲盖弥彰(欲蓋彌彰) yù gài mí zhāng 감추려 할수록 더 드러나다
- 欲罢不能(欲罷不能) yù bà bù néng 그만두려 해도 되지 않는다

难
- 难得(難得) nán dé 얻기 어렵다(드물다)
- 难题(難題) nán tí 어려운 과제
- 困难(困難) kùn nán 어려움
- 难能可贵(難能可貴) nán néng kě guì 귀중하여 얻기 힘들다, 매우 갸륵하다
- 难舍难分(難捨難分) nán shě nán fēn (감정이 깊어) 서로 헤어지기 아쉽다

量
- 思量(思量) sī liàng 생각함, 짐작함
- 量力(量力) liàng lì 힘을 가늠하다
- 力量(力量) lì liàng 일을 해낼 수 있는 힘
- 量力而行(量力而行) liàng lì ér xíng 능력을 헤아려 행하다
- 看菜吃饭, 量体裁衣 kān cài chī fàn, liàng tǐ cái yī 구체적 상황에 비추어 처리하다

器	欲
口	八
吅	父
吅	谷
哭	谷
器	欲
器	欲

难	量
又	口
邓	日
邓	旦
难	昌
难	量
难	量

羊 : 羊入虎群. yáng rù hǔ qún 호랑이 무리속에 들어간 양의 신세(처지가 매우 위태로움을 비유).
走羊肠小道. zǒu yáng cháng xiǎo dào 구불구불하고 험한 오솔길을 걸어가다.

墨 悲 丝 染

墨 머 mò	悲 뻬이 bēi	丝 쓰 sī	染 란 rǎn
墨 먹 묵	悲 슬플 비	絲 실 사	染 물들 염

墨悲丝染 묵자는 흰 실이 검게 물드는 것을 가슴아파 했다

墨
- 墨水 (墨水) mò shuǐ 먹물, 잉크(학식을 비유하기도 함)
- 墨汁 (墨汁) mò zhī 먹물, 검은색 잉크
- 墨客 (墨客) mò kè 문인, 문객
- 墨汁未干 (墨汁未干) mò zhī wèi gān 먹물이 채 마르지도 않다
- 墨守成规 (墨守成規) mò shǒu chéng guī 낡은 옛 틀에 얽매이다

墨
口
甲
里
黑
黑
墨

悲
- 悲哀 (悲哀) bēi āi 슬픔과 설움
- 悲愤 (悲憤) bēi fèn 슬프고 분함
- 悲伤 (悲傷) bēi shāng 슬프고 쓰림
- 悲欢离合 (悲歡離合) bēi huān lí hé 슬픔과 기쁨, 이별과 만남
- 悲恸万分 (悲慟萬分) bēi tòng wàn fēn 그지없이 비통하다

悲
丿
ヨ
퀴
非
悲
悲

丝
- 丝毫 (絲毫) sī háo 조금, 실 끝 만큼
- 蚕丝 (蠶絲) cán sī 누에 실
- 丝恩发怨 (絲恩發怨) sī ēn fà yuàn 극히 사소한 은혜와 원한
- 一丝不苟 (一絲不苟) yī sī bù gǒu 조금도 소홀히 하지 않는다
- 一丝不挂 (一絲不掛) yī sī bù guà 몸에 실 한 오리 걸치지 않다

丝
乚
幺
丝
丝
丝

染
- 染发 (染髮) rǎn fà 머리를 염색하다
- 染料 (染料) rǎn liào 물감
- 污染 (污染) wù rǎn 더러움에 물듦, 오염
- 一尘不染 (一塵不染) yī chén bù rǎn 티끌 만큼도 세상 물욕에 물들지 않다
- 染上烟瘾 (染上烟癮) rǎn shang yān yǐn 아편(담배)에 중독되다

染
氵
氿
氿
汄
染
染

회화 한마당

猴：杀鸡给猴看. shā jī gěi hóu kàn 닭 잡아 원숭이 길들인다(약자에게 훈계하는 것으로 강자에게 위엄 과시).
山中无老虎, 猴子称霸王. shān zhōng wú lǎo hǔ, hóu zi chēng bà wáng 호랑이 없는 산속에 원숭이가 왕 노릇을 하다(약자가 우쭐거림을 비유).

诗 shī	赞 zàn	羔 gāo	羊 yáng
詩	讚	羔	羊
글 시	칭찬할 찬	염소 고	양 양

诗赞羔羊 「시경」 고양은 어린 염소 가죽옷을 입은 (주나라) 관리들의 청렴함을 찬양했다

		诗	赞
诗	作诗(作詩) zuò shī 시를 짓다 诗文(詩文) shī wén 시와 글, 시문 诗人(詩人) shī rén 시를 짓는 사람, 시인 画中有诗(畫中有詩) huà zhōng yǒu shī 그림 속에 시감이 흘러 넘치다 诗意融融(詩意融融) shī yì róng róng 시적 정취가 은은하게 차 넘치다	丶 讠 讠 讠 诗 诗	业 业 生 岩 赞 赞
赞	称赞(稱讚) chēng zàn 칭찬하다 赞扬(讚揚) zàn yáng 기리고 표창함, 찬양 赞成(讚成) zàn chéng 동의(하다), 찬성 赞不绝口(讚不絕口) zàn bù jué kǒu 칭찬이 자자하다 赞叹不已(讚嘆不已) zàn tàn bù yǐ 찬탄해 마지 않다(찬탄을 금치 못하다)		

		羔	羊
羔	羊羔(羊羔) yáng gāo 염소, 새끼양 羔儿皮(羔兒皮) gāo ér pí 새끼양 가죽 狐裘羔袖(狐裘羔袖) hú qiú gāo xiù 여우 가죽옷에 달린 양가죽 소매(전체에 어울리지 않는다는 뜻) 弱如羔羊(弱如羔羊) ruò rú gāo yáng 새끼양처럼 연약하다	丷 丷 兰 羊 羔 羔	丶 丷 兰 兰 羊 羊
羊	羊群(羊群) yáng qún 양떼 羊肉(羊肉) yáng ròu 양고기 羊肠小路(羊腸小路) yáng cháng xiǎo lù 꼬불꼬불한 오솔길 羊肉串儿(羊肉串兒) yáng ròu chuànr 양고기 꼬치 挂羊头, 卖狗肉(掛羊頭, 賣狗肉) guà yáng tóu, mài gǒu ròu 양의 머리를 내걸고 개 고기를 파는 격, 겉 다르고 속 다르다		

鸡: 鸡犬相闻, 老死不相往来. jī quǎn xiāng wén, lǎo sǐ bù xiāng wǎng lái 닭과 개의 울음소리가 들릴 정도로 가까이 살지만 늙어 죽을 때까지 내왕하지 않는다(소 닭 보듯이 하다).

那简直是公鸡下蛋. nà jiǎn zhí shì gōng jī xià dàn 그건 정말 수탉이 알을 낳을 일이야(있을 수 없는 일).

景 行 维 贤

景 jǐng	行 xíng	维 wéi	贤 xián
景	行	維	賢
경치 경	다닐 행	얽을 유	어질 현

景行維賢 행동거지가 어엿하면 현인이 된다

景
- 景色 (景色) jǐng sè 경치
- 风景 (風景) fēng jǐng 경치, 풍광
- 高山景行 (高山景行) gāo shān jǐng xíng 높은 산 밝은 길(덕행이 고상함을 뜻함)
- 风景独好 (風景獨好) fēng jǐng dú hǎo 풍경이 특별히(유독) 아름답다
- 好景不长 (好景不長) hǎo jǐng bù cháng 호경기가 계속되는 것은 아님(좋은 일이 잠시간이라는 뜻)

行
- 行动 (行動) xíng dòng 행동
- 行为 (行爲) xíng wéi 행위
- 行之有效 (行之有效) xíng zhī yǒu xiào 실행하니 효과가 있다, 효과적이다
- 左侧通行 (左側通行) zuǒ cè tōng xíng 왼쪽으로 통행하다

维
- 维持 (維持) wéi chí 지탱하여 나감
- 维系 (維系) wéi xì 얽어 매다
- 思维 (思維) sī wéi 생각, 사유
- 步履维难 (步履維難) bù lǚ wéi nán 행동하기 곤란하다, 행동이 불편하다
- 维系人心 (維系人心) wéi xì rén xīn 인심을 틀어잡다

贤
- 贤弟 (賢弟) xián dì 어진 아우, 훌륭한 동생
- 贤人 (賢人) xián rén 어진 사람
- 贤妻 (賢妻) xián qī 어진 처
- 贤妻良母 (賢妻良母) xián qī liáng mǔ 어진 어머니인 동시에 착한 아내
- 孝子贤孙 (孝子賢孫) xiào zǐ xián sūn 효성스런 아들과 어진 손자, 충실한 후계자

景	行
日	ノ
旦	彳
昌	彳
昙	彳
景	行
景	行

维	贤
乙	⺊
乡	⺊
纟	⺊
纠	圣
纾	贤
维	贤

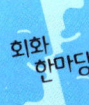

狗：狗咬耗子, 多管闲事. gǒu yǎo hào zi, duō guǎn xián shì 개가 쥐를 잡듯이 쓸데없이 참견하다.
狗胆包天. gǒu dǎn bāo tiān 뻔뻔스럽게도 담이 크다(어처구니 없을 정도로). 당돌하다.

克念作聖

克 kè	念 niàn	作 zuò	圣 shèng
剋	念	作	聖
이길 극	생각 념	지을 작	성인 성

克念作聖 잡념을 버리면 성인이 된다

克
- 克制(克制) kè zhì 제압함, 억제함
- 克服(克服) kè fú 이겨냄
- 克敌(克敵) kè dí 적을 공격, 제압하다
- 克己奉公(克己奉公) kè jǐ fèng gōng 자기를 잃고 공적으로 힘써 일하다
- 攻克难关(攻克難關) gōng kè nán guān 난관을 돌파하다

念
- 留念(留念) liún niàn 기념으로 남기다
- 思念(思念) sī niàn 생각, 그리다
- 念旧(念舊) niàn jiù 옛날을 회상하다
- 念念不忘(念念不忘) niàn niàn bù wàng 늘 생각하여 잊지 않다, 전념하다
- 念兹在兹(念茲在茲) niàn zī zài zī 자나깨나 생각하다, 늘 생각하며 잊지 않다

克	念
一	ノ
十	人
古	𠆢
古	今
声	念
克	念

作
- 作业(作業) zuò yè 숙제, 작업(하다)
- 作文(作文) zuò wén 글을 지음, 지은 글
- 作品(作品) zuò pǐn 만든 물품, 작품
- 作法自毙(作法自斃) zuò fǎ zì bì 제가 만든 법에 제가 걸려 죽다
- 作贼心虚(作賊心虛) zuò zéi xīn xū 도적이 제 발 저리다

圣
- 圣地(聖地) shèng dì 신성한 땅, 성지
- 念圣经(念聖經) niàn shèng jīng 성경을 읽다
- 神圣(神聖) shén shèng 성스러움
- 人非圣贤(人非聖賢) rén fēi shèng xián 사람은 성현이 아니다
- 圣人门前卖孝经 shèng rén mén qián mài xiào jīng 부처님 앞에서 설법하다

作	圣
ノ	フ
亻	又
亻	又
𠂉	圣
作	圣
作	

회화한마당

猪 : 笨如蠢猪. bèn rú chǔn zhū (머리가) 마치 돼지처럼 아둔하다.
　　猪不吃, 狗不啃. zhū bù chī, gǒu bù kěn 개도 돼지도 물지 않는다(거들떠보지도 않는다).

德 建 名 立

德 dé	建 jiàn	名 míng	立 lì
德 큰 덕	建 세울 건	名 이름 명	立 설 립

德建名立 덕을 쌓으면 이름이 날린다

德
- 道德(道德) dào dé 인륜의 대도, 도덕
- 积德(積德) jī dé 덕을 쌓다
- 德高望重(德高望重) dé gāo wàng zhòng 덕성과 명망이 높다
- 德才兼备(德才兼備) dé cái jiān bèi 덕과 재능을 겸비하다
- 重才轻德(重才輕德) zhòng cái qīng dé 재간만 중시하고 덕성을 가볍게 여긴다

建
- 建设(建設) jiàn shè 새로 만들어 세움, 건설
- 建立(建立) jiàn lì 이룩하여 세움, 설립함
- 创建(創建) chuàng jiàn 처음으로 세움(세우다)
- 建功立业(建功立業) jiàn gōng lì yè 공을 세우고 업적을 쌓다
- 建树功勋(建樹功勳) jiàn shù gōng xūn 공훈(공로)을 이룩하다

名
- 名字(名字) míng zi 이름
- 名誉(名譽) míng yù 명예
- 名副其实(名副其實) míng fù qí shí 이름과 실제가 부합된다(명실상부)
- 久仰大名(久仰大名) jiǔ yǎng dà míng 존함을 일찍부터 들었습니다(사모하여 왔습니다)
- 有名无实(有名無實) yǒu míng wú shí 이름만 있고 그 실상은 없다

立
- 设立(設立) shè lì 이룩하여 세움, 설립함
- 立场(立場) lì cháng 당면하고 있는 처지, 입장
- 立竿见影(立竿見影) lì gān jiàn yǐng 장대를 세우면 그림자가 나타난다(즉시 효과가 나타남을 비유)
- 标新立异(標新立異) biāo xīn lì yì 독창적으로 새롭게 세우다

회화 한마당
- 李社长在(家)吗? lǐ shè zhǎng zài(jiā) ma 이 사장님 (댁에) 계십니까?
- 在, 谁啊(哪位)? zài, shéi a(nǎ wèi) 계세요, 누구세요?

形端表正

形 싱 xíng	端 똰 duān	表 뱌오 biǎo	正 쩡 zhèng
形 형상 형	端 바를(끝) 단	表 나타낼 표	正 바를 정

形端表正 형상이 단정하면 정직함이 드러난다

形
- 形象 (形象) xíng xiàng 형체와 생긴 모양, 형상
- 形态 (形態) xíng tài 사물의 생김새
- 形状 (形狀) xíng zhuàng 모양
- 形影不离 (形影不離) xíng yǐng bù lí 그림자처럼 떨어지지 않다
- 形迹可疑 (形跡可疑) xíng jì kě yí 행실(행동)이 수상하다

端
- 端坐 (端坐) duān zuò 단정히 앉음
- 端正 (端正) duān zhèng 얌전하고 바름
- 尖端 (尖端) jiān duān 뾰족한 끝, 시대나 유행 같은 것의 맨 앞장, 첨단
- 感慨万端 (感慨萬端) gǎn kǎi wàn duān 회포의 느낌이 한이 없다, 감개무량함
- 略见端倪 (略見端倪) lüè jiàn duān ní 단서가 조금 보인다(드러나다)

表
- 表示 (表示) biǎo shì 겉으로 드러내 보임함, 표시함
- 表面 (表面) biǎo miàn 거죽으로 드러난 면, 표면
- 代表 (代表) dài biǎo 전체를 대신함, 대표함
- 表里不一 (表裡不一) biǎo lǐ bù yī 겉과 속이 다르다, 표리부동하다
- 表里如一 (表裡如一) biǎo lǐ rú yī 안팎이 같다, 언행이 일치되다

正
- 正直 (正直) zhèng zhí 마음이 바르고 곧음, 정직함
- 正确 (正確) zhèng què 바르고 확실함(하다)
- 正在 (正在) zhèng zài 바야흐로
- 正大光明 (正大光明) zhèng dà guāng míng 언행이 정당하고 떳떳하다
- 言归正传 (言歸正傳) yán guī zhèng zhuàn 화제를 원래대로 돌리다

形	端
二	丶
于	立
开	竹
开	竹
形	端
形	端

表	正
丰	一
圭	丁
声	下
表	正
表	正
表	

회화 한마당
- 可以进吗? kě yǐ jìn ma 들어가도 될까요?
- 请(进). qǐng(jìn) 어서 (들어) 오세요.

空 kōng	谷 gǔ	传 chuán	声 shēng
空	谷	傳	聲
빌 공	골 곡	전할 전	소리 성

空谷传声 (아름다운 덕행은) 산골짜기의 메아리마냥 (널리) 퍼진다

空

空气 (空氣) kōng qì 공기, 분위기
空间 (空間) kōng jiān 빈 곳, 공간
空虚 (空虛) kōng xū 속이 텅 빔
空前绝后 (空前絕後) kōng qián jué hòu 전무후무하다
空洞无物 (空洞無物) kōng dòng wú wù 내용이 없어 텅 비다(문장)

谷

山谷 (山谷) shān gǔ 산골짜기
深谷 (深谷) shēn gǔ 깊은 골짜기
谷泉 (谷泉) gǔ quán 골짜기의 샘물
进退维谷 (進退維谷) jìn tuì wéi gǔ 꼼짝할 수 없는 궁지에 빠지다(결단을 내리지 못함을 비유)

空	谷
宀	八
宀	八
宀	父
宀	父
空	父
空	谷
空	谷

传

传达 (傳達) chuán dá 전하여 이르게 함, 전달
传说 (傳說) chuán shuō 예로부터 전해 내려오는 이야기, 전설
传统 (傳統) chuán tǒng 이어받은 계통
传闻失实 (傳聞失實) chuán wén shī shí 뜬 소문은 진실성이 없다
传宗接代 (傳宗接代) chuán zōng jiē dài 대를 잇다, 혈통을 잇다

声

声音 (聲音) shēng yīn 목소리
声望 (聲望) shēng wàng 성망
声调 (聲調) shēng diào 목소리의 가락, 성조
声势浩大 (聲勢浩大) shēng shì hào dà 기세가 드높다
声泪俱下 (聲淚俱下) shēng lèi jù xià (비통하여) 눈물을 흘리며 통곡함

传	声
丿	十
亻	士
亻	吉
仁	吉
伟	吉
传	吉
	声

회화 한마당

欢迎光临. huān yíng guāng lín 왕림을 환영합니다(환영합니다, 어서 오세요).
快请进屋坐吧. kuài qǐng jìn wū zuò ba 어서 들어와 앉으시지요.

虛 堂 習 听

虛 xū	堂 táng	習 xí	听 tīng
虛	堂	習	聽
빌 허	집 당	익힐 습	들을 청

虛堂習听 (웃어른이 없는) 빈 집에서도 스스로 (그 교시를) 본받는다

虛
- 虛名 (虛名) xū míng 헛된 명성
- 虛伪 (虛僞) xū wěi 거짓, 그릇된 지식
- 虛弱 (虛弱) xū ruò 기력이 약함
- 座无虛席 (座無虛席) zuò wú xū xí (극장, 경기장 등 공공 장소에) 빈 자리가 없다
- 名不虛传 (名不虛傳) míng bù xū chuán 헛소문이 아니다, 명실이 부합되다

虛
丨
广
卢
虍
虛
虛

堂
- 堂兄 (堂兄) táng xiōng 사촌 형
- 课堂 (課堂) kè táng 교실
- 堂兄弟 (堂兄弟) táng xiōng dì 사촌형제
- 同仁堂 (同仁堂) tóng rén táng 동인당
- 欢聚一堂 (歡聚一堂) huān jù yī táng 즐겁게 한집(한자리)에 모이다

堂
丨
丷
尚
尚
堂
堂

習
- 学习 (學習) xué xí 배워서 익힘, 학습
- 习惯 (習慣) xí guàn 버릇, 습관
- 熟习 (熟習) shú xí 익숙하다
- 习以为常 (習以爲常) xí yǐ wéi cháng 습관화 하여 예사로운 일로 되다
- 习与性成 (習與性成) xí yú xìng chéng 오랜 습관이 성격으로 변하다

習
丁
习
习

听
- 听从 (聽從) tīng cóng 복종(하다)
- 倾听 (傾聽) qīng tīng 경청하다
- 旁听 (旁聽) páng tīng 방청(청강)하다
- 听天由命 (聽天由命) tīng tiān yóu mìng 운명을 하늘에 맡기다
- 听之任之 (聽之任之) tīng zhī rèn zhī 마음대로 하게 내버려두다, 방임하다

听
口
口
口
吖
吖
听

 회화 한마당
- 好久没见. hǎo jiǔ méi jiàn 오랜만입니다.
- 真是少见. zhēn shì shǎo jiàn 정말 오랜만입니다.

祸 因 恶 积

祸 huò	因 yīn	恶 è	积 jī
禍	因	惡	積
재화 화	인할 인	모질 악	쌓을 적

祸因恶积 재화(灾祸)는 악이 쌓인 데서 비롯된다

祸
- 祸根 (禍根) huò gēn 재앙의 근원
- 出祸 (出禍) chū huò 사고(재앙)가 발생함
- 车祸 (車禍) chē huò 차 사고
- 祸不单行 (禍不單行) huò bù dān xíng 재앙이 겹쳐오다, 엎친 데 덮친다
- 祸国殃民 (禍國殃民) huò guó yāng mín 나라와 백성에게 재앙을 가져오다

因
- 因此 (因此) yīn cǐ 때문에…
- 因为 (因爲) yīn wéi … 때문에
- 原因 (原因) yuán yīn 일어나는 근본, 원인
- 因材施教 (因材施教) yīn cái shī jiào 대상에 맞게 교육하다
- 事出有因 (事出有因) shì chū yǒu yīn 사건이 일어나는 데는 언제나 그 원인이 있다

恶
- 恶毒 (惡毒) è dú 마음이 악하고 독살스러움
- 恶习 (惡習) è xí 나쁜 습관, 못된 버릇
- 罪恶 (罪惡) zuì è 중죄가 될 만한 악행, 죄악
- 恶语中伤 (惡語中傷) è yǔ zhòng shāng 악담으로 중상하다(모욕하다)
- 恶有恶报 (惡有惡報) è yǒu è bào 나쁜 일을 하면 꼭 나쁜 결과가 따른다

积
- 积蓄 (積蓄) jī xū 저금, 저축
- 积德 (積德) jī dé 덕을 쌓다
- 积累 (積累) jī lěi 포개어 쌓다(쌓여지다)
- 积小成多 (積小成多) jī xiǎo chéng duō 티끌 모아 태산이란 뜻
- 积水成河 (積水成河) jī shuǐ chéng hé 냇물이 모여 큰 강이 되다

祸	因	恶	积
丶	丨	丅	丿
礻	冂	亚	二
礻	冂	亚	千
礻	囚	恶	禾
祸	因	恶	和
祸	因	恶	积

您(想)喝点儿什么? nín(xiǎng) hē diǎnr shén me 뭘 마실래요?
我要喝咖啡. wǒ yào hē kā fēi 저는 커피를 마시겠습니다.

福	缘	善	庆
부 fú	위안 yuán	싼 shàn	칭 qìng
福	緣	善	慶
복 복	인연 연	착할 선	경사 경

福缘善庆 복은 착하고 경사스러운 데서 온다

福	幸福(幸福) xìng fú 행복 祝福(祝福) zhù fú 행복을 빎 福无双至(福無雙至) fú wú shuāng zhì 복은 겹쳐서 오지 않는다 福如东海(福如東海) fú rú dōng hǎi 동해 바다처럼 한없는 복을 누리다(노인 생일잔치 때 축하의 말로 쓰임) 有福同享(有福同享) yǒu fú tóng xiǎng 복을 함께 나누다	福 缘 亠 纟 ネ 纟 衤 纟 衤 纟 祀 绉 祸 缘 福 缘
缘	边缘(邊緣) biān yuán 변두리 缘故(緣故) yuán gù 사유, 인연 缘木求鱼(緣木求魚) yuán mù qiú yú 나무에 올라 물고기를 찾다(도저히 될 수 없는 일을 하려고 한다는 뜻) 有缘相逢(有緣相逢) yǒu yuán xiāng féng 인연이 있어 서로 만나다	
善	善良(善良) shàn liáng 착하고 어짊 改善(改善) gǎi shàn 좋게 고침 心善(心善) xīn shàn 마음이 착함 善气迎人(善氣迎人) shàn qì yíng rén 상냥하게 사람을 맞이하다 善有善报(善有善報) shàn yǒu shàn bào 좋은 일을 하면 필연코 좋은 결과가 따른다	善 庆 丷 丶 丷 亠 羊 广 羊 广 盖 庐 善 庆
庆	庆贺(慶賀) qìng hè 경사를 축하함 庆祝(慶祝) qìng zhù (경사스러운 일을) 경축함 喜庆(喜慶) xǐ qìng 기꺼이 경축함 庆功行赏(慶功行賞) qìng gōng xíng shǎng 공로를 축하하여 상을 베풀다 普天同庆(普天同慶) pǔ tiān tóng qìng 온 천하 사람이 함께 즐기다(경축하다)	

请喝茶. qǐng hē chá 차를 드시지요.
不, 我要喝果汁. bù, wǒ yào hē guǒ zhī 아니요, 저는 쥬스를 마시겠습니다.

츠 chǐ	삐 bì	뻬이 fēi	빠오 bǎo
尺	璧	非	寶
자 척	구슬 벽	아닐 비	보배 보

尺璧非宝 (직경이) 한 자나 되는 구슬도 보배가 아니다

尺	咫尺 (咫尺) zhǐ chǐ 가까운 거리 尺寸 (尺寸) chǐ cùn 계량의 표준(자와 치) 计算尺 (計算尺) jì suàn chǐ 길이를 재는 계산척 尺短寸长 (尺短寸長) chǐ duǎn cùn cháng 저마다 장단점이 있다는 뜻 得寸进尺 (得寸進尺) dé cùn jìn chǐ 한 치를 주면 한 자를 바란다(만족이 없을 정도로 탐욕스러움을 이름)	尺	璧
		ㄱ	启
		ㄱ	辟
		尸	辟
璧	璧玉 (璧玉) bì yù 구슬, 옥 白璧 (白璧) bǎi bì 흰 구슬 白璧无瑕 (白璧無瑕) bǎi bì wú xiá 희고 맑은 옥에 티 하나 없다, 완전무결하다 完璧归赵 (完璧歸趙) wán bì guī zhào 조나라 옥을 완벽한 그대로 조나라에 되돌리다(빌리거나 타인의 수중에 들어간 물건을 손상없이 고스란히 원 임자에게 돌려줌을 비유)	尺	璧
			璧
			璧
非	非常 (非常) fēi cháng 매우, 아주 是非 (是非) shì fēi 잘잘못 非一般 (非一般) fēi yī bān 보통 일이 아니다 非同小可 (非同小可) fēi tóng xiǎo kě 작은 일이 아니다 非做不可 (非做不可) fēi zuò bù kě 결코 하지 않으면 안 된다, 꼭 해야 한다	非	宝
		丿	丶
		ㅓ	宀
		ㅓ	宁
		ㅓ	宇
宝	宝贝 (寶貝) bǎo bèi 보배 宝石 (寶石) bǎo shí 보석 宝贵 (寶貴) bǎo guì 진귀함 宝中之宝 (寶中之寶) bǎo zhōng zhī bǎo 보배 중의 보배, 가장 중요한 것 稀世珍宝 (稀世珍寶) xī shì zhēn bǎo 세상에 드문 진귀한 보물(보배)	非	宝
		非	宝

请抽烟(吸烟). qǐng chōu yān(xī yān) 담배를 피우시지요.
谢谢, 我已经戒烟了(忌了). xiè xiè, wǒ yǐ jīng jiè yān le(jì le) 고맙습니다, 저는 이미 담배를 끊었습니다.

춘 cùn　　인 yīn　　스 shì　　찡 jìng

寸　　陰　　是　　競

마디 촌　　그늘 음　　옳을 시　　다툴 경

寸阴是竞 짧은 시간이라도 다투어야 한다

寸
- 一寸(一寸) yī cùn 한촌, 한 치
- 寸志(寸志) cùn zhì 조그마한 성의
- 寸步难行(寸步難行) cùn bù nán xíng 조금 움직이기도 곤란하다
- 寸土不让(寸土不讓) cùn tǔ bù ràng 한 치의 땅도 양보할 수 없다(원칙적인 문제에서 조금도 양보할 수 없음을 이름)
- 手无寸铁(手無寸鐵) shǒu wú cùn tiě 손에 아무런 무기도 들지 않음(적수공권)

阴
- 阴谋(陰謀) yīn móu 일을 비밀히 꾸밈 또는 그 계략, 음모
- 寸阴(寸陰) cùn yīn 매우 짧은 시간
- 阴险(陰險) yīn xiǎn 내흉스럽고 우악함
- 阴错阳差(陰錯陽差) yīn cuò yáng chā 우연한 일로 잘못되다
- 阴险毒辣(陰險毒辣) yīn xiǎn dú là 음험하고도 지독하다

是
- 就是(就是) jiù shì 곧, 곧바로 그러함
- 是非(是非) shì fēi 옳고 그름
- 是日(是日) shì rì 이날, 당일
- 是古非今(是古非今) shì gǔ fēi jīn 옛것을 긍정하며 지금의 것을 부정하다
- 莫衷一是(莫衷一是) mò zhōng yī shì 일치된 결론을 내릴 수 없다

竞
- 竞选(競選) jìng xuǎn 경선함, 선거 경쟁(을 벌임)
- 竞赛(競賽) jìng sài 경기
- 竞争(競爭) jìng zhēng 겨루어 다툼
- 竞短争长(競短爭長) jìng duǎn zhēng cháng 우열을 다투다, 길고 짧음을 대보다
- 互相竞争(互相競爭) hù xiāng jìng zhēng 서로 경쟁하다

寸	阴
一	了
寸	阝
寸	阝
	阴
	阴
	阴

是	竞
日	亠
旦	六
早	立
早	音
昰	产
是	竞

회화 한마당

想吃点什么? xiǎng chī diǎn shén me 뭘 좀 드시지요?
随便点儿, 有什么, 吃什么. suí biàn diǎnr, yǒu shén me chī shén me 편한대로 있는대로 먹지요.

资父事君 아버지를 모시는 것처럼 임금을 섬긴다

资	资助 (資助) zī zhù 재물로 돕다 负薪之资 (負薪之資) fù xīn zhī zī 땔나무같이 질이 용렬한 사람(자기의 타고난 자질을 겸손하게 이르는 말) 论资排辈 (論資排輩) lùn zī pái bèi 자격과 서열을 따지다 资敌行为 (資敵行爲) zī dí xíng wéi 적을 돕는 행동
父	父亲 (父親) fù qin 아버지 夸父追日 (誇父追日) kuā fù zhuī rì 과부가 해를 좇다가 목이 말라 죽다(자기 능력을 무시하고 덤빈다는 뜻) 继承父志 (繼承父志) jì chéng fù zhì 아버지의 뜻을 이어 가다 父子兄弟 (父子兄弟) fù zǐ xiōng dì 아버지와 아들 형제
事	事业 (事業) shì yè 일, 사업 事在人为 (事在人爲) shì zài rén wéi 일은 사람이 하기에 달려 있다 事不由己 (事不由己) shì bù yóu jǐ 일이 뜻대로 되지 않다 善事父母 (善事父母) shàn shì fù mǔ 부모를 잘 모시다 一女不事二夫 (一女不事二夫) yī nǚ bù shì èr fū 한 여자가 두 남편을 섬기지 않음
君	君王 (君王) jūn wáng 임금, 왕 君臣一心 (君臣一心) jūn chén yī xīn 임금과 신하가 한 마음이 되다 君子动口不动手 jūn zi dòng kǒu bù dòng shǒu 군자는 말로 이를 따름이며 손찌검은 삼가한다 君子一言, 驷马难追 jūn zi yī yán, sì mǎ nán zhuī 군자가 한번 말하면 네 필의 말도 따라잡기 어렵다(장부일언이면 중천금과 같은 말)

请再多喝点儿. qǐng zài duō hē diǎnr 좀더 드시지요(술).
谢谢, 再喝就回不去了. xiè xiè, zài hē jiù huí bù qù le 고맙습니다만 이제 더 마시면 돌아가지 못합니다.

웨 yuē	앤 yán	위 yǔ	찡 jìng
曰	嚴	與	敬
가로 왈	엄할 엄	더불 여	공경할 경

曰严与敬 이를 일러 엄숙하고도 공경한 도리라 하겠다

曰	孔子曰 (孔子曰) kǒng zǐ yuē 공자 왈 君王曰 (君王曰) jūn wáng yuē 임금께서 이르되 谁曰不可 (誰曰不可) shéi yuē bù kě 누가 안 된다고 말할 것이냐 家人皆曰好 (家人皆曰好) jiā rén jiē yuē hǎo 집식구들은 모두 좋다고 말한다	曰 丨 冂 曰 曰
严	严肃 (嚴肅) yán sù 장엄하고 정숙함, 엄숙 严格 (嚴格) yán gé 엄숙하고 딱딱함 严密 (嚴密) yán mì 엄하고 세밀함 严于律己 (嚴于律己) yán yú lǜ jǐ 자신을 스스로 엄하게 단속하다 严惩不贷 (嚴懲不貸) yán chéng bù dài 여지없이 엄하게 처벌하다	严 一 丅 严 严 亚 严
与	与他 (與他) yǔ tā 그와 함께 与否 (與否) yǔ fǒu 그러함과 그렇지 않음 与众不同 (與眾不同) yǔ zhòng bù tóng 보통 사람과 다르다, 남보다 뛰어나다 与人为善 (與人爲善) yǔ rén wéi shàn 남과 좋게 지내다, 타인과 좋은 관계를 구축하다	与 一 与 与
敬	尊敬 (尊敬) zūn jìng 높여 공경함, 존경 敬礼 (敬禮) jìng lǐ 경의를 표함 敬酒 (敬酒) jìng jiǔ 공경히 술을 권함 敬而远之 (敬而遠之) jìng ér yuǎn zhī 존경은 해도 가까이는 하지 않는다 肃然起敬 (肅然起敬) sù rán qǐ jìng 숙연히 머리를 숙여 경의를 표하다	敬 艹 艻 苟 苟 苟 敬 敬

我要走了, 再见. wǒ yào zǒu le, zài jiàn 저는 가야겠습니다. 안녕히 계십시오.
多坐一会儿吧. duō zuò yī huìr ba 좀더 놀아요.

孝 当 竭 力

샤오 xiào	당 dāng	졔 jié	리 lì
孝	當	竭	力
효도 효	마땅할 당	다할 갈	힘 력

孝当竭力 (부모님께) 효도함에는 (혼신의) 힘을 다해야 한다

孝	孝敬 (孝敬) xiào jìng 공경하여 모시다 孝子 (孝子) xiào zǐ 부모를 잘 섬기는 자식, 효자 孝顺 (孝順) xiào shùn 효성을 다 하다 孝子贤孙 (孝子賢孫) xiào zǐ xián sūn 효성스런 아들과 어진 손자 孝忠党国 (孝忠黨國) xiào zhōng dǎng guó 당과 나라에 충성을 다하다	孝 十 土 耂 耂 孝 孝
当	应当 (應當) yīng dāng 으레 得当 (得當) dé dāng 타당함 不当 (不當) bù dāng 못마땅하다 理所当然 (理所當然) lǐ suǒ dāng rán 도리로 따지면 당연하다 千不当万不该 (千不當萬不該) qiān bù dāng wàn bù gāi 절대로 그래서는 안 된다	当 丨 丷 当 当 当
竭	竭诚 (竭誠) jié chéng 정성을 다함 竭泽而渔 (竭澤而漁) jié zé ér yú 늪의 물을 말려 고기를 잡다(눈앞의 이익만 보고 여지를 두지 않는다는 뜻) 尽心竭力 (盡心竭力) jìn xīn jié lì 온 마음과 힘을 다 바치다 声嘶力竭 (聲嘶力竭) shēng sī lì jié 기진맥진하다	竭 立 昂 昂 扬 竭 竭
力	有力 (有力) yǒu lì 힘이 있음, 세력이 있음 力量 (力量) lì liang 해낼 수 있는 힘 权力 (權力) quán lì 강제로 복종시키는 힘, 권력 力不从心 (力不從心) lì bù cóng xīn 힘이 약해 생각대로 되지 않는다, 생각뿐이다 身强力壮 (身強力壯) shēn qiáng lì zhuàng 몸이 건강하고 힘이 세다	力 丁 力

 회화 한마당
我(应)该回去了, 改天见. wǒ (yīng) gāi huí qù le, gǎi tiān jiàn 저는 (돌아)가야겠습니다, 다음날 뵙시다.
不送了, 请慢走. bù sòng le, qǐng màn zǒu 바래지 않겠습니다, (천천히) 살펴가세요.

忠 则 尽 命

쫑 zhōng　저 zé　찐 jìn　밍 mìng

忠　則　盡　命

충성 충　곧 즉　다할 진　목숨 명

忠则尽命 (임금께) 충성함에는 목숨까지 바쳐야 한다

忠

忠实 (忠實) zhōng shí 충직하고 성실함
忠诚 (忠誠) zhōng chéng 진정으로 우러나는 정성, 충성
忠心耿耿 (忠心耿耿) zhōng xīn gěng gěng 충성심에 불타다, 지극히 충성하다
忠心报国 (忠心報國) zhōng xīn bào guó 충성을 다해 나라의 은덕에 보답하다
忠于党国 (忠于黨國) zhōng yú dǎng guó 당과 국가에 충성을 다하다

忠	则
丶	丨
口	冂
口	贝
中	贝
忠	则
忠	则

则

原则 (原則) yuán zé 근본 법칙, 원칙
准则 (准則) zhǔn zé 준용할 규칙
以身作则 (以身作則) yǐ shēn zuò zé 솔선수범하다
战则必胜 (戰則必勝) zhàn zé bì shèng 싸우면 반드시 이긴다
有过则改 (有過則改) yǒu guò zé gǎi 잘못이 있으면 반드시 고침

尽

使尽 (使盡) shǐ jìn 다하다
尽量 (盡量) jìn liàng 힘껏
尽力 (盡力) jìn lì 힘을 다함
尽力而为 (盡力而爲) jìn lì ér wéi 힘을 다해서 하다
尽善尽美 (盡善盡美) jìn shàn jìn měi 흠집 하나 없이 매우 아름답고 완벽하다

尽	命
一	人
二	人
尸	合
尺	合
尽	命
尽	命

命

使命 (使命) shǐ mìng 부하된 임무, 사명
生命 (生命) shēng mìng 목숨
命运 (命運) mìng yùn 운명
命该如此 (命該如此) mìng gāi rú cǐ 이렇게 되는 것도 당연한 운명이다
以命抵命 (以命抵命) yǐ mìng dǐ mìng 목숨은 목숨으로 보상하다

회화 한마당

我(应)该告辞了, 下次见. wǒ (yīng) gāi gào cí le, xià cì jiàn 저는 일어나야겠습니다, 나중에 뵙겠습니다.
不远送了, 路上小心. bù yuǎn sòng le, lù shang xiǎo xīn 멀리 안 나갑니다, 도중에 조심하세요.

临 深 履 薄

临 lín	선 shēn	뤼 lǚ	바오 báo
臨	深	履	薄
임할 림	깊을 심	밟을 리	얇을 박

临深履薄 깊은 연못에 들어서고 엷은 살얼음 건너듯 조심해야 한다

临
- 临时 (臨時) lín shí 정하지 않은 일시적인 기간, 임시
- 光临 (光臨) guāng lín '남이 찾아옴'의 높임말, 왕림(하다)
- 临别赠言 (臨別贈言) lín bié zèng yán 헤어질 때 충고와 축원의 말을 선사하다
- 如临大敌 (如臨大敵) rú lín dà dí 강한 적과 맞닥뜨리고 있는 것 같음
- 临危不惧 (臨危不懼) lín wēi bù jù 위험에 처해서도 겁내지 않음

临	深
丨	氵
忄	汇
忄	汜
临	汜
临	浑
临	深

深
- 深入 (深入) shēn rù 깊이 파고 들어가다, 심도 있음
- 深刻 (深刻) shēn kè 아주 깊고 절실함, 심각하다
- 深浅 (深淺) shēn qiǎn 깊고 옅다
- 深情厚谊 (深情厚誼) shēn qíng hòu yì 깊고 두터운 정의
- 深思熟虑 (深思熟慮) shēn sī shú lǜ 깊이 잘 생각함(하다)

履
- 履行 (履行) lǚ xíng 실제로 행함
- 履险如夷 (履險如夷) lǚ xiǎn rú yí 험한 길을 가면서도(평탄한 길을 가는 것처럼) 위험을 개의치 않다
- 如履薄冰 (如履薄冰) rú lǚ báo bīng 살얼음을 밟는 듯 대단히 위험한 상황
- 步履艰难 (步履艱難) bù lǚ jiān nán 보행(행동)이 곤란함

履	薄
尸	艹
屈	艹
屈	芦
屏	萡
履	薄
履	薄

薄
- 稀薄 (稀薄) xī báo 정도가 엷거나 얕음, 희박함
- 薄田 (薄田) báo tián 척박한 땅
- 薄唇轻言 (薄唇輕言) báo chún qīng yán 입술이 얇고 말이 가볍다
- 妄自菲薄 (妄自菲薄) wàng zì fēi báo 턱없이 자신을 얕보다
- 态度轻薄 (態度輕薄) tài dù qīng báo 태도가 경박함(경솔함)

 회화 한마당

失陪了, 我先走了. shī péi le, wǒ xiān zǒu le 더 배동하지 않겠습니다(실례합니다), 먼저 가야겠습니다.
你(您)先行一步, 回头见. nǐ(nín) xiān xíng yī bù, huí tóu jiàn 먼저 가세요, 있다가(나중에) 봅시다.

夙 sù	兴 xīng	温 wēn	清 qìng
夙	興	溫	清
이를 숙	흥할 흥	따뜻할 온	서늘할 청

夙兴温清 (부모님을 모실 때) 일찍 일어나 (추우면) 따뜻하고 (더우면) 시원하게 해 드려야 한다

夙

夙愿 (夙願) sù yuàn 오랜 염원, 숙원
夙夜 (夙夜) sù yè 이른 아침 늦은 밤
夙兴夜寐 (夙興夜寐) sù xīng yè mèi 아침 일찍 일어나고 밤 늦게 자다
夙愿得偿 (夙愿得償) sù yuàn dé cháng 숙원(소원)이 이루어짐

兴

兴盛 (興盛) xīng shèng 왕성하게 흥함
兴衰 (興衰) xīng shuāi 흥망성쇠
振兴 (振興) zhèn xīng 떨쳐 일으킴, 진흥
兴风作浪 (興風作浪) xīng fēng zuò làng 풍파를 일으키다, 소동을 일으키다
兴旺发达 (興旺發達) xīng wàng fā dá 왕성하게 흥하고 발달함

温

温情 (溫情) wēn qíng 따뜻한 정
温度 (溫度) wēn dù 온도
温水 (溫水) wēn shuǐ 더운 물, 온수
温柔敦厚 (溫柔敦厚) wēn róu dūn hòu 온유하고 독실하다, 부드럽고 순하다
温暖如家 (溫暖如家) wēn nuǎn rú jiā 제집처럼 따뜻하다

清

清凉 (清涼) qīng liáng 서늘함
冬温夏清 (冬溫夏凊) dōng wēn xià qìng 여름에는 따뜻하고 겨울에는 차다

到了家, 就来个电话. dào le jiā, jiù lái ge diàn huà 집에 도착하는 대로 바로 전화하세요.
好的, 您就放心好了. hǎo de, nín jiù fàng xīn hǎo le 그래요, 시름 놓으세요(걱정하지 말아요).

似 兰 斯 馨

似 쓰 sì	兰 란 lán	斯 쓰 sī	馨 신 xīn
似 같을 사	蘭 난초 란	斯 이 사	馨 향기 향

似兰斯馨 (명성은) 난초의 향기같이 (멀리 퍼진다)

似	似乎 (似乎) sì hū …과 같다 似如 (似如) sì rú 마치 …과 같다 相似 (相似) xiāng sì 서로 비슷함 似是而非 (似是而非) sì shì ér fēi 비슷한 것 같으면서 서로 다르다 骄阳似火 (驕陽似火) jiāo yáng sì huǒ 뙤약볕이 불타는 듯함
兰	兰草 (蘭草) lán cǎo 난초(난초과의 다년초) 兰摧玉折 (蘭摧玉折) lán cuī yù zhé 군자, 재사, 미인 등의 요절을 일컫는 말 兰艾难分 (蘭艾難分) lán ài nán fēn 난인지 쑥인지 구분하기 어렵다, 시비가 엇갈리다
斯	斯时 (斯時) sī shí 이때, 이 시각 斯世 (斯世) sī shì 금세기 斯文扫地 (斯文掃地) sī wén sǎo dì 문화가 쇠퇴하고 존중받지 못하다 有如斯之福 (有如斯之福) yǒu rú sī zhī fú 이와 같은 복이 있다
馨	馨香扑鼻 (馨香撲鼻) xīn xiāng pū bí 향기가 코를 찌르다 如兰之馨 (如蘭之馨) rú lán zhī xīn 난초의 그윽한 향기와 같다 馨香祷祝 (馨香禱祝) xīn xiāng dǎo zhù 향을 살라 기원하다, 진심으로 바라다

似	兰
亻	丶
仏	丷
仏	丷
似	兰
似	兰

斯	馨
丗	士
甘	声
艹	殸
其	殸
斯	馨
斯	馨

请留步. qǐng liú bù 그만 나오지 마세요.
请回吧. qǐng huí ba 그만 들어가세요.

如 松 之 盛

如 rú	쑹 sōng	즈 zhī	썽 shèng
같을 여	소나무 송	갈 지	성할 성

如松之盛 (절개는) 소나무의 푸름같이 (굳세다)

如	如果 (如果) rú guǒ 만약, 만일 如意 (如意) rú yì 뜻과 같음 如鱼得水 (如魚得水) rú yú dé shuǐ 고기가 물을 만난듯 적합한 환경을 만나다 如意算盘 (如意算盤) rú yì suàn pán 뜻대로 되기만을 바라는 심산, 나름대로의 타산 亲如兄弟 (親如兄弟) qīn rú xiōng dì 형제처럼 친함	如 松 く 十 夕 木 女 朩 如 松 如 松 如 松
松	松树 (松樹) sōng shù 소나무 松子儿 (松子兒) sōng zǐr 잣 岁寒松柏 (歲寒松柏) suì hán sōng bǎi 엄한에도 우뚝 서 있는 소나무(역경에서도 절개 굽히지 않는 사람을 비유) 松柏常青 (松柏常青) sōng bǎi cháng qīng 송백은 늘 푸르다(꿋꿋한 지조가 변함이 없음을 비유)	
之	之一 (之一) zhī yī …(가운데) 하나 无价之宝 (無價之寶) wú jià zhī bǎo 값을 매길 수 없는 보물, 더없이 귀중한 것 总而言之 (總而言之) zōng ér yán zhī 총체적으로 말하면, 모두어 말하면 久而久之 (久而久之) jiǔ ér jiǔ zhī (상당히) 긴 시간이 흘러감	之 盛 、 厂 ㄧ 厂 之 成 成 成 盛
盛	盛开 (盛開) shèng kāi 활짝 피다 盛大 (盛大) shèng dà 성하고 큼 盛况 (盛況) shèng kuàng 성대한 모양, 성황 盛极一时 (盛極一時) shèng jí yī shí 한 시기 동안 매우 성행하다 繁荣昌盛 (繁榮昌盛) fán róng chāng shèng 일이 성하여 잘 되어감	

这是什么? zhè shì shén me 이것은 무엇인가요?
这是书. zhè shì shū 이것은 책입니다.

川流不息

촨 chuān	류 liú	부 bù	시 xī
川	流	不	息
내 천	흐를 류	아니 불	쉴 식

川流不息 흐르는 냇물은 쉬지 않는다

川	平川 (平川) píng chuān 벌판
	河川 (河川) hé chuān 냇물
	山川 (山川) shān chuān 산과 하천
	川流不息 (川流不息) chuān liú bù xī (사람, 차량이) 냇물처럼 끊임없이 오가다
	百川归海 (百川歸海) bǎi chuān guī hǎi 모든 하천이 바다로 흘러 들어감(대세의 흐름을 비유)
		川 流
		丿 氵
		丿丨 氵
		川 汸
		  泞
		  浐
		  流

流	流行 (流行) liú xíng 유행(하다) 流水 (流水) liú shuǐ 흐르는 물 流动 (流動) liú dòng 흘러 움직임 流言飞语 (流言飛語) liú yán fēi yǔ 아무 근거없이 널리 퍼진 풍설, 뜬소문 泪流满面 (淚流滿面) lèi liú mǎn miàn 온 얼굴이 눈물 투성이다	

不	不是 (不是) bù shì 아님, 아니다,
	不去 (不去) bù qù 가지 않음
	不象话 (不象話) bù xiàng huà 말이 아니다
	不出所料 (不出所料) bù chū suǒ liào 추측한대로, 예상한 바와 같이
	不甘后人 (不甘後人) bù gān hòu rén 남에게 뒤떨어지는 것을 달가워하지 않음
		不 息
		一 丿
		丅 冂
		不 自
		  自
		  息
		  息

息	休息 (休息) xiū xī 잠깐 쉼 稍息 (稍息) shāo xī 잠깐 휴식함 息怒 (息怒) xī nù 화를 가라앉힘, 화가 풀림 战乱不息 (戰亂不息) zhàn luàn bù xī 전쟁의 나날(전란)이 지속되다 经久不息 (經久不息) jīng jiǔ bù xī 오래도록 계속됨	

那是什么? nà shì shén me 그(저)것은 무엇인가요?
那是苹果. nà shì píng guǒ 그(저)것은 사과입니다.

渊 澄 取 映

위안 yuān　　　 청 chéng　　　취 qǔ　　　잉 yìng

淵 澄 取 暎

못 연　　　　 맑을 징　　　취할 취　　　비칠 영

渊澄取映 맑은 못에는 영상이 비친다

渊
- 深渊 (深淵) shēn yuān 깊은 못(못과 같이 깊다)
- 渊博 (淵博) yuān bó (학식이) 깊고 넓음
- 揭斧入渊 (揭斧入淵) jiē fǔ rù yuān 도끼를 들고 못에 들어가다(재능을 발휘할 장소를 잘못 선택함을 비유)
- 天渊之别 (天淵之別) tiān yuān zhī bié 하늘과 땅 차이, 엄청난 간격

渊	澄
氵	氵
氵	氵
汌	浐
泇	浐
渊	澄
渊	澄

澄
- 澄清 (澄清) chéng qīng 맑음, 해명함
- 澄空 (澄空) chéng kōng 맑게 개인 하늘
- 澄清天下 (澄清天下) chéng qīng tiān xià 천하를 맑게 평정하다
- 澄清真伪 (澄清真僞) chéng qīng zhēn wěi 진짜와 가짜를 밝혀내다, 진위를 가리다

取
- 取胜 (取勝) qǔ shèng 승리를 쟁취함
- 争取 (爭取) zhēng qǔ 다투어 가짐, 쟁취함
- 取长补短 (取長補短) qǔ cháng bǔ duǎn 장점을 취하여 단점을 보완하다
- 取而代之 (取而代之) qǔ ér dài zhī 그(이)것으로 대체하다

取	映
厂	丨
厂	日
耳	旪
耳	旪
取	映
取	映

映
- 反映 (反暎) fǎn yìng 반사하여 비침, 반영함
- 倒映 (倒暎) dào yìng 거꾸로 비침
- 映照 (暎照) yìng zhào 비치다
- 映雪读书 (暎雪讀書) yìng xuě dú shū 눈 빛에 공부하다(어려움 속에서 공부에 열중한다는 뜻)
- 水天相映 (水天相暎) shuǐ tiān xiāng yìng 물과 하늘이 서로 비치다

회화 한마당

我要这一个. wǒ yào zhè yī ge 나는 이것을 갖겠습니다(원합니다).
我不要那一个. wǒ bù yào nà yī ge 나는 그(저)것은 싫어요(원치 않습니다).

얼굴 용 / 그칠 지 / 같을 약 / 생각 사

容止若思 용모와 거지는 (깊이) 생각하는 것처럼 (침착)해야 한다

容	容貌 (容貌) róng mào 얼굴 모습 整容 (整容) zhěng róng 미용, 얼굴을 다듬음 美容 (美容) měi róng 용모를 단장함, 미용 容光焕发 (容光煥發) róng guāng huàn fā 얼굴이 윤기나고 혈색이 좋다 笑容满面 (笑容滿面) xiào róng mǎn miàn 만면에 웃음을 띠다, 얼굴에 기쁨이 넘치다
止	止步 (止步) zhǐ bù 발걸음을 멈춤 止痛药 (止痛藥) zhǐ tòng yào 진통제(약) 止谈风月 (止談風月) zhǐ tán fēng yuè 풍월만 이야기할 따름으로 국사는 논하지 않음 禁止吸烟 (禁止吸烟) jīn zhǐ xī yān 흡연 금지 不止一次 (不止一次) bù zhǐ yī cì 단 한번뿐이 아님
若	若干 (若干) ruò gān 어느 정도, 조금 若是 (若是) ruò shì 만약…한다면(라면), 이와 같이, 이처럼 如若 (如若) rú ruò 만일, 만약 若无其事 (若無其事) ruò wú qí shì 아무 일도 없었던 것처럼 태연스럽다 旁若无人 (旁若無人) páng ruò wú rén 옆 사람은 무시하듯이 (오만)하다
思	思念 (思念) sī niàn 그리워 생각함 思考 (思考) sī kǎo 생각하고 궁리함 饮水思源 (飲水思源) yǐn shuǐ sī yuán 물 마실 때 물의 근원을 잊지 않다(근본을 잊지 않는다는 뜻) 左思右想 (左思右想) zuǒ sī yòu xiǎng 이리저리 생각함

容	止
宀	一
宂	卜
夘	止
容	止
容	

若	思
艹	丶
艹	口
艻	曰
苧	田
若	思
若	思

 회화 한마당

这个人是谁? zhè ge rén shì shéi 이 사람(분)은 누구십니까?
这个人是我的男朋友(女朋友). zhè ge rén shì wǒ de nán péng yǒu(nǚ péng yǒu) 이 사람은 저의 남자 친구(여자 친구)입니다.

| 言 yán 말씀 언 | 辞 cí 말씀 사 | 安 ān 편안 안 | 定 dìng 정할 정 |

言辭安定 언사는 안정되게 (신중)해야 한다

言
- 言行 (言行) yán xíng 말과 행실
- 言论 (言論) yán lùn 말이나 글로 자기의 사상을 발표하여 논의함, 언론
- 语言 (語言) yǔ yán 말, 언어
- 言外之意 (言外之意) yán wài zhī yì 말 이외의 뜻, 본의가 아닌 다른 암시의 뜻
- 言之有理 (言之有理) yán zhī yǒu lǐ (그) 말에 일리가 있다

辞
- 措辞 (措辭) cuò cí 말 재주, 언어 사용
- 辞典 (辭典) cí diǎn 사전
- 致祝辞 (致祝辭) zhì zhù cí 축사를 하다
- 辞严义正 (辭嚴義正) cí yán yì zhèng 이치가 정당하고 언사가 날카롭다
- 言辞恳切 (言辭懇切) yán cí kěn qiè 말이 간절함

安
- 安全 (安全) ān quán 위험이 없음, 안전함
- 安乐 (安樂) ān lè 편안하고 유쾌함
- 平安 (平安) píng ān 무사히 잘 있음
- 安居乐业 (安居樂業) ān jū lè yè 편안히 살면서 즐겁게 일하다
- 心安里得 (心安里得) xīn ān lǐ dé 도리(진리)를 지키니 마음이 편하다

定
- 否定 (否定) fǒu dìng 아니라고 주장함, 부정함
- 决定 (決定) jué dìng 결단하여 정함
- 定婚 (定婚) dìng hūn 약혼(하다)
- 定于一尊 (定于一尊) dìng yú yī zūn 최고 권위자를 유일한 기준으로 삼다
- 心神不定 (心神不定) xīn shén bù dìng 마음이 안정되지 못하다, 안절부절하다

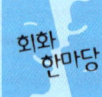
회화 한마당

那个人是你什么人? nà ge rén shì nǐ shén me rén 저 사람은 당신과 어떤 관계인가요?
那个人是我的爸爸(妈妈). nà ge rén shì wǒ de bà ba(mā ma) 그 사람은 저의 아버지(어머니)입니다.

笃 初 诚 美

笃 dǔ / 初 chū / 诚 chéng / 美 měi

篤 / 初 / 誠 / 美

두터울 독 / 처음 초 / 정성 성 / 아름다울 미

笃初诚美 시작을 돈독히 하면 실로 좋을 것이다

笃
- 笃信 (篤信) dǔ xìn 굳게 믿음
- 笃病 (篤病) dǔ xìng 병이 심함
- 病笃乱投医 (病篤亂投醫) bìng dǔ luàn tóu yī 병이 위독하면 아무 의사에게나 보인다 (위험하면 마구 덤빈다는 뜻)
- 感情笃厚 (感情篤厚) gǎn qíng dǔ hòu 감정이 매우 깊음

笃
丿
⺈
竺
笃
笃
笃

初
- 初级 (初級) chū jí 맨처음의 등급, 초급
- 始初 (始初) shǐ chū 첫 시작
- 年初 (年初) nián chū 새해 초
- 初露锋芒 (初露鋒芒) chū lòu fēng máng 처음으로 두각을 나타내다
- 初次见面 (初次見面) chū cì jiàn miàn 처음 만나다

初
丶
亠
衤
礻
初
初

诚
- 诚意 (誠意) chéng yì 참되고 정성스런 뜻, 성의
- 诚恳 (誠懇) chéng kěn 성실하고 근면함
- 诚实 (誠實) chéng shí 거짓없고 참됨, 성실
- 诚惶诚恐 (誠惶誠恐) chéng huáng chéng kǒng 대단히 두렵고 불안하다
- 以诚相待 (以誠相待) yǐ chéng xiāng dài 성실하게 대함

诚
讠
讠
访
诚
诚
诚

美
- 美人 (美人) měi rén 아름다운 여자, 미인
- 美景 (美景) měi jǐng 아름다운 경치
- 美丽 (美麗) měi lì 아름답다
- 美中不足 (美中不足) měi zhōng bù zú 옥에 티, 미흡한 점이 있다는 뜻
- 美不胜收 (美不勝收) měi bù shèng shōu 좋은(아름다운) 것이 많아서 다 헤아릴 수 없음

美
丷
丷
羊
兰
美
美

 회화 한마당

你是哪个学校的? nǐ shì nǎ ge xué xiào de 당신(너, 자네)은 어느 학교의 학생인가요?
我是汉城大学学生. wǒ shì hàn chéng dà xué xué shēng 저는 서울대 학생입니다.

慎 shèn	终 zhōng	宜 yí	令 lìng
愼	終	宜	令
삼갈 신	마지막 종	마땅 의	좋을 령

慎终宜令 마감을 신중히 하면 꼭 대길할 것이다

慎	慎重 (愼重) shèn zhòng 매우 조심함 谨慎 (謹愼) jǐn shèn 삼가함, 조심함 不慎 (不愼) bù shèn 조심하지 않음 谨言慎行 (謹言愼行) jǐn yán shèn xíng 말과 행동을 각별히 조심하다 小心谨慎 (小心謹愼) xiǎo xīn jǐn shèn 조심하고 심중함
终	终结 (終結) zhōng jié 끝맺음 终日 (終日) zhōng rì 하루 종일, 온종일 年终 (年終) nián zhōng 연말 终身大事 (終身大事) zhōng shēn dà shì 일생에 있어서의 큰일 始终如一 (始終如一) shǐ zhōng rú yī 처음부터 끝까지 변함없음
宜	适宜 (適宜) shì yí 걸맞음, 적당함 便宜 (便宜) biàn yí 편리하고 마땅함, 편의 不合时宜 (不合時宜) bù hé shí yí 시기에 적합하지 않다 事不宜迟 (事不宜遲) shì bù yí chí 일을 지체해서는 안 된다 宜早不宜迟 (宜早不宜遲) yí zǎo bù yí chí 될수록 늦지(지체하지) 말아야 함
令	令人发指 (令人發指) lìng rén fà zhǐ 사람들로 하여금 치가 떨리도록 화나게 하다 令其改变 (令其改變) lìng qí gǎi biàn 그로 하여금 개변케 함 令人失望 (令人失望) lìng rén shī wàng 사람을 실망케 함 令人兴奋 (令人興奮) lìng rén xìng fèn 사람을 흥분시킴

慎	终
丶	纟
忄	纟
忄	纟
忄	纟
忄	纟
慎	终
慎	终

宜	令
宀	丿
宀	人
宀	亼
宜	令
宜	令

您是(从)哪国来的? nín shì (cóng) nǎ guó lái de 당신은 어느 나라에서 오셨나요? (존칭)
我是从中国来的. wǒ shì cóng zhōng guó lái de 저는 중국에서 왔습니다.

荣 业 所 基

룽 róng　　예 yè　　쒀 suǒ　　지 jī
榮　　　業　　　所　　　基
영화 영　　업,성할 업　　바 소　　터 기

荣业所基 (훌륭한 덕행은) 번영하는 사업의 기본이 될 것이다

荣
- 荣誉 (榮譽) róng yù 영광스러운 명예, 영예
- 荣华 (榮華) róng huá 영예롭게 빛남
- 光荣 (光榮) guāng róng 영광
- 生荣死哀 (生榮死哀) shēng róng sǐ āi 살아서는 명성을 날리고 죽은 후엔 추모를 받는다
- 以苦为荣 (以苦爲榮) yǐ kǔ wéi róng 어려움을 겪는 것을 영광으로 여김

荣	业
一	丨
艹	川
艹	业
艹	业
芢	业
荣	

业
- 业务 (業務) yè wù 맡아하는 일
- 作业 (作業) zuò yè 일터에서 일함, 숙제, 작업
- 失业 (失業) shī yè 생업을 잃음, 실업
- 业精于勤 (業精于勤) yè jīng yú qín 학문과 기예의 진보는 근면함에 달려 있다
- 百业俱兴 (百業俱興) bǎi yè jù xīng 모든 업계가 흥해지다, 경기가 좋아짐을 이름

所
- 所向无敌 (所向無敵) suǒ xiàng wú dí 가는 곳마다 당할 자가 없다(천하무적)
- 所见所闻 (所見所聞) suǒ jiàn suǒ wén 보고 들음, 보고 들은 것
- 在所不辞 (在所不辭) zài suǒ bù cí 결코 사양(마다)하지 않다
- 有所改变 (有所改變) yǒu suǒ gǎi biàn 조금 개변됨

所	基
⼁	一
厂	卄
戶	甘
戶	其
所	其
所	基

基
- 基础 (基礎) jī chǔ 토대, 기초
- 基地 (基地) jī dì 터전, 기지
- 基本 (基本) jī běn 근본, 기본
- 奠下基石 (奠下基石) diàn xià jī shí 초석을 세우다, 기초를 닦다
- 打好基础 (打好基礎) dǎ hǎo jī chǔ 토대(기초)를 잘 닦다

有几个人合格了? yǒu jǐ ge rén hé gé le　몇 사람이 합격되었나요?
就我自己(一个人). jiù wǒ zì jǐ(yī ge rén)　단 저 혼자뿐이래요.

籍 甚 无 竟

籍 지 jí	甚 썬 shèn	无 우 wú	竟 징 jìng
籍 호적, 온화할 적	甚 심할 심	無 없을 무	竟 다할 경

籍甚无竟 훌륭한 명성은 영원할 것이다

籍
- 籍贯 (籍貫) jí guàn 본적
- 籍甚 (籍甚) jí shèn 평판이 높음, 명성이 널리 퍼짐
- 书籍 (書籍) shū jí 책자
- 名声狼籍 (名聲狼籍) míng shēng láng jí 명성(평판)이 매우 나쁘다
- 移地落籍 (移地落籍) yí dì luò jí 호적을 타 지역으로 옮김

甚
- 甚多 (甚多) shèn duō 매우 많음
- 甚至 (甚至) shèn zhì 심지어
- 甚佳 (甚佳) shèn jiā 매우 훌륭함
- 不为已甚 (不爲已甚) bù wéi yǐ shèn 지나치지 않고 적당한 정도에서 멈추다
- 欺人太甚 (欺人太甚) qī rén tài shèn 남을 너무 업신여김

无
- 无用 (無用) wú yòng 쓸모없음
- 无限 (無限) wú xiàn 끝이 없음
- 无数 (無數) wú shù 한없이 많음
- 无精打采 (無精打採) wú jīng dǎ cǎi 의기소침하다, 정신을 못 차리다
- 无所畏惧 (無所畏懼) wú suǒ wèi jù 아무도 겁나는 것이 없다

竟
- 竟日 (竟日) jìng rì 하루 온종일
- 读竟 (讀竟) dú jìng 전부 읽음
- 未竟之业 (未竟之業) wèi jìng zhī yè 못다한 일
- 有志竟成 (有志竟成) yǒu zhì jìng chéng 뜻만 있으면 반드시 성취한다
- 竟然如此 (竟然如此) jìng rán rú cǐ 바로(마침내) 이러하다, 결국 이러하다

籍	甚
⺮	一
𥫗	廿
筆	甚
箱	其
籍	其
籍	甚

无	竟
一	亠
二	六
𠂈	立
无	咅
	音
	竟

你们是留学生吗? nǐ mén shì liú xué shēng ma 당신들(자네들, 너희들)은 유학생인가요?
我们是韩国留学生. wǒ mén shì hán guó liú xué shēng 우리는 한국 유학생입니다.

学 优 登 仕

学	优	登	仕
쉐 xué	유 yōu	떵 dēng	쓰 shì
學	優	登	仕
배울 학	뛰어날 우	오를 등	벼슬 사

学优登仕 학문을 잘 닦으면 벼슬길에 오른다

学
- 学生 (學生) xué shēng 학생
- 学校 (學校) xué xiào 학교
- 学习 (學習) xué xí 배워서 익힘, 공부함
- 学而不厌 (學而不厭) xué ér bù yàn 배움에 싫증내지 않다
- 勤学苦练 (勤學苦練) qín xué kǔ liàn 부지런히 배우고 꾸준히 연습함

优
- 优等 (優等) yōu děng 훌륭하게 빼어난 등급
- 优秀 (優秀) yōu xiù 뛰어나고 빼어남, 우수함
- 优待 (優待) yōu dài 특별히 잘 대우함
- 优柔寡断 (優柔寡斷) yōu róu guǎ duàn 어물어물하며 결단을 잘 내리지 못하다
- 择优录用 (擇優錄用) zé yōu lù yòng 우수한 자를 뽑아 채용함

登
- 登记 (登記) dēng jì 문서에 올림, 등록함
- 攀登 (攀登) pān dēng 기어 오름
- 登峰造极 (登峰造極) dēng fēng zào jí (학문과 수준 등이) 최고봉에 이르다, 나쁜일이 극도에 달하다
- 登高望远 (登高望遠) dēng gāo wàng yuǎn 높이 올라서서 멀리 내다 봄

仕
- 出仕 (出仕) chū shì 벼슬을 함
- 仕路 (仕路) shì lù 벼슬 길
- 仕途 (仕途) shì tú 출세하는 길
- 学而优则仕 (學而優則仕) xué ér yōu zé shì 학업이 우수하면 곧 벼슬한다
- 仕途遥远 (仕途遙遠) shì tú yáo yuǎn 벼슬 길은 멀고도 멀다

学	优
丶	ノ
丷	亻
丷	仁
学	优
学	优

登	仕
癶	ノ
癶	亻
癶	仁
登	仕
登	仕
登	

几个人去? jǐ ge rén qù 몇 사람이 갑니까?
就咱们两(个)人(咱俩)去. jiù zán men liǎng(ge) rén (zá liǎ) qù 우리 두 사람만 갑니다.

摄 职 从 政

摄 shè	职 zhí	从 cóng	政 zhèng
攝	職	從	政
잡을 섭	벼슬 직	참여, 좇을 종	정사 정

摄职从政 관직에 임하면 정사에 참여한다

摄
- 摄政 (攝政) shè zhèng (임금을 대신하여) 정사를 처리함
- 摄影 (攝影) shè yǐng 촬영
- 摄水 (攝水) shè shuǐ 물을 빨아들임
- 惟望珍摄 (惟望珍攝) wéi wàng zhēn shè 아무쪼록 건강에 유의하시길 바랍니다
- 摄取营养 (攝取營養) shè qǔ yíng yaǔg 영양분을 섭취함

摄	职
扌	厂
扌	丌
扌	月
护	耳
摂	职
摄	职

职
- 就职 (就職) jiù zhí 직업을 얻음, 취직
- 职业 (職業) zhí yè 일상 종사하는 업무, 직업
- 职员 (職員) zhí yuán 일을 담당하는 사람, 직원
- 以身殉职 (以身殉職) yǐ shēn xùn zhí 목숨을 바쳐 나라일에 충성을 다하다
- 行使职权 (行使職權) xíng shǐ zhí quán 직권을 행사함

从
- 从军 (從軍) cóng jūn 입대함, 병역에 복무하다
- 服从 (服從) fú cóng 남의 의사에 따름, 복종함
- 顺从 (順從) shùn cóng 순순히 복종함
- 不知所从 (不知所從) bù zhī suǒ cóng 어떻게 해야 할지 막막함

从	政
丿	丁
人	正
从	正
从	正
	政
	政

政
- 政府 (政府) zhèng fǔ 행정부
- 政治 (政治) zhèng zhì 주권자가 다스림, 정치
- 从政 (從政) cóng zhèng 정사에 참여함
- 政通人和 (政通人和) zhèng tōng rén hé 정치가 잘 되고 사람들이 단합되다
- 拥政爱民 (擁政愛民) yōng zhèng ài mín 정부(나라)를 옹호하고 백성을 사랑함

他们(她们)是小学生吗. tā men(tā men) shì xiǎo xué shēng ma 그들(그녀들)은 초등학생인가요?
他们(她们)不是中学生, 就是高中生. tā men(tā men) bù shì zhōng xué shēng, jiù shì gāo zhōng shēng
중학생이 아니면 고등학교 학생들입니다.

存 춘 cún / 以 이 yǐ / 甘 깐 gān / 棠 탕 táng

存 있을 존 / 以 써 이 / 甘 달 감 / 棠 아가위 당

存以甘棠 (주나라 소공이 일을 보던) 감당나무 터를 (기념으로) 보존했다

存
- 存在 (存在) cún zài 존재함, 갖고 있음
- 存有 (存有) cún yǒu 갖고 있음
- 保存 (保存) bǎo cún 잘 지니어 잃지 않도록 함, 원상대로 유지함
- 存而不论 (存而不論) cún ér bù lùn 잠시 보류하고 당분간 논하지 않다
- 存心不良 (存心不良) cún xīn bù liáng 심보가 나쁘다

以
- 以毒攻毒 (以毒攻毒) yǐ dú gōng dú 독으로써 독을 치다
- 以此为戒 (以此爲戒) yǐ cǐ wéi jiè 이것으로 경계하다, 이것을 교훈으로 삼다
- 自以为是 (自以爲是) zì yǐ wéi shì 스스로 옳다고 여김, 독선적임
- 自以为非 (自以爲非) zì yǐ wéi fēi 스스로 잘못을 깨달음
- 不以为然 (不以爲然) bù yǐ wéi rán 그렇다고 생각하지 않음, 아니꼽다고 생각함

甘
- 甘心 (甘心) gān xīn 달갑게 여김
- 甘苦 (甘苦) gān kǔ 단 것과 쓴 것, 고생과 낙
- 甘心情愿 (甘心情願) gān xīn qíng yuàn 기꺼이 진심으로 원하다(받아들이다)
- 甘居落后 (甘居落後) gān jū luò hòu 남에게 뒤떨어져도 태연함
- 不甘失败 (不甘失敗) bù gān shī bài 실패를 달가워하지 않음

棠
- 甘棠 (甘棠) gān táng 팥배나무
- 甘棠之爱 (甘棠之愛) gān táng zhī ài 어진 벼슬아치를 사모함이 애절하다는 뜻
- 海棠遍地 (海棠遍地) hǎi táng biàn dì 해당화가 곳곳에 피어남, 해당화 천지

 회화 한마당

它们都是干什么的? tā men dōu shì gàn shén me de 그것(저것)들은 모두 뭘 하는 것입니까?
那些都是做菜必需的. nà xie dōu shì zuò cài bì xū de 그것들은 모두 요리하는데 필수품입니다.

去而益咏 (소공이) 별세한 후 더욱 (시와 노래로) 그를 추모했다

去	
	去世 (去世) qù shì 별세(하다)
	过去 (過去) guò qù 지난 시간, 지난날, 지나다
	出去 (出去) chū qù 나가다
	去粗取精 (去粗取精) qù cū qǔ jīng 거친 잡물을 버리고 깔끔한 정수를 취하다
	去伪存真 (去偽存眞) qù wěi cún zhēn 가짜를 버리고 진짜를 남김, 진위를 가려냄

而	
	而后 (而後) ér hòu 이후, 그 후부터, 지금부터
	而且 (而且) ér qiě 뿐만 아니라, 게다가
	然而 (然而) rán ér 그러나, 하지만
	乘兴而来 (乘興而來) chéng xìng ér lái 신이 나서 오다
	扫兴而归 (掃興而歸) sǎo xìng ér guī 기분이 잡쳐(흥이 깨져) 되돌아감

益	
	益寿 (益壽) yì shòu 수명을 늘이다
	日益 (日益) rì yì 날이 갈수록
	益发 (益發) yì fā 더욱
	多多益善 (多多益善) duō duō yì shàn 많을수록 좋다

咏	
	咏雪 (詠雪) yǒng xuě 눈을 시로 노래함
	咏诗 (詠詩) yǒng shī 시를 읊다
	歌咏 (歌詠) gē yǒng 노래 부르다
	反复咏叹 (反復詠嘆) fǎn fù yǒng tàn 반복하여 영탄하다
	咏赞祖国 (詠讚祖國) yǒng zàn zǔ guó (시나 노래로) 조국을 찬미함

去	而
一	一
十	厂
土	厂
去	丙
去	而
去	而

益	咏
丷	口
丷	口
丷	叮
𦍌	叹
益	呀
益	咏

회화 한마당

你是哪来的? nǐ shì nǎ lái de 당신은 어디서 오시나요?
我从北京来. wǒ cóng běi jīng lái 저는 베이징에서 옵니다.

乐 殊 贵 贱

乐 yuè	殊 shū	贵 guì	贱 jiàn
樂	殊	貴	賤
풍류 악	다를 수	귀할 귀	천할 천

乐殊贵贱 풍류는 (지위의) 귀천에 따라 달리한다

乐
- 音乐 (音樂) yīn yuè 음악
- 乐器 (樂器) yuè qì 악기
- 乐团 (樂團) yuè tuán 음악 연주 단체
- 不亦乐乎 (不亦樂乎) bù yì lè hū 어찌 기쁘지 않으랴, 그지없이 기쁘다
- 鼓乐喧天 (鼓樂喧天) gǔ yuè xuān tiān 악대가 연주하는 음악소리가 요란하게 울리다

乐
一
仁
乒
乐
乐

殊
- 特殊 (特殊) tè shū 특별히 빼어남
- 殊佳 (殊佳) shū jiā 매우 훌륭함
- 殊途同归 (殊途同歸) shū tú tóng guī 방법은 달라도 결과는 같다
- 相差悬殊 (相差懸殊) xiāng chà xuán shū 차이가 너무나 크다, 현저하게 다르다
- 殊可钦佩 (殊可欽佩) shū kě qīn pèi 감탄할 만하다

殊
歹
歹
歼
殊
殊
殊

贵
- 宝贵 (寶貴) bǎo guì 귀중함
- 贵下 (貴下) guì xià 귀하
- 贵重 (貴重) guì zhòng 진귀하고 중요함
- 贵人多忘 (貴人多忘) guì rén duō wàng 귀인은 잘 잊어 버린다(거만함을 뜻함)
- 贵在坚持 (貴在堅持) guì zài jiān chí 중요한 것은 끊이지 않고 계속하는 것이다

贵
口
中
虫
贵
贵
贵

贱
- 贱卖 (賤賣) jiàn mài 싸게 팔다
- 卑贱 (卑賤) bēi jiàn 지위나 신분이 낮고 천함, 비천함
- 贵贱 (貴賤) guì jiàn 귀하고 천함
- 贫贱骄人 (貧賤驕人) pín jiàn jiāo rén 빈곤해도 긍지를 잊지 않고 떳떳하다
- 不分贵贱 (不分貴賤) bù fēn guì jiàn 귀천을 가리지 않음

贱
贝
贝
贱
贱
贱
贱

회화 한마당
你找什么人? nǐ zhǎo shén me rén 당신은 누구를 찾나요?
我找我弟弟. wǒ zhǎo wǒ dì di 제 동생을 찾습니다.

礼别尊卑

礼 lǐ	别 bié	尊 zūn	卑 bēi
禮	別	尊	卑
예도 례	다를 별	높을 존	낮을 비

礼别尊卑 예의는 (신분의) 존비에 따라 구별된다

礼
- 礼貌 (禮貌) lǐ mào 예절에 맞는 모양
- 礼节 (禮節) lǐ jié 예의와 범절
- 敬礼 (敬禮) jìng lǐ 경의를 표하기 위해 하는 인사, 경례
- 礼尚往来 (禮尚往來) lǐ shàng wǎng lái 오는 게 있으면 가는 게 있다, 서로 주고받는 일
- 彬彬有礼 (彬彬有禮) bīn bīn yǒu lǐ 점잖고 예절이 밝음

别
- 别称 (別稱) bié chēng 달리 부르는 명칭, 별칭
- 区别 (區別) qū bié 종류에 따라 갈라놓음, 구별함
- 特别 (特別) tè bié 특별함
- 别具一格 (別具一格) bié jù yī gé 독특한 풍격을 지니다
- 内外有别 (內外有別) nèi wài yǒu bié 내부와 외부를 다르게 대하다

礼	别
丶	口
亠	口
礻	弓
礻	另
礼	别
	别

尊
- 尊重 (尊重) zūn zhòng 높이고 중히 여김, 존중함
- 尊敬 (尊敬) zūn jìng 높여 공경함, 존경함
- 尊姓大名 (尊姓大名) zūn xìng dà míng 존함
- 尊师重道 (尊師重道) zūn shī zhòng dào 스승을 존경하고 도의를 중히 여기다
- 尊师爱生 (尊師愛生) zūn shī ài shēng 스승을 존경하고 제자를 사랑함

卑
- 卑鄙 (卑鄙) bēi bǐ 비열함
- 自卑 (自卑) zì bēi 비굴함, 스스로 못하다고 여김
- 卑躬屈膝 (卑躬屈膝) bēi gōng qū xī 비굴하게 굽신거리며 무릎을 꿇고 아첨하다
- 卑鄙无耻 (卑鄙無恥) bēi bǐ wú chǐ 비열하고 부끄러움을 모르다
- 不卑不亢 (不卑不亢) bù bēi bù kàng 비열하지도 않고 자만하지도 않음

尊	卑
丷	丿
酋	白
酋	由
酋	甶
尊	鱼
尊	卑

 회화 한마당

你找哪(一)位? nǐ zhǎo nǎ(yī) wèi 어느 분을 찾나요?
我找我的老师. wǒ zhǎo wǒ de lǎo shī 저의 선생님을 찾습니다.

上和下睦 윗사람이 온화하니 아랫사람도 화목하다

上	上司 (上司) shàng sī 윗 등급의 기관이나 사람, 상급 上级 (上級) shàng jí 윗 등급, 상급 上面 (上面) shàng miàn 윗면, 위 上千上万 (上千上萬) shàng qiān shàng wàn 수천 수만 不分上下 (不分上下) bù fēn shàng xià (연령, 직위 등에서) 상하를 가리지 않음
和	温和 (溫和) wēn hé 따뜻함 和平 (和平) hé píng 평화 和气致祥 (和氣致祥) hé qì zhì xiáng 부드러움이 복을 가져다 주다 和平共处 (和平共處) hé píng gòng chǔ 평화롭게 함께 생존하다(평화공존하다) 心平气和 (心平氣和) xīn píng qì hé 마음이 평온함, 온화함, 부드러움
下	下级 (下級) xià jí 낮은 등급 또는 계급, 하급 下面 (下面) xià miàn 아랫면, 아래 下次 (下次) xià cì 다음 번 下笔成章 (下筆成章) xià bǐ chéng zhāng 붓을 대기만 하면 문장이 되다 下不为例 (下不爲例) xià bù wéi lì 또다시 이러한 일이 있어서는 안 된다
睦	睦邦 (睦邦) mù bāng 우호국, 우방 睦谊 (睦誼) mù yì (나라 사이에) 친목함 和睦相亲 (和睦相親) hé mù xiāng qīn 서로 사이가 좋다 和睦相处 (和睦相處) hé mù xiāng chǔ 서로 화목하게 지냄 婆媳不睦 (婆媳不睦) pó xí bù mù 고부간에 사이가 좋지 않음

 为什么不来? wèi shén me bù lái 무엇 때문에 오지 않습니까?
我有点事. wǒ yǒu diǎn shì 좀 볼일이 있어서요.

夫 唱 妇 随

夫 fū	唱 chàng	妇 fù	随 suí
夫	唱	婦	隨
지아비 부	부를 창	지어미 부	따를 수

夫唱妇随 남편이 노래 부르니 아내도 따라 부른다

		夫	唱
夫	大丈夫 (大丈夫) dà zhàng fū 사내답고 씩씩한 남자, 대장부 夫唱妇随 (夫唱婦隨) fū chàng fù suí 남편 말에 아내가 따르다(부부 화합의 도리라는 뜻) 恩爱夫妻 (恩愛夫妻) ēn ài fū qī 서로 사랑하는 부부, 금실이 좋은 부부 有夫之女 (有夫之女) yǒu fū zhī nǚ 남편이 있는 여자, 유부녀	一 二 丰 夫	口 口 叩 叩 唱 唱
唱	唱法 (唱法) chàng fǎ 노래 부르는 방법 唱歌 (唱歌) chàng gē 노래를 부름 独唱 (獨唱) dú chàng 혼자서 부름, 독창 一唱一和 (一唱一和) yī chàng yī hé 서로 호응하여 맞장구를 치다 唱独角戏 (唱獨角戲) chàng dú jiǎo xì (어떤 일을) 단독으로 처리함		

		妇	随
妇	夫妇 (夫婦) fū fù 남편과 아내, 부부 媳妇儿 (媳婦兒) xí fur 아내(며느리는 媳妇 xí fu라고 함) 小妇人 (小婦人) xiǎo fù rén 소첩, 소녀(부인이 자기를 낮추어 부르는 말) 妇人之仁 (婦人之仁) fù rén zhī rén 하찮은 인정을 나타냄 妇孺皆知 (婦孺皆知) fù rú jiē zhī 부녀와 어린이까지 모두 알다, 삼척동자도 알다	〈 夂 女 奵 妇 妇	了 阝 阝 陏 随 随
随	随行 (隨行) suí xíng 따라감, 따라 행함, 수행 跟随 (跟隨) gēn suí 따라감, 따름 随便 (隨便) suí biàn 마음대로, 나름대로 随机应变 (隨機應變) suí jī yìng biàn 임기응변하다 随波逐流 (隨波逐流) suí bō zhú liú 물결을 따라 표류하다, 주견이 없이 다른 사람의 장단에 맞춰 춤춘다는 뜻		

为啥不吃? wèi shá bù chī 왜 먹지 않습니까?
没胃口. méi wèi kǒu 입맛이 없습니다.

外受傅训

外 와이 wài	受 써우 shòu	傅 부 fù	训 쉰 xùn
外 밖 외	受 받을 수	傅 스승 부	訓 가르칠 훈

外受傅训 밖에서는 스승의 가르침을 받아야 한다

外
- 内外 (內外) nèi wài 안팎
- 外边 (外邊) wài biān 밖, 외부
- 外伤 (外傷) wài shāng 겉에 난 상처, 표면 상처
- 外强中干 (外强中干) wài qiáng zhōng gān 밖으로는 강해 보이지만 속은 텅 비었다
- 里应外合 (里應外合) lǐ yīng wài hé 안팎에서 서로 호응함

外	受
ノ	´
ク	⺍
タ	⺥
外	严
外	受
	受

受
- 受灾 (受災) shòu zāi 재해가 들다
- 受害 (受害) shòu hài 손해를 보다
- 接受 (接受) jiē shòu 받아들임, 접수함
- 受宠若惊 (受寵若驚) shòu chǒng ruò jīng 놀랄 정도로 총애를 받다
- 自作自受 (自作自受) zì zuò zì shòu 제가 놓은 덫에 걸리다, 자업자득

傅
- 傅相 (傅相) fù xiàng 원로, 재상
- 傅母 (傅母) fù mǔ 유모, 보모
- 师傅 (師傅) shī fu 스승, 선생
- 尊重师傅 (尊重師傅) zūn zhòng shī fu 스승(선생님)을 존중함

傅	训
ノ	ヽ
亻	讠
仁	订
伸	训
伸	训
傅	

训
- 训练 (訓練) xùn liàn 배워 익힘, 훈련함
- 受訓 (受訓) shòu xùn 가르침을 받다, 훈련을 받다
- 教訓 (教訓) jiào xùn 가르치고 이끌어 줌, 교훈
- 训练有素 (訓練有素) xùn liàn yǒu sù 평소에 훈련을 많이 하다
- 不足为訓 (不足爲訓) bù zú wéi xùn 교훈으로 삼기에는 부족함

怎么迟到了? zěn me chí dào le 어째서 지각했습니까?
半路堵车, 堵得厉害. bàn lù dǔ chē, dǔ de lì hai 오는 길에 차가 너무나 막혔습니다.

入奉母仪 집에서는 어머님의 예의를 본받아야 한다

入	入口 (入口) rù kǒu 들어가는 어귀, 입구 出入 (出入) chū rù 드나듦 收入 (收入) shōu rù 소득 入情入理 (入情入理) rù qíng rù lǐ 이치에 맞다 体贴入微 (體貼入微) tǐ tiē rù wēi 극진히 보살피다, 세세히 돌보다
奉	奉陪 (奉陪) fèng péi 동반하여 모심 奉献 (奉獻) fèng xiàn 기여(하다) 奉养 (奉養) fèng yǎng 삼가 섬김 奉公守法 (奉公守法) fèng gōng shǒu fǎ 공무에 충실하고 법을 지키다 奉命执法 (奉命執法) fèng mìng zhí fǎ 명령(지령)에 따라 법을 집행함
母	母亲 (母親) mǔ qīn 어머니 母爱 (母愛) mǔ ài 모성애 重访母校 (重訪母校) chóng fǎng mǔ xiào 모교를 다시 찾아 방문하다 慈母败子 (慈母敗子) cí mǔ bài zǐ 지나친 모성애가 자식을 망친다 失败乃成功之母 shī bài nǎi chéng gōng zhī mǔ 실패는 성공의 어머니
仪	仪式 (儀式) yí shì 예식에 따라 하는 행사 礼仪 (禮儀) lǐ yí 예로써 나타내는 경의, 예의 仪态万方 (儀態萬方) yí tài wàn fāng 용모나 몸가짐 모두 다 아름답다 仪表堂堂 (儀表堂堂) yí biǎo táng táng 풍채가 늠름함

入	奉
ノ	三
入	声
	夫
	未
	奉

母	仪
ㄴ	ノ
口	亻
母	仪
母	仪
母	仪

这个怎么样? zhè ge zěn me yàng 이것은 어떠합니까?
很合我的心意. hěn hé wǒ de xīn yì 매우 마음에 듭니다.

诸 姑 伯 叔

주 zhū　　　　구 gū　　　　버 bó　　　　수 shū
諸　　　　　　姑　　　　　　伯　　　　　　叔
모두 제　　　시어미, 고모 고　　맏 백　　　아재비 숙

诸姑伯叔 고모, 백부, 숙부 (모두가 한 혈통이다)

诸	诸位 (諸位) zhū wèi 여러분 诸人 (諸人) zhū rén 여러 사람 诸如此类 (諸如此類) zhū rú cǐ lèi 대체적으로 이러한 것들(과 같다) 诸事遂心 (諸事遂心) zhū shì suí xīn 모든 일이 뜻대로 되다 付诸实施 (付諸實施) fù zhū shí shī 모두 실천에 옮기다
姑	姑姑 (姑姑) gū gu 고모 大姑 (大姑) dà gū 큰 고모 小姑 (小姑) xiǎo gū 작은 고모 姑嫂 (姑嫂) gū sǎo 시누이와 올케 姑舅成亲 (姑舅成親) gū jiù chéng qīn 고종(외종) 남매끼리 결혼함
伯	伯父 (伯父) bó fù 큰아버지 伯兄 (伯兄) bó xiōng 큰형 将伯之助 (將伯之助) jiāng bó zhī zhù 장자(长者)에게 원조를 청하다 伯仲之间事 (伯仲之間事) bó zhòng zhī jiān shì 엇비슷한 사이의 일 (맏이와 둘째 사이의 일)
叔	大叔 (大叔) dà shū 아저씨 (보통 삼촌 또래의 남자를 호칭함) 叔叔 (叔叔) shū shu 삼촌, 아저씨 叔父 (叔父) shū fù 아버지의 동생, 삼촌 叔伯弟兄 (叔伯弟兄) shū bǎi(bó) dì xiōng 사촌 형제 叫我李叔好了 (叫我李叔好了) jiào wǒ lǐ shū hǎo le 나를 이 아저씨라고 부르면 돼

회화 한마당

这是哪(儿)? zhè shi nǎr 여기는 어디입니까?
这是北京(汉城)站. zhè shi běi jīng(hàn chéng) zhàn 여기는 베이징(서울)역입니다.

犹 子 比 儿
유 yóu　　즈 zǐ　　비 bǐ　　얼 ér

猶 子 比 兒
같을 유　　아들 자　　견줄 비　　아이 아

犹子比儿 조카들도 친자식처럼 대해야 한다

犹
- 犹如 (猶如) yóu rú 마치 … 같다
- 犹言 (猶言) yóu yán 말한 것과 같이, 언급한 것처럼
- 犹新 (猶新) yóu xīn 매우 새롭다
- 虽死犹生 (雖死猶生) suī sǐ yóu shēng 죽었지만 마치 살아 있는 것 같다

犹	子
ノ	了
犭	了
犭	子
犭	
犹	
犹	

子
- 子女 (子女) zǐ nǚ 아들과 딸, 자식
- 孙子 (子孫) sūn zi 손자
- 儿子 (兒子) ér zi 아들
- 千金之子 (千金之子) qiān jīn zhī zǐ 부잣집의 자제
- 子孙满堂 (子孫滿堂) zǐ sūn mǎn táng 후손이 (집안에) 많다, 여러 세대가 함께 살다

比
- 比较 (比較) bǐ jiào 견주어 고찰함, 비교함
- 比赛 (比賽) bǐ sài 경기, 비기다
- 比比皆是 (比比皆是) bǐ bǐ jiē shì 어느 것이나 모두 그렇다
- 比翼双飞 (比翼雙飛) bǐ yì shuāng fēi (마치 비기거나 하듯이) 나란히 날다
- 比上不足, 比下有余 bǐ shàng bù zú, bǐ xià yǒu yú 잘하는 것과 비기면 못하지만 못 하는 것과 비기면 낫다(중간, 보통을 이르는 말)

比	儿
ㄧ	ノ
ト	儿
ㅏ	
比	
比	

儿
- 幼儿 (幼兒) yòu ér 유아, 어린이
- 儿童 (兒童) ér tóng 어린이
- 儿媳 (兒媳) ér xí 며느리
- 孤儿寡妇 (孤兒寡婦) gū ér guǎ fù 고아와 과부(의지할 데 없는 모자를 뜻함)
- 生儿育女 (生兒育女) shēng ér yù nǚ 자식을 낳아 키움

- 有几个? yǒu jǐ ge 몇 개나 됩니까?(몇 개가 있습니까?)
- 有一百零二个. yǒu yī bǎi líng èr ge 102개입니다.

孔 怀 兄 弟

쿵 kǒng	화이 huái	슝 xiōng	띠 dì
孔	懷	兄	弟
매우 공	품을 회	맏 형	아우 제

孔怀兄弟 (서로) 지극히 생각하는 (사이는) 형제간이다

孔
鼻孔 (鼻孔) bí kǒng 콧구멍
钻孔 (鑽孔) zuān kǒng 구멍을 뚫다
无孔不入 (無孔不入) wú kǒng bù rù 틈만 있으면 파고들다
一孔之见 (一孔之見) yī kǒng zhī jiàn 좁은 식견(소견), 얕은 견해(겸양어로 쓰임)

孔
丁
了
孑
孔

怀
怀恨 (懷恨) huái hèn 원한을 품다
怀念 (懷念) huái niàn 사모함
关怀 (關懷) guān huái 관심, 배려
怀才不遇 (懷才不遇) huái cái bù yù 재능을 발휘할 기회를 만나지 못하다
胸怀壮志 (胸懷壯志) xiōng huái zhuàng zhì 가슴에 큰 뜻을 품다

怀
丶
忄
忄
忄
怀
怀

兄
兄嫂 (兄嫂) xiōng sǎo 형수
兄弟 (兄弟) xiōng dì 형과 아우
兄妹 (兄妹) xiōng mèi 오빠와 여동생
兄宽弟让 (兄寬弟讓) xiōng kuān dì ràng 형은 너그럽고 아우는 양보하다
亲如兄弟 (親如兄弟) qīn rú xiōng dì 형제처럼 친하다

兄	弟
丶	丶
口	丷
口	丩
尸	羊
兄	弟
	弟

弟
弟子 (弟子) dì zǐ 제자
弟弟 (弟弟) dì di 동생
弟妹 (弟妹) dì mèi 제수
纨裤子弟 (紈褲子弟) wán kù zǐ dì 호강스레 자란 부잣집 자식
爱我师弟 (愛我師弟) ài wǒ shī dì 나의 후배를 사랑함(아끼다)

有多少? yǒu duō shǎo 얼마나 됩니까(있습니까)?
有二十公斤. yǒu èr shí gōng jīn 20킬로그램입니다(됩니다).

同气连枝

퉁 tóng	치 qì	랜 lián	쯔 zhī
同	氣	連	枝
한가지 동	기운 기	연할 련	가지 지

同气连枝 (형제는) 모두 부모의 기운을 받은 한 나무의 가지이다

同
- 同学 (同學) tóng xué 학우, 동창생
- 同志 (同志) tóng zhì 뜻이 같은 사람, 동지
- 同心协力 (同心協力) tóng xīn xié lì 한 마음 한 뜻으로 힘을 합치다
- 同甘共苦 (同甘共苦) tóng gān gòng kǔ 고락을 함께 하다
- 志同道合 (志同道合) zhì tóng dào hé 뜻이 맞고 가는 길이 같다, 이상이 같음

同	丨	冂	冋	同	同

气	ノ	𠂉	气

气
- 空气 (空氣) kōng qì 공기
- 气概 (氣概) qì gài 씩씩한 기상과 꿋꿋한 절개, 기개
- 气氛 (氣氛) qì fēn 기분, 분위기
- 气势汹汹 (氣勢洶洶) qì shì xiōng xiōng 기세가 등등하다, 서슬이 시퍼렇다
- 气吞山河 (氣吞山河) qì tūn shān hé 기개가 산하를 삼킬 듯함

连
- 连接 (連接) lián jiē 이어 맞닿음
- 连续 (連續) lián xù 끊이지 않고 죽 이음, 연속
- 连篇累牍 (連篇累牘) lián piān lěi dú 쓸데없이 장황하게 늘어 놓은 문장
- 苦命相连 (苦命相連) kǔ mìng xiāng lián 서로 똑같은 불운한 신세(사나운 팔자)
- 连夜完成 (連夜完成) lián yè wán chéng 밤을 새워 가며 끝내다

连	一	七	车	连	连	连

枝	十	木	木	杧	枋	枝

枝
- 树枝 (樹枝) shù zhī 나뭇가지
- 剪枝 (剪枝) jiǎn zhī 나뭇가지를 자름
- 一枝枪 (一枝槍) yī zhī qiāng 총 한 자루
- 节外生枝 (節外生枝) jié wài shēng zhī 본문과 상관 없는 생각 밖의 다른 문제가 파생되다
- 枝繁叶茂 (枝繁葉茂) zhī fán yè mào 가지가 많고 잎이 무성함

회화 한마당
- 有多大? yǒu duō dà 얼마나 큰가요?
- 有一百平方米. yǒu yī bǎi píng fāng mǐ 100평방미터입니다.

交 友 投 分

쟈오 jiāo	유 yǒu	터우 tóu	펀 fēn, fèn
交	友	投	分
사귈 교	벗 우	던질, 맞을 투	분수, 나눌 분

交友投分 벗을 사귐에는 명분이 맞아야 한다

交
- 交通 (交通) jiāo tōng 자동차로 오고 가는 일, 교통
- 交换 (交換) jiāo huàn 이것과 저것을 서로 바꿈, 교환함
- 交朋友 (交朋友) jiāo péng yǒu 친구를 사귀다
- 交口称誉 (交口稱譽) jiāo kǒu chēng yù 이구동성으로 칭찬하다
- 纵横交错 (縱橫交錯) zòng héng jiāo cuò 종횡으로 교차되다

交	友
丶	一
亠	ナ
六	方
宀	友
交	

友
- 好友 (好友) hǎo yǒu 사이 좋은 친구
- 朋友 (朋友) péng yǒu 벗, 친구
- 友好 (友好) yǒu yǒu 사이가 좋음
- 莫逆之友 (莫逆之友) mò nì zhī yǒu 허물 없이 친한 친구
- 友谊万岁 (友誼萬歲) yǒu yì wàn suì 우의(친선)

投
- 投入 (投入) tóu rù 더 넣음, 투입함
- 投机 (投機) tóu jī 배짱이 맞다, 의기투합함
- 投奔 (投奔) tóu bèn 의지할 곳을 찾아감
- 投井下石 (投井下石) tóu jǐng xià shí 남의 어려운 틈을 타서 위해를 가하다
- 情投意合 (情投意合) qíng tóu yì hé 마음과 뜻이 맞다, 의기투합이 됨

投	分
扌	丿
扌	八
扣	分
护	分
投	
投	

分
- 水分 (水分) shuǐ fèn 물기
- 分析 (分析) fēn xī 분해하여 가름, 분석함
- 分别 (分別) fēn bié 분별함
- 分秒必争 (分秒必爭) fēn miǎo bì zhēng 분초를 다투다, 일분 일초를 다투다
- 按需分配 (按需分配) àn xū fēn pèi 수요에 따라 나누다

 회화 한마당

现在几点? xiàn zài jǐ diǎn 지금 몇 시입니까?
差十五分(一刻)九点. chà shí wǔ fēn(yī kè) jiǔ diǎn 15분 전 9시입니다.

切 磨 箴 规

체 qiē, qiè	머 mó	전 zhēn	구이 guī
切 자를 절	磨 갈 마	箴 경계 잠	規 법 규

切磨箴規 절차탁마함에는 규례에 맞도록 일깨워 주어야 한다

切	切开 (切開) qiē kāi 썰어 가름
	切断 (切斷) qiē duàn 끊어버림
	切肤之痛 (切膚之痛) qiē fū zhī tòng 뼈에사무치는 고통
	切骨之恨 (切骨之恨) qiè gǔ zhī hèn 골수에 사무치는 원한
	切磋琢磨 (切磋琢磨) qiē cuō zhuó mó 옥, 돌 따위를 갈고 깎는 것처럼 학문, 덕행을 닦음
		切 磨
		一 、
		十 一
		切 广
		切 麻
		  麽
		  磨

磨	磨察 (磨察) mó chá 닿아서 비빔, 마찰 磨面 (磨面) mó miàn 가루를 갈아냄 磨破嘴 (磨破嘴) mó pò zuǐ 입이 닳도록 말함(설득, 교양) 磨唇费舌 (磨唇費舌) mó chún fèi shé 입이 닳도록 말하다 磨练意志 (磨練意志) mó liàn yì zhì 의지를 단련함	
箴	箴规 (箴規) zhēn guī 경계하여 바로 잡음 箴诫 (箴誡) zhēn chéng 충고함 箴砭 (箴砭) zhēn biān 침을 놓아 치료하다, 잘못을 훈계하다, 시정하다 牢记箴言 (牢記箴言) láo jì zhēn yán 잠언을 명심하여 잊지 않다 以勤勉相箴 (以勤勉相箴) yǐ qín miǎn xiāng zhēn 근면으로써 훈계하다	箴 规 竹 二 竹 丰 笁 夫 箴 知 箴 规 箴 规
规	法规 (法規) fǎ guī 법과 규정 规律 (規律) guī lǜ 일정한 질서나 차례, 법칙 规定 (規定) guī dìng 작정한 표준, 규칙, 규정 规行矩步 (規行矩步) guī xíng jǔ bù 법규대로 행동하다(융통성이 없다는 뜻) 革除陋规 (革除陋規) gé chú lòu guī 나쁜 습성을 제거함	

飞机几点到汉城? fēi jī jǐ diǎn dào hàn chéng 비행기가 몇 시에 서울에 도착합니까?
上午八点(整)到. shàng wǔ bā diǎn(zhěng) dào 오전 8시(정각)에 도착합니다.

仁 慈 隐 恻

런 rén　　즈 cí　　인 yǐn　　처 cè

仁　　慈　　隱　　惻

어질 인　　인자할 자　　숨을 은　　슬플 측

仁慈隐恻 어진 마음으로 남을 사랑하며 측은히 여기다

仁

- 仁爱 (仁愛) rén ài 어진 마음으로 사랑함
- 仁慈 (仁慈) rén cí 인후하고 자애스러움
- 仁人 (仁人) rén rén 덕망이 높은 사람
- 仁至义尽 (仁至義盡) rén zhì yì jìn 모든 성의를 다하다
- 残暴不仁 (殘暴不仁) cán bào bù rén 잔혹하여 어질지 않다

仁	慈
ノ	丷
亻	产
亻	艹
仁	兹
	慈
	慈

慈

- 慈祥 (慈祥) cí xiáng 자상함
- 慈善 (慈善) cí shàn 선의를 베풂, 자선
- 慈爱 (慈愛) cí ài 도타운 사랑, 자애로움
- 慈眉善目 (慈眉善目) cí méi shàn mù 자애롭고 인자한 얼굴 모양
- 心慈手软 (心慈手軟) xīn cí shǒu ruǎn 마음이 어질고 손길이 무르다

隐

- 隐痛 (隱痛) yǐn tòng 숨겨져 있는 고통
- 隐私 (隱私) yǐn sī 개인적인 비밀
- 隐瞒 (隱瞞) yǐn mán 속이다
- 隐恶扬善 (隱惡揚善) yǐn è yáng shàn 나쁜 것은 감싸주고 좋은 것만 치켜 세움
- 隐姓埋名 (隱姓埋名) yǐn xìng mái míng 성과 이름을 감추다, 신분을 감춤

隐	恻
阝	丶
阝	忄
阡	忄
隐	忄
隐	恻
隐	恻

恻

- 恻然 (惻然) cè rán 가볍게 여기는 마음
- 凄恻 (淒惻) qī cè 슬프고 비감함
- 缠绵悱恻 (纏綿悱惻) chán mián fěi cè 시문, 노래 등이 너무 애절하여 사람을 감동시키다
- 恻隐穷人 (惻隱窮人) cè yǐn qióng rén 궁한 사람을 측은히 여김

今天几号? jīn tiān jǐ hào 오늘은 몇 일입니까?
今天是元月(一月)五号(日). jīn tiān shì yuán yuè(yī yuè) wǔ hào(rì) 오늘은 1월 5일입니다.

造	次	弗	离
짜오 zào	츠 cì	푸 fú	리 lí
造	次	弗	離
지을 조	버금 차	말 불	떠날 리

造次弗离 처사가 마음에 들지 않더라도 (의리를) 버리지 않는다

造	深造 (深造) shēn zào 깊이 연구함 制造 (制造) zhì zào 만듦, 지음, 제조함 改造 (改造) gǎi zào 고쳐 다시 만듦 造谣生事 (造謠生事) zào yáo shēng shì 유언비어로 사건(시비거리)을 일으키다 登峰造极 (登峰造極) dēng fēng zào jí (학문, 기능이) 최고 수준에 이름(나쁜 일에도 쓰임)
次	次子 (次子) cì zǐ 둘째 아들, 차남 次品 (次品) cì pǐn 품질이 낮은 상품 次日 (次日) cì rì 이튿날, 다음날 次长 (次長) cì zhǎng 차장 挑出次品 (挑出次品) tiāo chū cì pǐn 불량품을 가려냄
弗	弗怠 (弗怠) fú dài 태만하지 않음 弗乱 (弗亂) fú luàn 혼란스럽지 않음 自愧弗如 (自愧弗如) zì kuì fú rú 남보다 못함을 자책하다 自感弗及 (自感弗及) zì gǎn fú jí 스스로 미치지 못하다고 느낌
离	分离 (分離) fēn lí 서로 나뉘어 떨어짐 离别 (離別) lí bié 헤어짐, 갈라지다 离婚 (離婚) lí hūn 이혼(하다) 离乡背井 (離鄉背井) lí xiāng bèi jǐng 고향을 등지고 떠나다 生离死别 (生離死別) shēng lí sǐ bié 영원히 갈라지다

 회화 한마당
哪天去? nǎ tiān qù 어느 날(언제) 가십니까?
明天就去(走). míng tiān jiù qù(zǒu) 내일 곧 갈 겁니다.

节 义 廉 退

제 jié	이 yì	랜 lián	투이 tuì
節	義	廉	退
마디 절	옳을 의	청렴 렴	물러갈 퇴

节义廉退 절개와 예의와 청렴을 지켜야 한다

节
- 节义(節義) jié yì 절개와 의리
- 节制(節制) jié zhì 절제, 절도 있음
- 礼节(禮節) lǐ jié 예절
- 节衣缩食(節衣縮食) jié yī suō shí 먹고 입는 것을 아끼다
- 有理有节(有理有節) yǒu lǐ yǒu jié 이치 있고 절차 있음

节	义
一	ノ
十	乂
艹	义
芍	
节	

义
- 正义(正義) zhèng yì 올바른 도리
- 义捐(義捐) yì juān 자선을 위해 금품을 냄
- 讲义气(講義氣) jiǎng yì qì 의리를 중하게 여김
- 义不容辞(義不容辭) yì bù róng cí 도의상 거절할 수 없다
- 见义勇为(見義勇爲) jiàn yì yǒng wéi 정의를 위해 선뜻 나서다

廉
- 廉政(廉政) lián zhèng 청렴한 정치를 함
- 廉洁(廉潔) lián jié 청렴 결백함
- 低廉(低廉) dī lián 물건 값이 쌈, 저렴함
- 寡廉鲜耻(寡廉鮮恥) guǎ lián xiǎn chǐ 수치를 수치로 알지 못하다, 파렴치하다
- 廉洁奉公(廉潔奉公) lián jié fèng gōng 청렴결백하게 나라와 사회를 위해 일함

廉	退
广	フ
广	ヨ
庐	ヨ
序	艮
庸	退
廉	退

退
- 退货(退貨) tuì huò 물건을 되돌림
- 退学(退學) tuì xué 학교를 못다니게 함, 퇴학
- 后退(后退) hòu tuì 뒤로 물러섬
- 退避三舍(退避三舍) tuì bì sān shè 양보해서 충돌을 피하다
- 后无退路(后無退路) hòu wú tuì lù 후퇴하면 길이 없다, 뒤로 더 물러설 길이 없다

坐哪天火车? zuò nǎ tiān huǒ chē 어느 날의 기차를 탑니까?
坐星期六(周末, 礼拜六, 周六)的车. zuò xíng qī liù(zhōu mò, lǐ bài liù, zhōu liù) de chē 토요일 차를 탑니다.

颠 沛 匪 亏

颠 댄 diān	沛 페이 pèi	匪 페이 fěi	亏 쿠이 kuī
顚	沛	匪	虧
기울어질 전	자빠질 패	아닐 비	이지러질 휴

颠沛匪亏 엎어져도 (그 형상이) 이지러지지 말아야 한다

颠
- 颠覆 (顚覆) diān fù 뒤집혀 엎어짐, 또는 뒤집어 엎음
- 颠倒 (顚倒) diān dǎo 위, 아래를 바꾸어서 거꾸로 함, 전도함
- 颠倒是非 (顚倒是非) diān dǎo shì fēi 옳고 그릇됨이 뒤바뀌다
- 颠三倒四 (顚三倒四) diān sān dǎo sì 말하거나 일하는데 조리와 순서가 없음
- 颠扑不破 (顚撲不破) diān pū bù pò (학술, 이론) 절대로 뒤엎을 수 없음

沛
- 充沛 (充沛) chōng pèi 왕성하다, 넘쳐흐르다
- 沛然 (沛然) pèi rán 비가 세차게 내리는 모양, 왕성하다
- 颠沛流离 (顚沛流離) diān pèi liú lí 영락(零落)하여 유랑하다
- 沛然下雨 (沛然下雨) pèi rán xià yǔ 비가 세차게 내리다

颠	沛
十	丶
古	冫
真	氵
真	氵
顛	沂
颠	沛

匪
- 匪首 (匪首) fěi shǒu 비적의 두목
- 匪独 (匪獨) fěi dú 그 뿐만 아니다
- 匪夷所思 (匪夷所思) fěi yí suǒ sī 보통 사람은 생각해 낼 수 없다
- 获益匪浅 (獲益匪淺) huò yì fěi qiǎn 이득을 적지 않게 보다

亏
- 亏损 (虧損) kuī sǔn 손해 보다
- 月满则亏 (月滿則虧) yuè mǎn zé kuī 달도 차면 기운다
- 不亏不赚 (不虧不賺) bù kuī bù zhuàn 밑지지도 않았고 벌지도 못했다
- 亏本买卖 (虧本買賣) kuī běn mǎi mài 밑지는 장사

匪	亏
一	一
丆	二
丏	亏
丳	
菲	
匪	

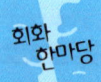
회화 한마당

什么时候(时间, 几点)出发. shén me shí hóu(shí jiān, jǐ diǎn) chū fā 언제(몇 시에) 떠납니까?
晚上九点动身. wǎn shàng jiǔ diǎn dòng shēn 저녁(오후) 9시에 떠납니다.

性 静 情 逸

씽 xìng	찡 jìng	칭 qíng	이 yì
性	靜	情	逸
성품 성	고요 정	뜻 정	편안할 일

性静情逸 성품이 부드러우면 마음도 편안해진다

性
- 性格(性格) xìng gē 성격
- 急性子(急性子) jí xìng zi 급한 성미(성격)
- 尊重个性(尊重個性) zūn zhòng gè xìng (저마다의) 개성을 존중함
- 独立性强(獨立性強) dú lì xìng qiáng 독립성(독자성)이 강함
- 性情急躁(性情急躁) xìng qíng jí zào 성격이 급함

静
- 肃静(肅靜) sù jìng 정숙, 조용함
- 安静(安靜) ān jìng 평안하고 고요함
- 静悄悄(靜悄悄) jìng qiāo qiāo 매우 조용함
- 静极思动(靜極思動) jìng jí sī dòng 고요한 상태가 오래 지속되면 움직일 생각이 나다
- 树欲静而风不止 shù yù jìng ér fēng bù zhǐ 나무는 흔들리지 않으려 하나 바람이 그치지 않는다(주관적 요소가 늘 객관적 요소의 영향을 받음을 비유)

情
- 感情(感情) gǎn qíng 사물에 느끼어 일어나는 사람의 심정
- 人情(人情) rén qíng 인정
- 情绪(情緒) qíng xù 사물에 부딪쳐 일어나는 온갖 감정, 정서
- 情同手足(情同手足) qíng tóng shǒu zú 인정이 친형제처럼 두텁다
- 情有可原(情有可原) qíng yǒu kě yuán 용서(이해)할 만한 사정이 있다

逸
- 劳逸(勞逸) láo yì 일과 휴식
- 安逸(安逸) ān yì 안일함, 편안함
- 逸亡(逸亡) yì wáng 잊어버림
- 一劳永逸(一勞永逸) yì láo yǒng yì 한 번의 고생으로 영원히 편안해지다
- 劳逸结合(勞逸結合) láo yì jié hé 사업과 휴식을 결부함

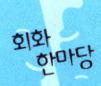

几点开车? jǐ diǎn kāi chē 차가 몇시에 출발합니까?
下午五点准时开. xià wǔ wǔ diǎn zhǔn shí kāi 오후 5시에 어김없이 떠납니다.

心 动 神 疲

신 xīn　뚱 dòng　선 shén　피 pí

心 動 神 疲

마음 심　움직일 동　귀신 신　가쁠 피

心动神疲 마음이 격동되면 신기가 피로해진다

心
- 心情 (心情) xīn qíng 마음과 정, 심정
- 心思 (心思) xīn si 마음 속의 생각
- 好心 (好心) hǎo xīn 좋은 의도, 좋게 생각하는 마음
- 心中有数 (心中有數) xīn zhōng yǒu shù 타산이 있다, 속셈이 있다
- 心心相印 (心心相印) xīn xīn xiāng yìn 서로 마음이 통함

动
- 动作 (動作) dòng zuò 몸과 손발을 움직이는 것, 동작
- 行动 (行動) xíng dòng 행위, 동작
- 运动 (運動) yùn dòng 돌아다니며 움직임(움직이다), 운동(하다)
- 动人心弦 (動人心弦) dòng rén xīn xuán 심금을 울리다
- 轻举妄动 (輕舉妄動) qīng jǔ wàng dòng 경솔하고 망녕되게 행동함

神
- 精神 (精神) jīng shén 정신, 정신력
- 神奇 (神奇) shén qí 신묘하고 기이함
- 神机妙算 (神機妙算) shén jī miào suàn 신묘한 지략과 기묘한 계책
- 神乎其神 (神乎其神) shén hū qí shén 귀신처럼 신비롭다

疲
- 疲劳 (疲勞) pí láo 지침, 고단함
- 疲乏 (疲乏) pí fá 피곤함
- 疲于奔命 (疲于奔命) pí yú bèn mìng 바빠서 숨돌릴 새도 없다
- 精疲力尽 (精疲力盡) jīng pí lì jìn 정신이 피로하고 힘이 빠지다, 정신적·육체적으로 매우 피곤함
- 疲惫不堪 (疲憊不堪) pí bèi bù kān 매우 지쳐 고단함

心	动
丶	一
心	二
心	云
心	云
	动
	动

神	疲
礻	广
礻	疒
礻	疒
礻	疒
礻	疲
神	疲

 회화 한마당

飞机几点起飞, 几点降落? fēi jī jǐ diǎn qǐ fēi, jǐ diǎn jiàng luò 비행기는 몇 시에 뜨고 내립니까?

五点准时起飞, 降落会有变化. wǔ diǎn zhǔn shí qǐ fēi, jiàng luò huì yǒu biàn huà 5시에 어김없이 뜨지만 착륙 시간은 변할 수도 있습니다.

서우 shǒu	젼 zhēn	즈 zhì	만 mǎn
守	眞	志	滿
지킬 수	참 진	뜻 지	찰 만

守真志滿 참된 것을 지키면 뜻이 이루어진다

		守	真
守	守门 (守門) shǒu mén 문지기 守密 (守密) shǒu mì 비밀을 지키다 保守 (保守) bǎo shǒu 보전하여 지킴, 보수적 守口如瓶 (守口如瓶) shǒu kǒu rú píng 입이 무겁다(비밀을 엄수함을 비유) 恪守信誉 (恪守信譽) kè shǒu xìn yù 신용과 명예를 굳게 지킴	丶 宀 宀 宀 守 守	一 十 亣 直 直 真
真	真实 (眞實) zhēn shí 거짓이 없고 참됨, 진실함 真理 (眞理) zhēn lǐ 참된 이치, 도리, 진리 真假 (眞假) zhēn jiǎ 진짜와 가짜 真心实意 (眞心實意) zhēn xīn shí yì 진심, 성심성의 真情实意 (眞情實意) zhēn qíng shí yì 진실한 감정(애정)		

		志	满
志	同志 (同志) tóng zhì 뜻을 힘께 하는 사람, 동지 意志 (意志) yì zhì 뜻, 의지 志愿 (志願) zhì yuàn 지극히 바람 志同道合 (志同道合) zhì tóng dào hé 의기가 투합되고 지향하는 바가 같다 众志成城 (衆志成城) zhòng zhì chéng chéng 여러 사람이 합심하면 성을 이룬다(견고하여 큰 위력을 발휘할 수 있다는 뜻)	一 十 士 志 志 志	氵 汁 洪 满 满 满
满	满员 (滿員) mǎn yuán 인원이 차다 满足 (滿足) mǎn zú 마음에 흡족함, 만족함 丰满 (豊滿) fēng mǎn 풍만함 心满意足 (心滿意足) xīn mǎn yì zú 마음이 몹시 흐뭇하다, 흡족하다 满城风雨 (滿城風雨) mǎn chéng fēng yǔ (주로 나쁜 소문으로) 여론이 분분하다, 소문이 자자함		

飞多长时间? fēi duō cháng shí jiān 몇 시간 동안 나는가요?
大概五个小时. dà gài wǔ ge xiǎo shí 대략 5시간 걸립니다.

逐 物 意 移

주 zhú	우 wù	이 yì	이 yí
逐	物	意	移
쫓을 축	만물 물	뜻 의	옮길 이

逐物意移 물욕을 추구하면 마음이 변한다

逐
- 逐赶(逐趕) zhú gǎn 쫓아냄
- 逐渐(逐漸) zhú jiàn 점차
- 逐客(逐客) zhú kè 손님을 내쫓음
- 随波逐流(隨波逐流) suí bō zhú liú (입장과 주견 없이) 대세를 따르다
- 驱逐出境(驅逐出境) qū zhú chū jìng 국외로 추방하다(쫓아내다)

物
- 动物(動物) dòng wù 새, 짐승 등의 총칭, 동물
- 物质(物質) wù zhì 물건의 본바탕, 물질
- 物尽其用(物盡其用) wù jìn qí yòng (모든) 물건을 십분 활용하다
- 物以类聚(物以類聚) wù yǐ lèi jù 같은 유형의 물건이 한데 모이다, 끼리끼리 모이다(주로 나쁜 사람들이 의기투합하여 한데 어울림을 이름)

意
- 注意(注意) zhù yì (마음에 새겨) 조심함
- 意见(意見) yì jiàn 마음의 생각, 의견
- 意义(意義) yì yì 뜻, 의의
- 意在言外(意在言外) yì zài yán wài 말의 뜻 외에 숨어 있는 딴 뜻(언외지의)
- 称心如意(稱心如意) chèn xīn rú yì 마음에 딱 맞다

移
- 迁移(遷移) qiān yí (움직여) 옮기다, 옮기어 감
- 移山(移山) yí shān 산을 옮김
- 移动(移動) yí dòng 옮겨 움직임
- 移山倒海(移山倒海) yí shān dǎo hǎi 산을 옮기고 바다를 메우다
- 移风易俗(移風易俗) yí fēng yì sú 낡은 풍속과 습관을 고침

逐	物
丁	丿
豖	牛
豖	牛
豕	牜
豖	牞
逐	物

意	移
亠	禾
立	科
音	移
音	移
意	移
意	移

- 班车(班机)提前开. bān chē(bān jī) tí qián kāi 정기 통근차(정기 항공기)가 앞당겨 출발하다.
- 专机提前起飞. zhuān jī tí qián qǐ fēi 전용기(전세기)가 앞당겨 이륙하다.

坚 持 雅 操

坚 jiān	츠 chí	야 yǎ	차오 cāo
堅	持	雅	操
굳을 견	가질 지	맑을 아	절개, 잡을 조

坚持雅操 우아한 지조를 굳게 지킨다

坚
- 坚信 (堅信) jiān xìn 굳게 믿다
- 坚定 (堅定) jiān dìng 꿋꿋하고 바름
- 坚固 (堅固) jiān gù 굳고 튼튼함
- 坚持不懈 (堅持不懈) jiān chí bù xiè 해이되지 않고 견지하다
- 坚如磐石 (堅如磐石) jiān rú pán shí 반석처럼 견고함(단단하다)

持
- 持久 (持久) chí jiǔ 오래 버티어 감
- 坚持 (堅持) jiān chí 굳게 지킴, 견지함
- 持之有恒 (持之有恒) chí zhī yǒu héng 오래도록 견지하다
- 持枪巡逻 (持槍巡邏) chí qiāng xún luó 총을 메고(지니고) 순찰을 돌다
- 持有异议 (持有異議) chí yǒu yì yì 서로 다른 견해를 갖고 있다

坚	持
丨	扌
丨丨	扌
丨丨	扌
収	扌
収	持
坚	持

雅
- 文雅 (文雅) wén yǎ (말, 행동 따위가) 고상하고 우아하다, 점잖다
- 雅观 (雅觀) yǎ guān 보기 좋다
- 雅致 (雅致) yǎ zhì 우아함
- 雅人深致 (雅人深致) yǎ rén shēn zhì 인품이 고상하고 정취가 심원하다
- 谨请雅正 (謹請雅正) jǐn qǐng yǎ zhèng 삼가 바로잡아 주세요

操
- 贞操 (貞操) zhēn cāo 순결한 절개
- 操作 (操作) cāo zuò 운행, 시행함
- 操纵 (操縱) cāo zòng 교묘하게 부림
- 操之过急 (操之過急) cāo zhī guò jí 너무 성급하게 일을 처리하다
- 操持家务 (操持家務) cāo chí jiā wù 집안일을 관리하다(돌봄)

雅	操
冂	扌
牙	扌
邪	捛
邪	捛
雅	操
雅	操

회화 한마당

客轮提前起航. kè lún tí qián qǐ háng 여객선이 규정 시간 전에 떠나다.
货轮提前抛锚. huò lún tí qián pāo máo 화물선이 규정 시간 전에 (앞당겨) 정박하다.

好	爵	自	縻
하오 hǎo	줴 jué	쯔 zì	미 mí
好	爵	自	縻
좋을 호	벼슬 작	스스로 자	얽을 미

好爵自縻 좋은 벼슬이 스스로 따른다

好
- 好人 (好人) hǎo rén 좋은 사람, 참된 사람
- 友好 (友好) yǒu hǎo 사이가 좋음
- 好事 (好事) hǎo shì 좋은 일
- 好景不长 (好景不長) hǎo jǐng bù cháng 호경기는 늘 계속되는 것이 아니다
- 好事多磨 (好事多磨) hǎo shì duō mó 좋은 일에는 방해가 많기 마련이니 꾸준히 열심히 노력해야 한다는 뜻

爵
- 爵位 (爵位) jué wèi 벼슬 자리
- 封爵 (封爵) fēng jué 작위에 봉함
- 加官进爵 (加官進爵) jiā guān jìn jué 승차하다, 관작을 주다
- 爵不自封 (爵不自封) jué bù zì fēng 작위(지위)는 자처하는 것이 아니다(저절로 되는 것이 아니다)

自
- 自动 (自動) zì dòng 스스로 움직임, 자동적으로
- 自然 (自然) zì rán 천연 그대로의 상태, 자연히, 자연적으로
- 运用自如 (運用自如) yùn yòng zì rú 자유롭게 운용하다
- 自然而然 (自然而然) zì rán ér rán 자연적으로
- 自取灭亡 (自取滅亡) zì qǔ miè wáng 자기 스스로 무덤을 파다

縻
- 揽縻 (攬縻) lǎn mí 소고삐를 당김
- 羁縻 (羈縻) jī mí 견제하다
- 縻不住 (縻不住) mí bù zhù 얽맬 수 없다
- 好爵自縻 (好爵自縻) hǎo jué zì mí 벼슬이 스스로 이루어지다
- 难縻人心 (難縻人心) nán mí rén xīn 인심을 잡아 가두기 어렵다(붙잡지 못한다)

회화 한마당

正点到. zhèng diǎn dào 규정 시간(정각)에 도착하다.
晚点十分(钟). wǎn diǎn shí fēn(zhōng) 10분 늦게 도착하다.

都	邑	华	夏
두 dū	이 yì	화 huá	쌰 xià
都	邑	華	夏
도읍 도	고을 읍	빛날 화	여름 하

都邑华夏 (행정관리 체제로 볼 때) 도와 읍으로 된 중국

		都	邑
都	首都 (首都) shǒu dū 서울 都市 (都市) dū shì 도회지 定都 (定都) dìng dū 수도를 정함 滨海都市 (濱海都市) bīn hǎi dū shì 바다에 잇닿은 도시 迁都北京 (遷都北京) qiān dū běi jīng 수도를 베이징으로 옮기다	土 耂 者 者 者 都 都	口 口 吕 吕 吕 邑
邑	迁邑 (遷邑) qiān yì 고을을 옮김 邑宰 (邑宰) yì zǎi 고을 우두머리 通都大邑 (通都大邑) tōng dū dà yì 대도시 邑出狀元 (邑出狀元) yì chū zhuàng yuán 읍에서 장원이 출현하다		
		华	夏
华	华丽 (華麗) huá lì 번화하고 고움, 화려함 年华 (年華) nián huá 시절 华而不实 (華而不實) huá ér bù shí 겉만 번지르 하고 실속이 없다 荣华富贵 (榮華富貴) róng huá fù guì 부귀영화 来华访问 (來華訪問) lái huá fǎng wèn 중국에 방문 옴	丿 亻 亻 化 华 华	一 丆 百 頁 夏 夏
夏	华夏 (華夏) huá xià 중국의 별칭 夏天 (夏天) xià tiān 여름 夏炉冬扇 (夏爐冬扇) xià lú dōng shàn 여름의 화로와 겨울의 부채(시기가 지나서 아무데도 쓸데없는 것이라는 뜻) 酷暑盛夏 (酷暑盛夏) kù shǔ shèng xià 무더운 한여름(음력 6월을 이름)		

请问百货(商店, 大楼)怎么走? qǐng wèn bǎi huò(shāng diàn, dà lóu) zěn me zǒu (문의해도 될까요)
　　　백화점을 어떻게 가나요?
请你一直往前走. qǐng nǐ yī zhí wǎng qián zǒu 계속 (이 방향으로) 곧장 걸어가세요.

东 西 二 京

东 뚱 dōng	西 시 xī	二 얼 èr	京 징 jīng
東 동녘 동	西 서녘 서	二 두 이	京 서울 경

东西二京 동쪽과 서쪽 두 곳(낙양과 장안)에 서울을 두었다

东
- 东家 (東家) dōng jiā 주인집(옛날 고용주의 집을 이름)
- 房东 (房東) fáng dōng 집 주인
- 东扶西倒 (東扶西倒) dōng fú xī dǎo 동쪽을 받쳐주니 서쪽의 것이 무너지다
- 东方欲晓 (東方欲曉) dōng fāng yù xiǎo 동방이 밝아 오다, 날이 밝아 오다
- 东奔西跑 (東奔西跑) dōng bēn xī pǎo (사방으로) 바삐 돌아치다

西
- 西医 (西醫) xī yī 양의사
- 西餐 (西餐) xī cān 서양식 음식
- 西服 (西服) xī fú 양복
- 东零西碎 (東零西碎) dōng líng xī suì 너저분하다(여기저기 마구 흩어진 모양)
- 西天取经 (西天取經) xī tiān qǔ jīng (불교도가) 인도에 가서 불경을 구해오다

二
- 二人 (二人) èr rén 두 사람
- 二等 (二等) èr děng 2등
- 一干二净 (一干二淨) yī gān èr jìng 깨끗함, 모조리
- 说一不二 (說一不二) shuō yī bù èr 두말하지 않다, 말한 대로 함

京
- 京都 (京都) jīng dū 수도, 서울
- 京城 (京城) jīng chéng 수도, 서울
- 北京 (北京) běi jīng 베이징
- 上京告状 (上京告狀) shàng jīng gào zhuàng 상경하여(수도에 가서) 고발하다
- 京沪两市 (京滬兩市) jīng hù liǎng shì 베이징과 상하이 두 도시

东	西
一	一
七	一
车	冂
东	丙
东	西
	西

二	京
一	亠
二	亠
	宁
	宁
	京

 회화 한마당

过马路, 走一会儿. guò mǎ lù, zǒu yī huìr 길을 건너 조금 걸어가세요.
再过立交桥. zài guò lì jiāo qiáo 다시(또) 육교를 건너세요.

背	邙	面	洛
베이 bèi	망 máng	몐 miàn	뤄 luò
背	邙	面	洛
등 배	터 망	낯 면	낙수 락

背邙面洛 (동서울 낙양은) 뒤로 북망산을 등지고 앞쪽은 낙수에 임했다

背
手背 (手背) shǒu bèi 손등
背后 (背後) bèi hòu 뒤, 배후
背诵 (背誦) bèi sòng 암송하다
背道而驰 (背道而馳) bèi dào ér chí 서로 반대되는 방향으로 가다
背信弃义 (背信棄義) bèi xìn qì yì 신의를 저버리다

邙
邙 (邙) máng 중국 허난성의 산
去北邙山 (去北邙山) qù běi máng shān 북망산에 가다

面
脸面 (臉面) liǎn miàn 낯, 얼굴
面不改色 (面不改色) miàn bù gǎi sè 얼굴빛이 하나도 변하지 않다, 태연자약함
面对 (面對) miàn duì 상대함
面色 (面色) miàn sè 얼굴 색(빛)
满面春风 (滿面春風) mǎn miàn chūn fēng 희색이 만면하다, 온 얼굴에 기쁜 기색이다

洛
洛河 (洛河) luò hé 중국 산시성의 강
洛阳纸贵 (洛陽紙貴) luò yáng zhǐ guì 책이 잘 팔리니 종이 값이 오른다는 뜻
去洛衫矶 (去洛衫磯) qù luò shān jī 로스엔젤레스로 가다

회화 한마당

往左拐, 就到了. wǎng zuǒ guǎi, jiù dào le 왼쪽으로 돌면 바로입니다.
如果找不着, 可以问交警. rú guǒ zhǎo bù zháo, kě yǐ wèn jiāo jǐng 만일 찾지 못하면 교통경찰에게 문의하세요.

浮渭据泾 (서서울 장안은) 서북쪽으로 위수와 경수를 끼고 앉았다

浮
- 浮水(浮水) fú shuǐ 물에 뜨다
- 漂浮(漂浮) piāo fú (물에) 뜨다
- 浮想联翩(浮想聯翩) fú xiǎng lián piān 끊임없이 생각이 떠오르다
- 人心浮动(人心浮動) rén xīn fú dòng 사람들의 마음이 들뜨다

浮	渭
冫	冫
氵	沪
浐	渭
浮	渭
浮	渭
浮	渭

渭
- 渭河(渭河) wèi hé 중국 간쑤성의 강
- 泾渭不分(涇渭不分) jīng wèi bù fēn 선악과 시비의 구별이 확실치 않다
- 渭水浊, 泾水清(渭水濁, 涇水清) wèi shuǐ zhuó, jīng shuǐ qīng 위수는 흐리고 경수는 맑다

据
- 占据(占據) zhān jù 차지하여 자리 잡음
- 据有(據有) jù yǒu 점유함
- 根据地(根據地) gēn jù dì 활동의 근거로 삼은 곳, 근거지
- 据理力争(據理力爭) jù lǐ lì zhēng 도리에 비추어 애써 논쟁하다
- 据险固守(據險固守) jù xiǎn gù shǒu 험준한 지형에 의지하여 굳게 지킴

据	泾
一	冫
扌	沪
护	泾
护	泾
据	泾
据	泾

泾
- 泾河(涇河) jīng hé 중국 간쑤성의 강
- 泾渭分明(涇渭分明) jīng wèi fēn míng 선악, 시비나 한계가 분명함
- 丘壑泾渭分明(丘壑涇渭分明) qiū hè jīng wèi fēn míng 견식과 시비가 밝다

离这儿有多远? lí zhèr yǒu duō yuǎn 여기서 얼마나 먼가요?
不太远, 也不算近. bù tài yuǎn, yě bù suàn jìn 그다지 멀지 않지만 가깝지도 않아요.

宮 殿 盤 鬱

宫 gōng	殿 diàn	盘 pán	郁 yù
宮	殿	盤	鬱
집 궁	대궐 전	꾸불 반	우거질 울

宮殿盤鬱 울창한 숲 사이로 궁궐이 서린 듯 세워졌다

宮
- 王宫 (王宮) wáng gōng 왕궁, 임금이 거처하는 집
- 皇宫 (皇宮) huáng gōng 황제의 궁궐
- 少年宫 (少年宮) shào nián gōng 소년궁
- 清宫除道 (淸宮除道) qīng gōng chú dào 손님 맞을 준비를 하다
- 颐和园叫夏宫 (頤和園叫夏宮) yí hé yuán jiào xià gōng 이화원을 (여름에 드는 궁전이라 하여) 하원이라 부른다

殿
- 殿堂 (殿堂) diàn táng 크고 화려한 집, 전당
- 殿下 (殿下) diàn xià 신하가 임금을 이르는 경칭
- 太和殿 (太和殿) tài hé diàn 태화전
- 鲁殿灵光 (魯殿靈光) lǔ diàn líng guāng 명망이 높으면서 살아 있는 매우 드문 인물
- 犹如宫殿 (猶如宮殿) yóu rú gōng diàn 마치 궁전과 같다 (방불케 한다)

宫	殿
丶	尸
宀	屉
宀	展
宁	殿
宫	殿
宫	殿

盘
- 盘旋 (盤旋) pán xuán (공중에서) 빙빙 돌다
- 盘问 (盤問) pán wèn 끝까지 따져 묻다, 캐어 묻다
- 盘山路 (盤山路) pán shān lù 산을 끼고 구불구불 돌아 오르는 길
- 盘根究底 (盤根究底) pán gēn jiū dǐ 일의 근본을 끝까지 캐다
- 盘根错节 (盤根錯節) pán gēn cuò jié 서로 엉키고 복잡하게 맞물리다

郁
- 浓郁 (濃鬱) nóng yù 향기가 매우 진함 (그윽함)
- 郁闷 (鬱悶) yù mèn 마음이 답답함
- 忧郁 (憂鬱) yōu yù 우울하다
- 郁郁葱葱 (鬱鬱葱葱) yù yù cōng cōng 큰나무 등 푸른 숲이 우거진 모양
- 郁郁不乐 (鬱鬱不樂) yù yù bù lè 울적하고 즐겁지 않다 (불쾌하다)

盘	郁
丿	一
力	ナ
舟	冇
舟	有
盘	有阝
盘	郁

 회화 한마당

走着去, 行吗? zǒu zhe qù, xíng ma 걸어서 갈 수 있나요?
得坐五路公共汽车. děi zuò wǔ lù gōng gòng qì chē 5번 공중버스를 타야 합니다.

楼 观 飞 惊

楼 러우 lóu	观 관 guān	飞 페이 fēi	惊 징 jīng
樓 다락 루	觀 볼 관	飛 날 비	驚 놀랄 경

楼观飞惊 경탄을 자아내는 누각은 나는듯이 떠 있다

楼
- 楼房(樓房) lóu fáng 아파트
- 茶楼(茶樓) chá lóu 다방
- 平地楼台(平地樓台) píng dì lóu tái 기초없이 해 놓은 일
- 爬楼梯(爬樓梯) pá lóu tī 아파트 계단을 오르다
- 更上一层楼(更上一層樓) gèng shàng yī céng lóu 더(다시) 한층 위로 오르다(일층 더 진보할 것을 기원할 때 쓰임)

필순: 楼 – 木, 术, 术, 杵, 楼, 楼

观
- 观众(觀衆) guān zhòng 구경꾼들, 관중
- 观点(觀點) guān diǎn 사물을 볼 때 그 사람의 입장, 각도, 관점
- 观察(觀察) guān chá 사물을 주의하여 살펴 봄, 관찰
- 走马观花(走馬觀花) zǒu mǎ guān huā 말 타고 꽃구경하다, 대충 보고 지나가다
- 隔岸观火(隔岸觀火) gé àn guān huǒ 강 건너 불 보듯 하다

필순: 观 – 𠃌, 又, 𥉂, 𥉁, 观, 观

飞
- 飞机(飛機) fēi jī 비행기
- 飞跃(飛躍) fēi yuè 높이 뛰어 오름, 비약
- 飞跑(飛跑) fēi pǎo 날듯이 달리다
- 飞来横祸(飛來橫禍) fēi lái héng huò 뜻밖에 닥친 재난
- 展翅高飞(展翅高飛) zhǎn chì gāo fēi 날개를 쭉 펴고 높이 날다, 급속히 진보 발전함

필순: 飞 – 乁, 飞, 飞

惊
- 惊人(驚人) jīng rén 사람을 놀래움
- 惊喜(驚喜) jīng xǐ 놀라운 기쁨
- 吃惊(吃驚) chī jīng 놀라다
- 惊惶失措(驚惶失措) jīng huáng shī cuò 놀라 허둥대며 어쩔 줄 모르다
- 大惊小怪(大驚小怪) dà jīng xiǎo guài 하찮은 일에 몹시 놀라다

필순: 惊 – 丶, 忄, 忄, 怡, 惊, 惊

或(要)坐小巴(士). huò(yào) zuò xiǎo bā(shì) (혹은) 마을 (작은) 버스를 타야 합니다.
或换乘地铁. huò huàn chéng dì tiě 아니면(혹은) 전철을 갈아 타야 합니다.

图 写 禽 兽

투 tú	셰 xiě	친 qín	써우 shòu
圖	寫	禽	獸
그림 도	쓸 사	새 금	짐승 수

图写禽兽 (궁전에는) 날짐승이며 네 발 짐승들이 그려져 있다

图	地图 (地圖) dì tú 지도 画图 (畫圖) huà tú 그림을 그림 插图 (插圖) chā tú 삽화, 글에 배합된 그림 设计图 (設計圖) shè jì tú 설계도 图景优美 (圖景優美) tú jǐng yōu měi 그림 속의 경치가 아름답다	图 冂 冂 冈 图 图
写	写字 (寫字) xiě zì 글을 씀 写作 (寫作) xiě zuò 글을 지음 初写黄庭 (初寫黃庭) chū xiě huáng tíng 꼭 들어맞다, 제격이다 书写历史 (書寫歷史) shū xiě lì shǐ 역사를 쓰다(편찬하다) 大写特书 (大寫特書) dà xiě tè shū 대서특필함	写 冖 写 写
禽	禽兽 (禽獸) qín shòu 날짐승과 길짐승 家禽 (家禽) jiā qín 집짐승 飞禽 (飛禽) fēi qín 날짐승 衣冠禽兽 (衣冠禽獸) yī guān qín shòu 사람 탈을 쓴 (옷을 걸친) 짐승 不如禽兽 (不如禽獸) bù rú qín shòu 날짐승과 길짐승보다도 못하다	禽 人 今 佥 禽 禽
兽	兽医 (獸醫) shòu yī 수의사 兽行 (獸行) shòu xíng 짐승같은 행실 野兽 (野獸) yě shòu 야생 동물 人面兽心 (人面獸心) rén miàn shòu xīn 사람 탈을 쓴 짐승(의 마음) 兽性大发 (獸性大發) shòu xìng dà fā 야성이 크게 발작하다	兽 丷 产 苎 兽 兽

회화 한마당

麻烦你了, 谢谢! má fan nǐ le, xiè xie 번거롭게 굴었습니다, 고맙습니다.
不必客气. bù bì kè qi 사양마세요.

画 huà	彩 cǎi	仙 xiān	灵 líng
畫	彩	仙	靈
그림 화	채색 채	신선 선	신령 령

画彩仙灵 (궁전에는) 신선과 신령도 채색되어 있다

画
- 绘画 (繪畫) huì huà 그림을 그림
- 图画 (圖畫) tú huà 그림
- 画蛇添足 (畫蛇添足) huà shé tiān zú 뱀을 그리는데 발을 그려 넣다, 쓸데없는 짓
- 画画儿 (畫畫兒) huà huàr 그림을 그림
- 画饼充饥 (畫餅充饑) huà bǐng chōng jī 그림의 떡을 보며 시장기를 달래다(공상을 이룸)

彩
- 彩虹 (彩虹) cǎi hóng 색 무지개
- 彩旗 (彩旗) cǎi qí 색 깃발
- 彩云 (彩雲) cǎi yún 색 무지개
- 丰富多彩 (豊富多彩) fēng fù duō cǎi 풍부하고 다채롭다
- 五彩缤纷 (五彩繽紛) wǔ cǎi bīn fēn 오색찬란하다, 울긋불긋 다채롭다

仙
- 神仙 (神仙) shén xiān 도에 통한 사람, 신선
- 仙女 (仙女) xiān nǚ 선경에 사는 여자, 선녀
- 仙山琼阁 (仙山瓊閣) xiān shān qióng gé 신선이 노니는 성산의 아름다운 누각
- 仙人洞 (仙人洞) xiān rén dòng 선인동
- 八仙过海, 各显神通 bā xiān guò hǎi, gè xiǎn shén tōng 여덟 신선이 바다를 건널 때 제각기 신비로운 법술을 과시하다(저마다 재능을 다 발휘함을 비유)

灵
- 神灵 (神靈) shén líng 신령, 전신
- 灵利 (靈利) líng lì 똑똑하고 민첩함
- 灵丹妙药 (靈丹妙藥) líng dān miào yào 효력 있고 신기한 약
- 灵机一动 (靈機一動) líng jī yī dòng 문득 좋은 생각(방법)이 떠오르다
- 心灵神会 (心靈神會) xīn líng shén huì 마음으로 깨닫고 이해함

画	彩
一	⺈
亓	爫
帀	罒
囲	采
画	彩
画	彩

仙	灵
丿	⼀
亻	⼅
仚	⺕
仙	灵
仙	灵
	灵

회화 한마당

打扰您了, 对不起(不好意思). dǎ rǎo nín le, duì bu qǐ(bù hǎo yì si) 폐를 끼쳐서 미안합니다.
没关系(没啥). méi guān xì(méi shá) 괜찮아요.

빙 bǐng　서 shè　빵 bàng　치 qǐ

丙　舍　傍　啓

10간 셋째 병　집 사　곁 방　열 계

丙舍傍启 별실(신하들이 거처하는 곳)은 (궁전의) 옆으로 통해졌다

丙
- 丙舍 (丙舍) bǐng shè 남쪽, 신하들이 거처하는 별실, 무덤 남쪽에 임시로 지은 상여집
- 甲乙丙 (甲乙丙) jiǎ yǐ bǐng 갑, 을, 병
- 丙子年 (丙子年) bǐng zǐ nián 병자년
- 付于丙丁 (付于丙丁) fù yú bǐng dīng 소각하다(옛날 비밀문서 뒤에 쓰이는 글)
- 坐丙级小车 (坐丙級小車) zuò bǐng jí xiǎo chē 소형 택시를 타다

丙	舍
一	人
冂	个
冂	仐
丙	舍
丙	舍

舍
- 宿舍 (宿舍) sù shè 숙소, 기숙사
- 舍内 (舍內) shè nèi 집안, 숙소안
- 寒舍 (寒舍) hán shè 누추한 (저의) 집(자기를 낮추어 하는 말투)
- 退避三舍 (退避三舍) tuì bì sān shè 멀찌감치 몸을 피하다
- 请到敝舍一坐 (請到敝舍一坐) qǐng dào bì shè yī zuò 어수선한 집이지만 한번 둘러보시지요.

傍
- 傍亮 (傍亮) bàng liàng 동틀 무렵
- 傍晚 (傍晚) bàng wǎn 저녁 무렵
- 傍边 (傍邊) bàng biān 옆, 부근
- 傍人门户 (傍人門戶) bàng rén mén hù 남에게 의지하다
- 依山傍水 (依山傍水) yī shān bàng shuǐ 산을 등지고 강을 끼다

傍	启
亻	丶
亻	冖
仁	冖
伫	户
傍	启
傍	启

启
- 启示 (啓示) qǐ shì 가르치어 보임, 깨우쳐 알림
- 启发 (啓發) qǐ fā 슬기와 재능을 열어줌, 계발함
- 启开 (啓開) qǐ kāi 열다, 떼다
- 承上启下 (承上啓下) chéng shàng qǐ xià 앞의 것을 받아서 뒤에 잇다, 상하 전후 연결
- 启发引导 (啓發引導) qǐ fā yǐn dǎo 깨우쳐주고 이끌어주다

小姐(阿姨)您买什么? xiǎo jiě(ā yi) nín mǎi shén me　아가씨(이모), 뭘 사시겠습니까?
这苹果一斤多少钱(多少钱一斤)? zhè píng guǒ yī jīn duō shǎo qián(duō shǎo qián yī jīn)　이 사과는 한 근에 얼마입니까?

甲 帐 对 楹

甲	帐	对	楹
쟈 jiǎ	쨩 zhàng	뚜이 duì	잉 yíng
甲	帳	對	楹
10간 첫째 갑	장막 장	상대할 대	기둥 영

甲帐对楹 장막(신을 모시는 곳)은 (궁전) 기둥을 마주하고 꾸며졌다

甲	花甲 (花甲) huā jiǎ 회갑 甲族 (甲族) jiǎ zú 지체가 높은 집안 甲舍 (甲舍) jiǎ shè 훌륭한 저택 坚甲利兵 (堅甲利兵) jiān jiǎ lì bīng 장비가 좋은 정예 부대 披甲上阵 (披甲上陣) pī jiǎ shàng zhèn 갑옷 입고(전신 무장하고) 전장에 뛰어들다	甲 帳 丶 冂 冂 巾 日 巾丶 曰 忄 甲 帄 　 帐
帐	蚊帐 (蚊帳) wén zhàng 모기장 帐幕 (帳幕) zhàng mù 둘러치는 막 帐子 (帳子) zhàng zi 휘장, 모기장 青纱帐 (青紗帳) qīng shā zhàng 푸른 장막 帐内结盟 (帳內結盟) zhàng nèi jié méng 장막 안에서 동맹을 체결하다	
对	对手 (對手) duì shǒu 상대자, 적수 核对 (核對) hé duì 대조하다 对等 (對等) duì děng 양쪽이 비슷함 对答如流 (對答如流) duì dá rú liú 대답이 흐르는 물처럼 술술 거침이 없다 对牛弹琴 (對牛彈琴) duì niú tán qín 소귀에 거문고 뜯기, 소귀에 경 읽기	对 楹 フ 木 又 杧 又丶 杧 对 柠 对 楹 　 楹
楹	楹柱 (楹柱) yíng zhù 기둥 楹框 (楹框) yíng kuàng 기둥과 틀 楹联 (楹聯) yíng lián 기둥에 붙인 대련 楹内和睦 (楹內和睦) yíng nèi hé mù 집안이 화목하다	

 회화 한마당

一斤五块五(毛). yī jīn wǔ kuài wǔ máo 한 근에 5원 50전입니다.
还是贵. hái shì guì 여전히 비쌉니다.

肆 筵 设 席

쓰 sì	앤 yán	써 shè	시 xí
肆	筵	設	席
베풀 사	자리 연	베풀 설	자리 석

肆筵设席 돗자리를 마련하고 주연을 베풀다

肆
- 肆赦 (肆赦) sì shè 죄수를 석방함
- 肆德 (肆德) sì dé 큰 덕(을 베풀다)
- 肆既 (肆既) sì jì 마음과 힘을 다함
- 肆筵设席 (肆筵設席) sì yán shè xí 돗자리를 펴서 (연회) 자리를 마련함

筵
- 筵席 (筵席) yán xí 자리, 깔개, 연회장
- 赴筵 (赴筵) fù yán 연회(잔치)에 참석함
- 寿筵 (壽筵) shòu yán 생일잔치
- 盛筵难再 (盛筵難再) shèng yán nán zài 다시 없는 기회
- 大摆喜筵 (大擺喜筵) dà bǎi xǐ yán 축하연을 성대하게 차리다

设
- 摆设 (擺設) bǎi shè 차리다, 진열함
- 设赌 (設賭) shè dǔ 노름판을 벌임
- 设酒 (設酒) shè jiǔ 술자리를 차림
- 设身处地 (設身處地) shè shēn chǔ dì 입장을 바꾸어 생각하다
- 设宴招待 (設宴招待) shè yàn zhāo dài 연회를 베풀어 초대함

席
- 出席 (出席) chū xí 자리에 나감, 출석
- 缺席 (缺席) quē xí 출석하지 않음, 결석
- 主席 (主席) zhǔ xí 주재하거나 다스리는 이, 주석
- 坐不安席 (坐不安席) zuò bù ān xí 조마조마하다, 안절부절 못하다
- 座无虚席 (座無虛席) zuò wú xū xí 빈자리 없이 초만원을 이루다

 회화 한마당

今天大减价. jīn tiān dà jiǎn jià 오늘은 바겐세일입니다.
能不能再便宜点儿? néng bù néng zài pián yi diǎnr 좀더 싸게 줄 수 없나요?

鼓 瑟 吹 笙

구 gǔ　　써 sè　　추이 chuī　　성 shēng

鼓　　瑟　　吹　　笙

북 고　　비파 슬　　불 취　　저 생

鼓瑟吹笙 비파를 타고 생황저를 불어 대다

鼓	鼓角 (鼓角) gǔ jiǎo 북과 나팔 鼓励 (鼓勵) gǔ lì 격려 长鼓舞 (長鼓舞) cháng gǔ wǔ 장고춤 鼓里做梦 (鼓里做夢) gǔ lǐ zuò mèng 실정을 모르고 태평하게 있다 敲锣打鼓 (敲鑼打鼓) qiāo luó dǎ gǔ 징과 북을 치다(보통 경축 행사에 쓰임)
瑟	瑟 (瑟) sè 비파(고대 악기) 瑟 (瑟) sè 중국 허난성에 있는 강 胶柱鼓瑟 (膠柱鼓瑟) jiāo zhù gǔ sè 조금도 융통성이 없다 秋风萧瑟 (秋風蕭瑟) qiū fēng xiāo sè 가을바람이 휘휘 스산하게 불다
吹	吹号 (吹號) chuī hào 나팔을 불다 吹笛(子) (吹笛(子)) chuī dí(zi) 피리를 불다 吹毛求疵 (吹毛求疵) chuī máo qiú cī 털을 불어 헤쳐가며 결점을 찾다, 꼬집다 风吹草动 (風吹草動) fēng chuī cǎo dòng 바람이 풀잎에 스치기만 해도 흔들리다, 아주 작은 일에도 영향을 받다(불안한 모양을 비유)
笙	笙 (笙) shēng 생황저(악기의 일종) 芦笙 (蘆笙) lú shēng 갈대로 만든 생황저 笙磬同音 (笙磬同音) shēng qìng tóng yīn 마음이 아주 잘 어울리다 吹笙弹琴 (吹笙彈琴) chuī shēng tán qín 생황저를 불고 거문고를 타다

鼓	瑟
士	王
吉	珏
壴	珡
尌	琴
鼓	瑟
鼓	瑟

吹	笙
口	𠂉
口	竹
叺	竺
吹	竿
吹	竿
吹	笙

 회화 한마당

可以, 打六折. kě yǐ, dǎ liù zhé　그러지요, 40% 할인해 드리지요.
您要多少(斤)? nín yào duō shǎo(jīn)　얼마나 사겠습니까?

升 阶 纳 陛

升 shēng	阶 jiē	纳 nà	陛 bì
陞	階	納	陛
오를 승	섬돌 계	바칠 납	뜰 폐

升阶纳陛 (문무백관들이) 계단을 올라 궁전에 들어가 예물을 바치다

升
- 升旗 (昇旗) shēng qí 깃발을 게양하다
- 升级 (昇級) shēng jí 등급이 오름, 승급함
- 上升 (上昇) shàng shēng 위로 올라감
- 升堂入室 (昇堂入室) shēng táng rù shì 점점 높은 수준에 이르다
- 升官发财 (昇官發財) shēng guān fā cái 승진하여 부자가 되다

升	阶
ノ	ˊ
二	阝
千	阝
升	阶
	阶
	阶

阶
- 石阶 (石階) shí jiē 돌 층대
- 阶梯 (階梯) jiē tī 층계
- 阶沿石 (階沿石) jiē yán shí 집 입구에 층계로 놓은 돌
- 阶卑职高 (階卑職高) jiē bēi zhí gāo 품계는 낮고 벼슬은 높다
- 登上晋升之阶 (登上晉昇之階) dēng shàng jìn shēng zhī jiē 출세의 계단(경로)에 오르다

纳
- 纳入 (納入) nà rù 세금 등을 바침
- 纳税 (納稅) nà shuì (나라에) 세금을 바침
- 辨纳 (辨納) biàn nà 채납(하다)
- 深文周纳 (深文周納) shēn wén zhōu nà 억지로 죄명을 들씌우다
- 吐故纳新 (吐故納新) tǔ gù nà xīn 낡은 것을 버리고 새로운 것을 받아들임

纳	陛
ノ	ˊ
纟	阝
纟	阝
纟	阝
纟	陛
纳	陛

陛
- 陛槛 (陛檻) bì jiàn 계단 손잡이의 가름대
- 陛下 (陛下) bì xià 임금에 대한 존칭
- 陛贺 (陛賀) bì hè 궁중에 들어가 축하함
- 陛卫 (陛衛) bì wèi 궁전의 경비원
- 进宫陛见 (進宮陛見) jìn gōng bì jiàn 입궐하여 임금을 알현함

要五斤, 给你, 这是二十块(钱). yào wǔ jīn, gěi nǐ, zhè shì èr shí kuài(qián) 다섯 근 주세요, 받아요, 20원입니다.

给您找钱, 请点一下. gěi nín zhǎo qián, qǐng diǎn yī xià 거스름돈입니다, 세어 보세요.

弁 biàn	转 zhuǎn	疑 yí	星 xīng
弁	轉	疑	星
고깔 변	구를 전	의심할 의	별 성

弁转疑星 (그들이 쓴) 고깔의 움직임은 유성인가 의심할 정도이다

弁
- 弁服 (弁服) biàn fú 고대 귀족의 모자와 옷
- 弁言 (弁言) biàn yán 머리말, 서문
- 弁冕 (弁冕) biàn miǎn 옛날 모자의 일종 (빼어남을 비유하여 쓰임)
- 弁冕群英 (弁冕群英) biàn miǎn qún yīng 영웅들 가운데서도 빼어나다
- 弁髦法律 (弁髦法律) biàn máo fǎ lǜ 법률을 경시하다

弁	转
丶	一
厶	土
丛	车
弁	车-
弁	转
	转

转
- 转身 (轉身) zhuǎn shēn 몸을 돌림
- 转弯(儿) (轉彎(兒)) zhuǎn wān(r) 에두르다, 모퉁이를 돌다
- 转椅 (轉椅) zhuàn yǐ 회전의자
- 晕头转向 (暈頭轉向) yūn tóu zhuǎn xiàng 머리가 혼란스러워 뭐가 뭔지 모르다
- 时来运转 (時來運轉) shí lái yùn zhuǎn 때가 되어 좋은 운이 트이다

疑
- 怀疑 (懷疑) huái yí 의심(하다)
- 疑点 (疑點) yí diǎn 의심스러운 점
- 疑心 (疑心) yí xīn 의심
- 疑神疑鬼 (疑神疑鬼) yí shén yí guǐ 이것저것을 의심하다
- 坚信不疑 (堅信不疑) jiān xìn bù yí 굳게 믿어 의심치 않음

疑	星
匕	口
матс	日
疑	旦
疑	星
疑	星
疑	星

星
- 星星 (星星) xīng xīng 별(무리)
- 明星 (明星) míng xīng 명성이 뛰어난 사람, 스타
- 星火燎原 (星火燎原) xīng huǒ liáo yuán 작은 불티가 들판을 태우다 (새 사물이 생명력이 강함을 비유)
- 大步流星 (大步流星) dà bù liú xīng 큰 걸음으로 빠르게 지나가다
- 三星将军 (三星將軍) sān xīng jiāng jūn 3성 장군

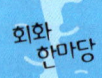
회화 한마당

没错. méi cuò 틀림없습니다.
欢迎(您)再来. huān yíng(nín) zài lái 또 오시면 잘 모시겠습니다.

右 通 广 內

유 yòu	퉁 tōng	광 guǎng	네이 nèi
右	通	廣	內
오른쪽 우	통할 통	넓을 광	안 내

右通广内 (한 무제의 정전[正殿]) 오른쪽은 장서각으로 통했다

		右	通
右	左右(左右) zuǒ yòu 왼쪽과 오른쪽, 대략… 정도 右方(右方) yòu fāng 오른쪽 방향(방면) 右侧(右側) yòu cè 오른쪽, 우측 左顾右盼(左顧右盼) zuǒ gù yòu pàn 사위를 두리번두리번 살피다 左右开弓(左右開弓) zuǒ yòu kāi gōng 왼손과 오른손 모두 활을 쏠 수 있다, 여러가지 일을 동시에 막힘 없이 함	一 ナ オ 右 右	丁 丹 甬 甬 涌 通
通	通行(通行) tōng xíng 길을 통해 다님, 통행 通过(通過) tōng guò 통하여 지나가거나 옴, 통과함 交通(交通) jiāo tōng 교통 通情达理(通情達理) tōng qíng dá lǐ 사리에 밝다 互通情报(互通情報) hù tōng qíng bào 서로 정보(소식)를 교환함		
广	广阔(廣闊) guǎng kuò 넓고 트임 广场(廣場) guǎng chǎng 너른 마당, 광장 广大(廣大) guǎng dà 넓고 큼, 광대함 广开言路(廣開言路) guǎng kāi yán lù 언론의 도경, 형식을 넓히다 神通广大(神通廣大) shén tōng guǎng dà 신통력(재간)이 대단하다	广 、 宀 广	内 丨 冂 内 内
內	内外(內外) nèi wài 안과 밖 内容(內容) nèi róng 사물의 속내 또는 실속, 내용 内衣(內衣) nèi yī 속옷 内外交困(內外交困) nèi wài jiāo kùn 안팎으로 궁지에 빠지다 内紧外松(內緊外松) nèi jǐn wài sōng 안으로는 엄격히 통제하나 겉으로는 느슨하다		

谢谢你. xiè xie nǐ 감사합니다.
不客气! bù kè qi 천만에요!

쥐 zuǒ 　　다 dá 　　청 chéng 　　밍 míng
左　　　達　　　承　　　明
왼쪽 좌　통달할 달　이을 승　밝을 명

左达承明 왼쪽은 저서실(著书室)로 갈수 있었다

左	左手 (左手) zuǒ shǒu 왼손 左边 (左邊) zuǒ biān 왼쪽 左侧 (左側) zuǒ cè 왼쪽 방향, 좌측 左右为难 (左右爲難) zuǒ yòu wéi nán 어느 쪽으로 해도 난처하다 左邻右舍 (左鄰右舍) zuǒ lín yòu shè 이웃(집), 인근	左 达 一 一 ナ ナ ナ 大 左 た 左 达 　 达
达	表达 (表達) biǎo dá 표달하다 达成 (達成) dá chéng 도달함, 달성함 到达 (到達) dào dá 목적한 데에 미침 四通八达 (四通八達) sì tōng bā dá 이리저리 사방으로 통하다 词不达意 (詞不達意) cí bù dá yì 말이나 글의 뜻이 통하지 않음	
承	继承 (繼承) jì chéng 이어받음, 계승함 承担 (承擔) chéng dān (책임을) 지다 承继人 (承繼人) chéng jì rén 상속인 承先启后 (承先啓后) chéng xiān qǐ hòu 선인들의 뒤를 이어 계속 발전시키다 承上启下 (承上啓下) chéng shàng qǐ xià 아래와 위를 잇다(연결하다)	承 明 フ 冂 了 日 矛 日 承 明 承 明 承 明
明	明白 (明白) míng bái 아주 분명함 明确 (明確) míng què 명확함, 확실함 明亮 (明亮) míng liàng 환히 밝음 明知故犯 (明知故犯) míng zhī gù fàn 번연히 알면서도 일부러 죄를 범하다 光明磊落 (光明磊落) guāng míng lěi là 정정당당하다, 떳떳함	

회화 한마당

您这酒店也可以住吗? nín zhè jiǔ diàn yě kě yǐ zhù ma　이 주점(호텔)에도 들 수 있나요?
当然可以, 欢迎您. dāng rán kě yǐ, huān yíng nín　물론이지요, 어서 오세요.

既 集 坟 典

찌 jì	지 jí	번 fén	댄 diǎn
旣	集	墳	典
이미 기	모을 집	무덤 분	법 전

既集坟典 이미 (3황5제의 글월인) 분, 전 등의 경전 명작을 모았다

既

- 既然 (旣然) jì rán …다면, …바 하고는
- 既得权 (旣得權) jì dé quán 기득권
- 既成事实 (旣成事實) jì chéng shì shí 기성(기정) 사실
- 既来之, 则安之 (旣來之, 則安之) jì lái zhī, zé ān zhī 기왕 온 바에 편안하게 지내다
- 既往不咎 (旣往不咎) jì wǎng bù jiù 과거의 잘못을 묻지 않음

既	集
ㄱ	亻
ㅋ	亠
貝	佳
皀	隹
旣	隼
既	集

集

- 集会 (集會) jí huì 모임, 회합
- 集市 (集市) jí shì 시장
- 集合 (集合) jí hé 집합, 모임
- 集体 (集體) jí tǐ 집체, 단체
- 集思广益 (集思廣益) jí sī guǎng yì 의견을 모으면 좋은 효과를 거둔다

坟

- 坟墓 (墳墓) fén mù 묘, 묘지
- 坟山 (墳山) fén shān 묘지로 쓰는 산
- 上坟 (上墳) shàng fén 성묘하다
- 自掘坟墓 (自掘墳墓) zì jué fén mù 스스로 자기 무덤을 파다
- 清明节去上坟 (清明節去上墳) qīng míng jié qù shàng fén 청명절에 성묘하러 가다

坟	典
一	丶
土	冂
扌	曰
圤	曲
坟	典
坟	典

典

- 词典 (詞典) cí diǎn 사전
- 药典 (藥典) yào diǎn 약전
- 典礼 (典禮) diǎn lǐ 중요한 행사 의식, 축제
- 引经据典 (引經據典) yǐn jīng jù diǎn 경서나 고사를 응용하다
- 功读经典 (功讀經典) gōng dú jīng diǎn 경전을 열심히 읽다

饭店, 酒店有什么不同? fàn diàn, jiǔ diàn yǒu shén me bù tóng 반점과 주점은 어떻게 다른가요?
经营目的, 对象差不多, 只是名称不同. jīng yíng mù di, duì xiàng chà bù duō, zhǐ shìng míng chēng bù tóng 명칭이 다를 뿐 경영 목적과 경영 대상은 비슷하답니다.

亦	聚	群	英
이 yì	쥐 jù	췬 qún	잉 yīng
亦	聚	群	英
또 역	모을 취	무리 군	뛰어날, 꽃부리 영

亦聚群英 뿐만 아니라 수많은 영재들이 모여들었다

亦	亦然 (亦然) yì rán 의연히, 역시 그렇다 亦即 (亦即) yì jí 즉, 다시 말하면 亦步亦趋 (亦步亦趨) yì bù yì qū 남이 걸으면 따라서 걷는다, 남의 장단에 춤을 추다 反之亦然 (反之亦然) fǎn zhī yì rán 뒤집어도 역시 마찬가지이다 亦工亦农 (亦工亦農) yì gōng yì nóng 노동자이자 농민이다, 공장 일도 하고 농사 일도 함	
聚	聚众 (聚衆) jù zhòng 많은 사람을 끌어 모으다 团聚 (團聚) tuán jù 단란하게 모임 聚一聚 (聚一聚) jù yī jù 한데(함께) 모임 聚精会神 (聚精會神) jù jīng huì shén 정신을 집중하다 欢聚一堂 (歡聚一堂) huān jù yī táng 즐겁게 한자리에 모임	
群	一群 (一群) yī qún 한떼(무리, 패) 群众 (群衆) qún zhòng 대중, 군중 兽群 (獸群) shòu qún 짐승무리, 짐승떼 群威群胆 (群威群膽) qún wēi qún dǎn 뭇사람의 힘과 용기를 발휘하다 群策群力 (群責群力) qún cè qún lì 여러 사람이 모두 방법을 내놓고 힘을 모으다	
英	英雄 (英雄) yīng xióng 영웅 英才 (英才) yīng cái 재간이 뛰어난 인재, 영재 英明 (英明) yīng míng 뛰어나게 사리에 밝음, 영명함 英姿焕发 (英姿煥發) yīng zī huàn fā 씩씩하고 늠름한 자태가 빛나다(돋보이다) 英勇善战 (英勇善戰) yīng yǒng shàn zhàn 용감히 선전하다	

亦	聚
、	耳
亠	取
广	取
亣	聚
亦	聚
亦	聚

群	英
彐	艹
尹	艹
君	苂
君	苂
群	英
群	英

有房间(床位)吗? yǒu fáng jiān(chuáng wèi) ma 방이 있습니까?
有, 要住什么样的房间? yǒu, yào zhù shén me yàng de fáng jiān 있습니다, 어떤 방을 쓸래요?

杜 藁 钟 隶

뚜 dù	가오 gǎo	충 zhōng	리 lì
杜	藁	鐘	隸
막을 두	짚 고	쇠북 종	글씨 예

杜藁钟隶 두도(杜度)의 초서체와 종요(钟繇)의 예서체(가 눈길을끌었다)

		杜	藁
杜	杜绝(杜絶) dù jué 막아서 끊어버림, 두절 杜口(杜口) dù kǒu 구멍을 막음 杜门谢客(杜門謝客) dù mén xiè kè 문을 닫고 손님을 사절하다 防微杜渐(防微杜漸) fǎng wēi dù jiān 나쁜 일이 경미할 때 더 커지지 못하게 방지하다, 사전에 미리 방지함	一 十 木 木 杜	艹 艹 莒 蒿 蒿 藁
藁	藁城县(藁城縣) gǎo chéng xiàn 중국 허베성의 고성현(지명 이름)		

		钟	隶
钟	钟楼(鐘樓) zhōng lóu 시계답 钟表(鐘表) zhōng biǎo 시계 九点钟(九點鐘) jiǔ diǎn zhōng 9시 钟灵毓秀(鐘靈毓秀) zhōng líng yù xiù 좋은 환경에서 우수한 인물이 나오다 敲响丧钟(敲響喪鐘) qiāo xiǎng sāng zhōng 조종(吊鐘)을 울리다, 사망(멸망)을 알림	ノ ㅅ 乍 钅 钊 钟	一 ㄱ ㅋ ㅋ 尹 尹 隶
隶	隶字(隸字) lì zì 예서체로 쓴 글씨 隶篆(隸篆) lì zhuàn 예서체와 전서체 隶书体(隸書體) lì shū tǐ 예서체 善写隶书(善寫隸書) shàn xiě lì shū 예서체를 즐겨 쓰다		

 标准间一天多少? biāo zhǔn jiān yī tiān duō shǎo 보통방은 하루에 얼마지요?
一天一百五(十块). yī tiān yī bǎi wǔ(shí kuài) 하루에 150원입니다.

漆 书 壁 经

치 qī	수 shū	삐 bì	징 jīng
漆	書	壁	經
옻칠 칠	글 서	벽 벽	글 경

漆书壁经 (장자의) 남화진경(南华真经)과 (공자의 집 벽의) 고문서경(古文书经)(이 황홀경을 이루었다)

漆
- 漆黑 (漆黑) qī hēi 어두컴컴함
- 油漆 (油漆) yóu qī 페인트
- 上漆 (上漆) shàng qī 페인트를 칠함
- 漆黑一团 (漆黑一團) qī hēi yī tuán 시꺼멓다, 깜깜하다(밤)
- 涂上黑漆 (塗上黑漆) tú shàng hēi qī 검은색 페인트를 칠하다

漆	书
氵	一
氵	彐
汱	书
泺	书
漆	
漆	

书
- 书写 (書寫) shū xiě 글(문장)을 지음, 글을 쓰다
- 书法 (書法) shū fǎ 글씨 쓰는 법
- 证书 (證書) zhèng shū 사실 증명의 문서, 증서
- 书不尽言 (書不盡言) shū bù jìn yán 글로써 (말을) 충분히 표현할 수 없다
- 罄竹难书 (罄竹難書) qìng zhú nán shū 죄가 너무 커서 다 못 적다

壁
- 壁画 (壁畫) bì huà 벽에 그린 그림, 벽화
- 隔壁 (隔壁) gé bì 이웃(집)
- 墙壁 (墻壁) qiáng bì 벽
- 铜墙铁壁 (銅墻鐵壁) tóng qiáng tiě bì 금성철벽(방어가 견고하다는 뜻)
- 壁垒森严 (壁壘森嚴) bì lěi sēn yán 보루의 경계가 삼엄함

壁	经
尸	乙
启	纟
启	纟
辟	纠
辟	经
壁	经

经
- 圣经 (聖經) shèng jīng 성경
- 经书 (經書) jīng shū 경서
- 念经 (念經) niàn jīng 경문을 읽다
- 和尚念经 (和尚念經) hé shang niàn jīng 스님이 경 읽기(같은 말을 되풀이함을 비유)

单人(双人)间在哪? dān rén(shuāng rén) jiān zài nǎ 1인(2인)방은 어디에 있나요?
在二楼, 二零五号. zài èr lóu, èr líng wǔ hào 2층 205호입니다.

府 罗 将 相

府 부 fǔ	罗 뤄 luó	将 쟝 jiàng	相 썅 xiàng
府 관청 부	羅 벌릴 라	將 장수 장	相 재상 상

府罗將相 관부에는 장수와 정승들이 늘어섰다

府
- 政府 (政府) zhèng fǔ 정부
- 王府 (王府) wáng fǔ 왕궁
- 总统府 (總統府) zǒng tǒng fǔ 대통령 관저
- 胸无城府 (胸無城府) xiōng wú chéng fǔ 솔직하고 숨김없다
- 访问贵府 (訪問貴府) fǎng wèn guì fǔ 귀댁을 방문하렵니다

府	罗
广	冖
广	四
广	四
庐	罖
府	罗
府	罗

罗
- 网罗 (網羅) wǎng luó 통틀어 얽음
- 罗列 (羅列) luó liè 죽 벌여 놓음
- 罗雀掘鼠 (羅雀掘鼠) luó què jué shǔ 애써 먹을 것을 얻어 들이다
- 星罗棋布 (星羅棋布) xīng luó qí bù 별처럼 늘어서고 바둑알처럼 널리다, 사방에 총총히 분포됨
- 张罗费用 (張羅費用) zhāng luó fèi yòng 용돈을 마련함

将
- 将帅 (將帥) jiàng shuài 군의 우두머리
- 将士 (將士) jiàng shì 장교와 병사
- 将门有将 (將門有將) jiàng mén yǒu jiàng 장군의 가문에 장군이 나다
- 将军 (將軍) jiàng jūn 장군
- 老将出马 (老將出馬) lǎo jiàng chū mǎ 노장(베테랑)이 직접 나서다

将	相
丬	十
丬	才
丬	木
丬	札
将	机
将	相

相
- 首相 (首相) shǒu xiàng 수상
- 宰相 (宰相) zǎi xiàng 재상
- 相公 (相公) xiàng gōng 상공 (재상 혹은 선비, 남편을 높여 부르는 말)
- 文化相 (文化相) wén huà xiàng 문화상(문화부장관)
- 相门有相 (相門有相) xiàng mén yǒu xiàng 재상 가문에서 재상이 난다, 이름난 가문에서 인재가 난다

在哪办住房手续? zài nǎ bàn zhù fáng shǒu xù 입주 수속은 어디서 하나요?
请先出示您的护照, 再填写表格. qǐng xiān chū shì nín de hù zhào, zài tián xiě biǎo gé 먼저 당신의 여권을 제시한 다음에 입주 신청서를 쓰세요.

路 侠 槐 卿

루 lù　　샤 xiá　　화이 huái　　칭 qīng

路　　俠　　槐　　卿

길 로　　호협할, 낄 협　　홰나무 괴　　벼슬 경

路俠槐卿 행길에는 공경과 대부들이 즐비하게 이어졌다

路	
	道路 (道路) dào lù 통행하는 길, 도로
	路标 (路標) lù biāo 길 표지
	路线 (路線) lù xiàn 일정한 길, 노선
	路不拾遗 (路不拾遺) lù bù shí yí 길에 물건이 떨어져도 줍지 않는다
	冤家路窄 (冤家路窄) yuān jiā lù zhǎi 원수는 외나무다리에서 만나다
侠	
	侠客 (俠客) xiá kè 협객
	侠气 (俠氣) xiá qì 호협한 기상
	侠义心肠 (俠義心腸) xiá yì xīn cháng 의협심
	侠情满怀 (俠情滿懷) xiá qíng mǎn huái 의협심이 가슴속에 꽉 차다
	行侠作义 (行俠作義) xíng xiá zuò yì 의협심을 발휘하여 의로운 일을 하다
槐	
	槐树 (槐樹) huái shù 홰나무
	槐花 (槐花) huái huā 홰나무 꽃
	三槐 (三槐) sān huái 벼슬 자리를 뜻하는 말(중국 주나라 조정의 뜰에 홰나무 세 그루를 심어 삼공의 좌석을 표시한데서 유래됨)
	指桑骂槐 (指桑罵槐) zhǐ sāng mà huái 빗대고 욕하다
	做槐安梦 (做槐安夢) zuò huái ān mèng 인생의 덧없음을 이름, 일장춘몽
卿	
	卿相 (卿相) qīng xiàng 재상
	卿子 (卿子) qīng zǐ 귀공자
	干卿何事 (干卿何事) gān qīng hé shì 남의 싸움에 칼 빼기
	卿卿我我 (卿卿我我) qīng qīng wǒ wǒ 남녀가 화목하고 친절하게 지내는 모양

路	侠
口	亻
足	亻
足	仁
趵	伫
政	伩
路	侠

槐	卿
木	乙
枊	廾
柚	㐁
枊	卬
槐	卿
槐	卿

什么时候办住房手续? shén me shí hòu bàn zhù fáng shǒu xù 입주 수속은 언제 합니까?
现在就可以办. xiàn zài jiù kě yǐ bàn 지금 바로 해도 됩니다.

户 封 八 县

户 hù	封 fēng	八 bā	县 xiàn
戶	封	八	縣
집 호	봉할 봉	여덟 팔	고을 현

户封八县 (한무제는 공에 따라) 제후들에게 여덟 개 현을 떼어 주었다

户
- 户主 (戶主) hù zhǔ 호주, 집주인
- 户口 (戶口) hù kǒu 호수와 식구수, 호구, 호적
- 户口本 (戶口本) hù kǒu běn 호적부
- 户枢不蠹 (戶樞不蠹) hù shū bù dù 문지도리는 좀이 먹지 않는다(정상적으로 움직이는 물건은 침식되지 않음을 뜻함)
- 走门串户 (走門串戶) zǒu mén chuàn hù 이 집 저 집 돌아다니다, 온 마을을 돌다

户	封
`	土
⁓	圭
⁓	圭
户	圭
	封
	封

封
- 封王 (封王) fēng wáng 왕으로 봉함
- 封爵 (封爵) fēng jué 작위를 주다(현재는 고위직을 준다는 부정적 의미로 쓰임)
- 封闭 (封閉) fēng bì 봉폐됨
- 封官许愿 (封官許願) fēng guān xǔ yuàn 관직을 주거나 요구를 들어주다
- 分封诸侯 (分封諸侯) fēn fēng zhū hóu 제후를 분봉함

八
- 八开 (八開) bā kāi 팔등분
- 八折 (八折) bā zhé 20퍼센트 할인
- 八方呼应 (八方呼應) bā fāng hū yìng 여기저기서 호응해 나서다
- 四通八达 (四通八達) sì tōng bā dá 이리저리 사방으로 통함, 사통팔달
- 十八层地狱 (十八層地獄) shí bā céng dì yù 십팔층 지옥(가장 고통스런 경지를 비유함)

八	县
ノ	一
八	冂
	目
	且
	县
	县

县
- 县 (縣) xiàn 중국의 지방 행정구역(郡에 해당)
- 县长 (縣長) xiàn zhǎng 현장(군수에 해당)
- 赤县神州 (赤縣神州) chì xiàn shén zhōu 중국의 별칭
- 县级市管理 (縣級市管理) xiàn jí shì guǎn lǐ 현급 시 체제 관리를 실시하다

您打算住几天? nín dǎ suàn zhù jǐ tiān 며칠 동안 투숙할 예정입니까?
只住一天. zhǐ zhù yī tiān 단 하루만 있을 겁니다.

家给千兵

家 jiā	给 gěi, jǐ	千 qiān	兵 bīng
家	给	千	兵
집 가	줄 급	일천 천	군사 병

家给千兵 공신(집)에게는 천 명의 군대를 상으로 주었다

家
- 家庭 (家庭) jiā tíng 집안, 가정
- 家长 (家長) jiā zhǎng 집안의 어른, 가장
- 婆家 (婆家) pó jiā 시집, 시댁
- 回娘家 (回娘家) huí niáng jiā 친정으로 돌아감
- 家常便饭 (家常便飯) jiā cháng biàn fàn 평소 집에서 하는 식사(일반적임을 뜻함)
- 无家可归 (無家可歸) wú jiā kě guī 돌아갈 집(곳)이 없다

家	给
宀	乙
宀	幺
宀	纟
家	纱
家	纱
家	给

给
- 供给 (供給) gōng jǐ 물품을 제공함, 공급
- 送给 (送給) sòng gěi 보내줌
- 让给 (讓給) ràng gěi 양보해주다
- 自给自足 (自給自足) zì jǐ zì zú 자기의 수요를 자기가 (생산하여) 충당함
- 自给有余 (自給有餘) zì jǐ yǒu yú 자급하고도 여유가 있음

千
- 千秋 (千秋) qiān qiū 천년같이 긴 세월
- 千变万化 (千變萬化) qiān biàn wàn huà 끊임없이 변하다
- 千载难逢 (千載難逢) qiān zǎi nán féng 천년 가도 만나기 어렵다(매우 얻기 힘든 아주 귀한 기회)
- 千辛万苦 (千辛萬苦) qiān xīn wàn kǔ 매우 고생함
- 千篇一律 (千篇一律) qiān piān yī lǜ (문장 따위가) 모두 똑같이 조금도 변화가 없음

千	兵
丿	丿
二	厂
千	斤
	斤
	丘
	兵

兵
- 兵器 (兵器) bīng qì 전쟁 기구의 총칭, 병기, 무기
- 炮兵 (炮兵) pào bīng 대포를 부리는 부대, 포병
- 兵荒马乱 (兵荒馬亂) bīng huāng mǎ luàn 전시에 세상이 어수선하다
- 按兵不动 (按兵不動) àn bīng bù dòng (절대로, 좀처럼) 대오를 움직이지 않는다
- 兵贵神速 (兵貴神速) bīng guì shén sù 군사는 신속성이 첫째이다

- 您几点退房? nín jǐ diǎn tuì fáng 몇 시에 체크아웃할 겁니까?
- 下午五点我就要走了. xià wǔ wǔ diǎn wǒ jiù yào zǒu le 오후 5시에 곧 떠날 겁니다.

高 冠 陪 辇

高 까오 gāo	冠 꽌 guān	陪 페이 péi	辇 녠 niǎn
高 높을 고	冠 갓 관	陪 모실 배	輦 연 련

高冠陪辇 (황제가 출행할 때에는) 관을 쓴 문관들이 배동해 나섰다

高	崇高 (崇高) chóng gāo 숭엄하고 고상함 高低 (高低) gāo dī 높고 낮음 高唱 (高唱) gāo chàng 높이 부름 高瞻远瞩 (高瞻遠矚) gāo zhān yuǎn zhǔ 멀리 앞일을 내다보다 眼高手低 (眼高手低) yǎn gāo shǒu dī 눈만 높고 손재주는 없다, 원하는 기준은 높지만 실제 능력은 없다
冠	戴冠 (戴冠) dài guān 갓을 씀 鸡冠 (鷄冠) jī guān 닭의 볏, 맨드라미 冠冕堂皇 (冠冕堂皇) guān miǎn táng huáng 겉모양이 번지르하다, 허울이 좋다 冠盖云集 (冠蓋雲集) guān gài yún jí 고위 벼슬아치들이 모여들다 李下不整冠 (李下不整冠) lǐ xià bù zhěng guān 오얏나무 밑에서 갓을 고쳐 쓰지 마라 (의심받을 일은 아예 하지 말라는 뜻)
陪	陪酒 (陪酒) péi jiǔ 술자리에서 시중을 들다 陪同 (陪同) péi tóng 시중들다 陪客 (陪客) péi kè 손님을 모시다 陪太子读书 (陪太子讀書) péi tài zǐ dú shū 남의 비위를 맞추다 陪伴同行 (陪伴同行) péi bàn tóng xíng 동행하여 함께 가다, 수행하다
辇	辇车 (輦車) niǎn chē 임금을 뒤따르는 수레 辇土 (輦土) niǎn tǔ 인력거로 흙을 옮기다 辇运 (輦運) niǎn yùn 수레로 화물을 운송하다 龙车凤辇 (龍車鳳輦) lóng chē fèng niǎn 임금이 타는 수레

高	冠
亠	冖
亠	宀
宁	冗
高	冗
高	冠
高	冠

陪	辇
了	二
阝	夫
阝	扶
阝	𣏌
阝	辇
陪	辇

在哪付(交)款? zài nǎ fù(jiāo) kuǎn 어디서 계산하지요?
请到付(交)款处去付(交). qǐng dào fù(jiāo) kuǎn chù qù fù(jiāo) 계산대에 가서 지불하세요.

驱 毂 振 缨

취 qū	구 gǔ	쩐 zhèn	잉 yīng
驅	轂	振	纓
몰 구	바퀴 곡	떨칠 진	끈 영

驱毂振缨 거가가 달릴 때면 갓이 달린 투구를 쓴 무관들이 뒤따랐다

驱
- 驱赶 (驅趕) qū gǎn 쫓아버림
- 驱逐 (驅逐) qū zhú 몰아냄
- 长驱 (長驅) cháng qū 빨리 내달리다
- 长驱直入 (長驅直入) cháng qū zhí rù 파죽지세로 쳐들어가다
- 并驾齐驱 (并駕齊驅) bìng jià qí qū 어깨를 나란히 하고 달리다

驱	毂
丆	士
马	吉
马	壴
马丆	𧾷
马又	彀
驱	毂

毂
- 车毂 (車轂) chē gǔ 수레바퀴
- 毂辘 (轂轆) gǔ lù 수레바퀴
- 肩摩毂击 (肩摩轂擊) jiān mó gǔ jī 오가는 사람과 수레들로 붐비다
- 绾毂要道 (綰轂要道) wǎn gǔ yào dào 사방을 연결하고 제어하는 중요한 도로

振
- 振兴 (振興) zhèn xīng 떨쳐 일으킴, 진흥
- 振作 (振作) zhèn zuò 정신을 차리다(가다듬다)
- 振臂高呼 (振臂高呼) zhèn bì gāo hū 분기하여 팔을 휘두르며 높이 외치다
- 精神振奋 (精神振奮) jīng shén zhèn fèn 정신이 분발함
- 食欲不振 (食慾不振) shí yù bù zhèn 식욕이 부진함

振	缨
扌	纟
扩	纠
护	纫
护	缌
拒	缨
振	缨

缨
- 缨穗 (纓穗) yīng suì 옥수수 이삭 모양의 실로 만든 장식품
- 披发缨冠 (披發纓冠) pī fà yīng guān 머리가 흐트러진 채 관을 쓰다
- 手执缨枪 (手執纓槍) shǒu zhí yīng qiāng 손에 솔을 단 창을 들다(부여잡다)

这是房间钥匙. zhè shi fáng jiān yào shi 이것은 방의 열쇠입니다.
可以放在柜台吗? kě yi fàng zài guì tāi ma 카운터에 맡겨도 되나요?

世禄侈富 오랫동안 국록을 받아 사치하고 풍요롭게 지낸다

世
- 世人(世人) shì rén 세상 사람들
- 世界(世界) shì jiè 온 세상, 세계
- 今世(今世) jīn shì 현시대
- 举世闻名(舉世聞名) jǔ shì wén míng 온 세상에 널리 이름이 날리다
- 世上无难事(世上無難事) shì shàng wú nán shì 세상에는 (하지 못할)어려운 일이 없다

禄
- 禄位(祿位) lù wèi 봉급과 벼슬
- 禄养(祿養) lù yǎng 녹봉으로 (부모를) 봉양하다
- 无功受禄(無功受祿) wú gōng shòu lù (별로 크게) 하는 일 없이 보수를 받다
- 高官厚禄(高官厚祿) gāo guān hòu lù 높은 관직에 많은 봉록을 받다

世	禄
一	礻
十	礻
卄	礻
卄	祀
世	袸
	祿

侈
- 侈谈(侈談) chǐ tán 허풍을 떨다, 큰 소리를 침
- 侈口(侈口) chǐ kǒu 너무 불어대다
- 奢侈(奢侈) shē chǐ 분수없이 호사함, 사치
- 穷奢极侈(窮奢極侈) qióng shē jí chǐ 사치가 극도에 달하다
- 追求奢侈(追求奢侈) zhuī qiú shē chǐ 사치를 추구함

富
- 富裕(富裕) fù yù 재물이 넉넉함
- 丰富(豊富) fēng fù 풍부함
- 富贵荣华(富貴榮華) fù guì róng huá 부귀와 영화
- 贫富差别(貧富差別) pín fù chà bié 가난과 부자간의 차별
- 富富有余(富富有餘) fù fù yǒu yú 매우 여유가 있다(넉넉함)

侈	富
丿	宀
亻	宀
亻	宫
伊	宫
侈	宮
侈	富

您这能兑换外币吗? nín zhè néng duì huàn wài bì ma 여기서 외화를 환전할 수 있나요?
可以兑换世界主要货币. kě yi duì huàn shì jiè zhǔ yào huò bì 세계의 주요 화폐는 모두 바꿀 수 있습니다.

车驾肥轻

车 처 chē	驾 쨔 jià	肥 베이 féi	轻 칭 qīng
車 수레 차	駕 멍에 가	肥 살찔 비	輕 가벼울 경

车驾肥轻 멍에를 멘 말까지 살찌니 수레도 가볍게 내달린다

车
- 车辆 (車輛) chē liàng 여러 수레의 총칭
- 车祸 (車禍) chē huò 차 사고
- 轿车 (轎車) jiào chē 승용차
- 火车 (火車) huǒ chē 기차
- 车水马龙 (車水馬龍) chē shuǐ mǎ lóng 차가 꼬리를 물고 이어지다

车
一
七
车
车

驾
- 驾驶 (駕駛) jià shǐ 운전하다
- 驾临 (駕臨) jià lín 왕림하다
- 驾驶员 (駕駛員) jià shǐ yuán 운전사, 조종사
- 驾轻就熟 (駕輕就熟) jià qīng jiù shú 아는 길을 가듯이 일을 쉽게 처리하다
- 驾驶汽车 (駕駛汽車) jià shǐ qì chē 자동차를 운전하다

驾
丁
力
加
加
驾
驾

肥
- 肥大 (肥大) féi dà (의복 따위가) 너무 커서 헐렁함
- 肥胖 (肥胖) féi pàng 뚱뚱함
- 肥肉 (肥肉) féi ròu 기름진 고기
- 减肥 (減肥) jiǎn féi 다이어트를 함
- 挑肥拣瘦 (挑肥揀瘦) tiāo féi jiǎn shòu 자기에게 이로운 것만 고른다는 뜻

肥
丿
月
月
肥
肥
肥

轻
- 轻重 (輕重) qīng zhòng 가벼움과 무거움, 경중
- 轻松 (輕松) qīng sōng 홀가분함
- 减轻 (減輕) jiǎn qīng 감하여 가볍게 하다
- 轻而易举 (輕而易舉) qīng ér yì jǔ 가벼워 들기 쉽다, 매우 수월하다
- 轻车熟路 (輕車熟路) qīng chē shú lù 가벼운 수레를 타고 익숙한 길을 달리다 (어떤 일에 익숙하여 매우 수월함을 이름)

轻
七
车
车
轻
轻
轻

회화 한마당

在哪儿能兑换美元? zài nǎr néng duì huàn měi yuán 어디서 달러를 바꿀 수 있나요?
请到对面银行去兑换. qǐng dào duì miàn yín háng qù duì huàn 맞은 편 은행에 가서 바꾸세요.

策 功 茂 实

처 cè	궁 gōng	마오 mào	스 shí
策	功	茂	實
꾀 책	공 공	무성할 무	열매 실

策功茂实 모략과 전공이 수없이 많고 뛰어나다

策
- 政策 (政策) zhèng cè 정치, 시정의 방침, 정책
- 上策 (上策) shàng cè 제일 훌륭한 대책
- 对策 (對策) duì cè 대응하는 방책, 대책
- 群策群力 (群策群力) qún cè qún lì 뭇사람의 지혜와 힘을 합치다
- 密谋策反 (密謀策反) mì móu cè fǎn 비밀리에 책동하여 모반함

策: 丶 ⺮ ⺮ ⺮ ⺮ 笛 筞 策

功
- 成功 (成功) chéng gōng 목적을 이룸, 성공
- 功劳 (功勞) gōng láo 일에 애쓴 공적, 공로
- 功德 (功德) gōng dé 공적과 덕행
- 功成名就 (功成名就) gōng chéng míng jiù 공을 세워 이름이 날리다
- 功垂万代 (功垂萬代) gōng chuí wàn dài 공로가 천세만대에 전해지다

功: 一 丁 工 巧 功

茂
- 茂密 (茂密) mào mì 무성함
- 茂盛 (茂盛) mào shèng 초목이 우거짐
- 丰茂 (豐茂) fēng mào 풍성함
- 根深叶茂 (根深葉茂) gēn shēn yè mào 뿌리가 깊고 잎이 무성하다
- 文图并茂 (文圖并茂) wén tú bìng mào 글과 그림이 서로 다채롭게 잘 어울림

茂: 艹 艹 芦 芪 茂 茂

实
- 实利 (實利) shí lì 실제의 이익
- 实物 (實物) shí wù 실제 물건
- 果实 (果實) guǒ shí 열매, 성과
- 实事求是 (實事求是) shí shì qiú shì 사실에 기초하여 진리를 탐구하다, 실사구시하다
- 有名无实 (有名無實) yǒu míng wú shí 명성일뿐 실속이 없다

实: 丶 宀 宀 宀 实 实

今天韩币对美元的汇(换)率多少？ jīn tiān hán bì duì měi yuán de huì(huàn) lǜ duō shǎo 오늘 한화 대 달러 환율은 얼마입니까?

今天汇率是1200:1. jīn tiān huì lǜ shì yī qiān èr bǎi bǐ yī 오늘의 환율은 1200원 대 1달러입니다.

勒 碑 刻 铭

勒 러 lè	碑 뻬이 bēi	刻 커 kè	铭 밍 míng
勒 새길 륵	碑 비석 비	刻 새길 각	銘 새길 명

勒碑刻銘 (그 이름과 공을) 비석에 올리고 마음속 깊이 아로새긴다

勒
- 勒石 (勒石) lè shí 돌에 글자를 새기다
- 勒铭 (勒銘) lè míng 금석에 문자를 새김
- 勒光 (勒光) lè guāng 갈아서 광택을 내다
- 勒碑纪念 (勒碑紀念) lè bēi jì niàn 비석에 새겨 넣어 기념하다

勒	碑
廿	丆
苬	石
苢	矼
革	砷
靪	碑
勒	碑

碑
- 石碑 (石碑) shí bēi 돌비석
- 碑文 (碑文) bēi wén 비석에 새긴 문자
- 纪念碑 (紀念碑) jì niàn bēi 기념하여 세운 비, 기념비
- 有口皆碑 (有口皆碑) yǒu kǒu jiē bēi 칭송이 자자하다
- 树碑立传 (樹碑立傳) shù bēi lì zhuàn (공훈)을 비석에 새기거나 전기(传记)로 정리하여 칭송하며 후세에 길이 전하다

刻
- 深刻 (深刻) shēn kè 깊고 절실함
- 刻工 (刻工) kè gōng 그림이나 글을 새기는 일 또는 그 일을 하는 사람
- 刻字 (刻字) kè zì 글을 새김
- 刻苦钻研 (刻苦鑽研) kè kǔ zuān yán 각고의 노력을 들여 깊이 연구함
- 刻骨之仇 (刻骨之仇) kè gǔ zhī chóu 뼈에 사무치는 원한

刻	铭
亠	人
亡	乍
亥	钅
亥	钌
刻	钐
刻	铭

铭
- 铭刻 (銘刻) míng kè 깊이 새기다
- 铭感 (銘感) míng gǎn 감명함, 감격하여 잊지 못함
- 铭记 (銘記) míng jì 마음에 새기어 둠
- 刻骨铭心 (刻骨銘心) kè gǔ míng xīn 마음속에 깊이 간직하여 명심하다
- 铭刻在心 (銘刻在心) míng kè zài xīn 가슴속에 깊이 새겨두다

회화 한마당
这儿打(搭)车方便吗? zhèr dǎ(dā) chē fāng biàn ma 여기서 차 타기가 편리합니까?
非常方便, 前有地铁站, 后有公车站. fēi cháng fāng biàn, qián yǒu dì tiě zhàn, hòu yǒu gōng chē zhàn 앞에는 전철역이 있고 뒤에는 공중버스역이 있어 매우 편리합니다.

磻 溪 伊 尹

판 pán　　시 xī　　이 yī　　인 yǐn

磻　　溪　　伊　　尹

돌 반　　시내 계　　저 이　　맏 윤

磻溪伊尹 (주)문왕은 반계에서 강태공을 맞고 (은)탕왕은 신야에서 이윤을 맞았다

磻	磻溪 (磻溪) pán xī 반계(중국 쩌쟝성 하천이 이름. 주나라의 태공망 여성강태공이 낚시를 하다 주문왕을 만난 곳)
溪	溪流 (溪流) xī liú 산골짜기를 흐르는 시냇물 溪涧 (溪澗) xī jiàn 계곡 溪洞碗蕨 (溪洞碗蕨) xī dòng wǎn jué 황(黃)고사리 溪流潺潺 (溪流潺潺) xī liú chán chán 시냇물이 졸졸(찰랑찰랑) 흘러내리다 磻溪是浙江省的一条河流 pán xī shì zhè jiáng shěng de yī tiáo hé liú 반계는 쩌쟝성 하천의 이름
伊	伊人 (伊人) yī rén (먼 곳의) 저 사람, 그녀(주로 여성을 가리킴) 伊始 (伊始) yī shǐ 처음, 시작 下车伊始 (下車伊始) xià chē yī shǐ (관리가)새로운 임지에 처음 도착하다 新年伊始 (新年伊始) xīn nián yī shǐ 새해가 시작되다
尹	府尹 (府尹) fǔ yǐn 부윤(관직명) 尹 (尹) yǐn 주로 성(姓)으로 쓰임 拜见道尹 (拜見道尹) bài jiàn dào yǐn 도윤(도지사)을 찾아뵙다

磻	溪
厂	氵
石	汀
矴	泙
碌	浐
磋	淫
磻	溪

伊	尹
丿	一
亻	二
伫	尹
伊	

叫出租车呢? jiào chū zū chē ne 택시를 잡아타면요?
随叫随到. suí jiào suí dào 부르는 대로 바로 와요.

佐 时 阿 衡

쭤 zuǒ	스 shí	아 ā	헝 héng
佐	時	阿	衡
도울 좌	때 시	언덕 아	저울대 형

佐时阿衡 (왕을 보좌하는 반계와 이윤은 각기) 때맞춰 주무왕과 은탕왕을 도와 나라를 흥기시켜 아형이란 벼슬에 올랐다

佐
- 佐理 (佐理) zuǒ lǐ 도와서 처리함
- 辅佐 (輔佐) fǔ zuǒ 상관을 도와 일을 처리함, 보좌함
- 佐食 (佐食) zuǒ shí 배동해 먹다
- 王佐之材 (王佐之材) wáng zuǒ zhī cái 임금을 도와 큰 일을 할 만한 인물
- 辅佐长官 (輔佐長官) fǔ zuǒ zhǎng guān 장관을 보좌함

佐	时
ノ	丨
亻	日
仁	日
仕	旷
佐	时
佐	时

时
- 时候 (時候) shí hóu 대시기, 기간, 때
- 时间 (時間) shí jiān 시각과 시각 사이, 시간
- 费时 (費時) fèi shí 시간이 많이 들다
- 时机不可失 (時機不可失) shí jī bù kě shī 때를 놓쳐서는 안 된다
- 时不再来 (時不再來) shí bù zài lái 기회는 다시 오지 않는다

阿
- 阿姨 (阿姨) ā yí 아줌마, 이모(어린이가 어머니 연배의 여자를 부르는 호칭)
- 阿郎杂碎 (阿郎雜碎) ā láng zá suì 비열하고 천한 사람
- 视为阿斗 (視爲阿鬥) shì wéi ā dǒu 무능한 사람(바보)로 보다(치다)

阿	衡
了	彳
阝	彳
阝	衤
阿	衜
阿	衡
阿	衡

衡
- 平衡 (平衡) píng héng 균형
- 衡量 (衡量) héng liàng 가늠하다
- 度量衡 (度量衡) dù liàng héng 도량형
- 权衡轻重 (權衡輕重) quán héng qīng zhòng 경중을 따져보다
- 衡量标准 (衡量標準) héng liàng biāo zhǔn 가늠하는 기준(표준)

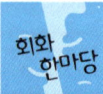

在哪吃饭? zài nǎ chī fàn 식사는 어디서 하나요?
可以在本饭店餐厅用餐(吃). kě yǐ zài běn fàn diàn cān tīng yòng cān(chī) 본 호텔 식당에서 할 수 있습니다.

奄宅曲阜 (조카 주성왕을 보좌한 주공이) 곡부에 집을 짓고 봉지 지역을 다스렸다

奄	奄口 (奄口) yǎn kǒu 입을 다물다 奄忽 (奄忽) yǎn hū 돌연히 奄奄一息 (奄奄一息) yǎn yǎn yī xī 숨이 곧 끊어질 듯하다 奄然离去 (奄然離去) yǎn rán lí qù 문득(돌연히) 떠나가다
宅	住宅 (住宅) zhù zhái 집, 주택 自宅 (自宅) zì zhái 자기 집 宅居 (宅居) zhái jū 거주지 浮家泛宅 (浮家泛宅) fú jiā fàn zhái 선상 생활로 정처없이 떠다니다 出租住宅 (出租住宅) chū zū zhù zhái 주택을 세를 주다(임대함)
曲	曲解 (曲解) qū jiě 사실과 어긋나게 잘못 이해함 曲折 (曲折) qū zhé 까닭, 곡절 曲线 (曲線) qū xiàn 부드럽게 구부러진 선, 곡선 曲意逢迎 (曲意逢迎) qū yì féng yíng 온갖 방법으로 남에게 아첨하다 艰难曲折 (艱難曲折) jiān nán qū zhé 어렵고 곡절이 많음
阜	阜陵 (阜陵) fù líng 높은 언덕 物阜 (物阜) wù fù 물자가 풍부함 物阜民丰 (物阜民豐) wù fù mín fēng 물자가 풍부하고 백성은 풍요롭다 逾越丘阜 (逾越丘阜) yú yuè qiū fù 언덕을 넘어 지나감

奄	宅
一	丶
ナ	八
大	宀
夵	宀
夲	宀
奄	宅

曲	阜
丨	丿
冂	㠯
曰	戶
内	户
曲	自
曲	阜

 哪有饭馆? nǎ yǒu fàn guǎn 음식점은 어디에 있나요?
就在附近不远有一家高丽饭馆. jiù zài fù jìn bù yuǎn yǒu yī jiā gāo lì fàn guǎn 여기서 멀지 않은 곳에 고려음식점 하나가 있습니다.

微 旦 孰 营

웨이 wēi	딴 dàn	수 shú	잉 yíng
微	旦	孰	營
작을 미	아침 단	누구 숙	경영 영

微旦孰营 주공이 없었다면 누가 (주나라 대업을) 성취시키겠는가

微
- 微力 (微力) wēi lì 자그마한 힘
- 微笑 (微笑) wēi xiào 벙긋이 웃음, 미소 짓다
- 稍微 (稍微) shāo wēi 약간
- 微不足道 (微不足道) wēi bù zú dào 보잘것 없다, 미약하다
- 微微一笑 (微微一笑) wēi wēi yī xiào 살짝 미소함

旦
- 元旦 (元旦) yuán dàn 신정, 정월 초하루
- 一旦 (一旦) yī dàn 한번, 일단
- 旦不保夕 (旦不保夕) dàn bù bǎo xī (병이 위독하여) 저녁까지 가기 어렵다
- 危在旦夕 (危在旦夕) wēi zài dàn xī 위험이 조석에 달려 있다(매우 위급함)

微	旦
彳	丨
彳	冂
彳	日
微	日
微	旦
微	

孰
- 孰知 (孰知) shú zhī 누가 알랴, 어찌 알랴
- 孰谁 (孰誰) shú shéi 누구
- 孰取孰舍 (孰取孰舍) shú qǔ shú shě 어느 것을 취하고 어느 것을 버릴 것인가
- 孰能容忍 (孰能容忍) shú néng róng rěn 그 누가 허용하랴

营
- 营业 (營業) yíng yè 영리를 목적으로 하는 사업, 영업함
- 营私舞弊 (營私舞弊) yíng sī wǔ bì 사리를 꾀하여 부정한 일을 저지르다
- 经营有方 (經營有方) jīng yíng yǒu fāng 경영하는데 좋은 방법이 있다, 경영에 솜씨가 있다
- 国营企业 (國營企業) guó yíng qǐ yè 국영기업

孰	营
亠	一
亠	卝
享	芇
享	营
孰	营
孰	营

有没有便宜点儿的? yǒu méi yǒu pián yi diǎnr de 좀 싼 곳은 없나요?
就在后面有小吃 '一条街'. jiù zài hòu miàn yǒu xiǎo chī 'yī tiáo jiē' 바로 뒤켠에 '편의음식 거리'가 있습니다.

桓 公 匡 合

桓 huán	公 gōng	匡 kuāng	合 hé
桓	公	匡	合
굳셀 환	임금, 귀인 공	바를 광	모을 합

桓公匡合 (제나라) 환공왕은 (제후들을 규합하여) 천하를 바로 잡았다

桓
- 桓表 (桓表) huán biǎo 푯대
- 桓桓 (桓桓) huán huán 굳센 모양
- 桓表为界 (桓表爲界) huán biǎo wéi jiè 푯대를 경계선으로 하다

桓	公
木	ノ
木	八
朽	公
桓	公
桓	
桓	

公
- 太公 (太公) tài gōng 증조부
- 张公 (張公) zhāng gōng 장공 ('공'은 남자에 대한 존칭)
- 此公 (此公) cǐ gōng 이 분
- 公正无私 (公正無私) gōng zhèng wú sī 공평무사하다, 사욕이 없이 공정함
- 急公好义 (急公好義) jí gōng hào yì 대중의 이익을 위해 열성을 다하다 (의협심이 강함을 이름)

匡
- 匡正 (匡正) kuāng zhèng 바로잡아 고침
- 匡助 (匡助) kuāng zhù 돕다
- 一匡天下 (一匡天下) yī kuāng tiān xià 천하를 바로잡다
- 匡正风气 (匡正風氣) kuāng zhèng fēng qì 기풍을 바로잡다

匡	合
一	ノ
二	人
干	亼
王	个
匡	合
	合

合
- 合作 (合作) hé zuò 힘을 합해 만듦, 합작함
- 适合 (適合) shì hé 알맞게 들어맞음
- 合起来 (合起來) hé qǐ lái 합치다
- 合情合理 (合情合理) hé qíng hé lǐ 공평하고 합리적이다
- 合家团聚 (合家團聚) hé jiā tuán jù 온 집안이 다 모이다

到晚上几点营业? dào wǎn shàng jǐ diǎn yíng yè 저녁 몇 시까지 영업하나요?
那儿就是夜市, 通宵达旦. nàr jiù shì yè shì, tōng xiāo dá dàn 거기가 바로 야시장인데 아침까지 영업을 합니다.

济 弱 扶 倾

지 jì	뤄 ruò	부 fú	칭 qīng
濟	弱	扶	傾
건널 제	약할 약	붙들 부	기울 경

济弱扶倾 빈약한 사람을 구제하고 기울어 가는 나라를 부추겨 세웠다

济
- 济贫 (濟貧) jì pín 빈곤한 자를 구제함
- 救济 (救濟) jiù jì 구하여 도움
- 不济于事 (不濟於事) bù jì yú shì 아무런 도움도 되지 못한다, 쓸모없다
- 同舟共济 (同舟共濟) tóng zhōu gòng jì 한 배를 타고 강을 건너다, 함께 힘을 합쳐 어려운 고비를 넘다
- 济人之急 (濟人之急) jì rén zhī jí 남의 어려움을 도와 해결함

弱
- 弱点 (弱點) ruò diǎn 불충분한 점, 모자라는 점, 결점
- 虚弱 (虛弱) xū ruò 기력이 약함
- 老弱 (老弱) lǎo ruò 늙고 쇠약함
- 弱不禁风 (弱不禁風) ruò bù jīn fēng 몸이 허약해 바람에도 쓰러질 것 같다
- 毫无示弱 (毫無示弱) háo wú shì ruò 조금도 연약함을 드러내지 않음

扶
- 扶养 (扶養) fú yǎng 생활을 돌봄, 모시다, 키우다
- 抚助 (扶助) fú zhù 돕다
- 抚穷 (扶窮) fú qióng 가난한 사람을 돕다
- 抚苗 (扶苗) fú miáo 쓰러진 모를 세우다
- 扶老携幼 (扶老携幼) fú lǎo xié yòu 늙은이는 부축하고 어린이는 이끌다, 가족을 거느리다
- 扶持脱贫 (扶持脫貧) fú chí tuō pín 빈곤에서 벗어나는 것을 돕다

倾
- 倾倒 (傾倒) qīng dǎo 한쪽으로 기울어 넘어지다, 탄복하여 마지 않음
- 倾斜 (傾斜) qīng xié 기울어짐
- 倾听 (傾聽) qīng tīng 주의 깊게 듣다
- 倾盆大雨 (傾盆大雨) qīng pén dà yǔ 물을 퍼붓듯 세차게 내리는 비, 억수로 퍼붓는 비
- 倾心钻然 (傾心鑽然) qīng xīn zuān yán 심혈을 기울여 깊이 연구함

夜市怎么样? yè shì zěn me yàng 야시장이 어때요?
想吃什么, 就有什么, 应有尽有. xiǎng chī shén me, jiù yǒu shén me, yīng yǒu jìn yǒu 먹고 싶은 것이 다 있어요.

绮回汉惠 기(진, 한 시대의 명인, 주휘의 별칭)는 혜제(한나라 유방의 아들)의 태자 신분을 회복시켰다

绮	绮丽 (綺麗) qǐ lì 비단같이 아름답다 绮缟 (綺縞) qǐ gǎo 흰색의 고급 비단 绮色 (綺色) qǐ sè 화려한 색채 狂言绮语 (狂言綺語) kuáng yán qǐ yǔ 실속없이 겉만 꾸미는 말 绮年蕙质 (綺年蕙質) qǐ nián huì zhì (여자가) 젊고 뛰어나게 아름답다
回	回家 (回家) huí jiā 귀가 回乡 (回鄉) huí xiāng 고향에 돌아감 回忆 (回憶) huí yì 회억하다 回心转意 (回心轉意) huí xīn zhuǎn yì 마음을 돌려 먹다 有来无回 (有來無回) yǒu lái wú huí 올 수는 있어도 돌아갈 수는 없다, 살아서 돌아가지 못함
汉	汉代 (漢代) hàn dài 한나라(송국 진나라 후에 세워진 나라 이름) 汉语 (漢語) hàn yǔ 한어(중국어) 河汉之言 (河漢之言) hé hàn zhī yán 전혀 이해할 수 없는 말 身在曹营, 心在汉(室) shēn zài cáo yíng, xīn zài hàn(shì) 몸은 비록 조조의 진영에 있지만 마음 속엔 유비에 대한 충성심이 변치 않고 있다(몸은 비록 적진에 있지만 마음에는 자기편을 잊지 않음을 비유)
惠	恩惠 (恩惠) ēn huì 베풀어 주는 혜택, 은혜 惠存 (惠存) huì cún 받아 간직해 달라는 뜻(자기 작품을 증정할 때 사용) 惠而不费 (惠而不費) huì ér bù fèi 좋은 일을 하면서도 힘들지 않다 大恩大惠 (大恩大惠) dà ēn dà huì 크나큰 은혜

绮	回
乡	丨
乡	冂
纟	冂
纟	回
结	回
绮	回

汉	惠
丶	一
冫	戸
冫	車
氵	車
汋	恵
汉	惠
	惠

逛夜市的人多吗？ guàng yè shì de rén duō ma 야시장에 나오는 사람이 많나요?
人山人海, 热闹极了. rén shān rén hǎi rè nao jí le 인산인해랍니다, 볼 만하지요.

说 感 武 丁

쉬,수이 shuō, shuì	깐 gǎn	우 wǔ	딩 dīng
説	感	武	丁
말할 설	느낄 감	호반 무	장정 정

说感武丁 (은나라 재상) 부열은 (공을 세워) 무정왕을 탄복시켰다

说	演说 (演説) yǎn shuō 여러 사람 앞에서 자기의 주의 주장이나 의견을 진술함, 연설함 说教 (説教) shuō jiào 설교함 说话 (説話) shuō huà 말하다 游说 (游説) yóu shuì 돌아다니며 주장함 说长道短 (説長道短) shuō cháng dào duǎn 이러쿵 저러쿵 시비하다	说 讠 讠 讠 讠 讠 说 / 感 厂 后 咸 咸 感 感
感	感觉 (感覺) gǎn jué 느낌 感谢 (感謝) gǎn xiè 고마움 感人肺腑 (感人肺腑) gǎn rén fèi fǔ 깊은 감명을 주다(받다) 感情用事 (感情用事) gǎn qíng yòng shì 감정으로 일을 처리함 感慨无量 (感慨無量) gǎn kǎi wú liàng 사물에 대한 회포의 느낌이 한 없음, 감개무량함	
武	武士 (武士) wǔ shì 무사 武器 (武器) wǔ qì 무기 武力 (武力) wǔ lì 군사상의 힘, 무력 威武不屈 (威武不屈) wēi wǔ bù qū 그 어떤 위압에도 굴하지 않다 武不善坐(儿) (武不善坐(兒)) wǔ bù shàn zuò(r) 무인은 예의바르게 앉지 못하다(거칠다는 뜻)	武 二 千 于 正 武 武 / 丁 一 丁
丁	园丁 (園丁) yuán dīng 정원사 壮丁 (壯丁) zhuàng dīng 장정, 혈기왕성한 젊은 남자 不识一丁 (不識一丁) bù shí yī dīng 한 글자도 모르다 目不识丁 (目不識丁) mù bù shí dīng 낫 놓고 기역자도 모른다	

 方便'小吃'到处都是(有). fāng biàn 'xiǎo chī' dào chù dōu shì(yǒu) 가는 곳마다 편의음식점이 있습니다.
路边大牌档更有特色. lù biān dà pái dàng gèng yǒu tè sè 길가의 노점상(포장마차)은 더욱 특색 짙어요.

쮠 jùn	이 yì	미 mì	우 wù
俊	乂	密	勿
준걸 준	다스릴 예	빽빽할 밀	말 물

俊乂密勿 준걸과 같은 유능한 인재가 많다고 하지 말라

俊	英俊(英俊) yīng jùn 영민하고 준수함 俊杰(俊傑) jùn jié 재주와 슬기가 뛰어난 사람 俊俏(俊俏) jùn qiào 매우 아름답다, 잘 나다 忍俊不禁(忍俊不禁) rěn jùn bù jīn 웃음을 참을 수 없다 容貌俊俏(容貌俊俏) róng mào jùn qiào 용모가 뛰어나게 잘나다 海内俊安(海內俊安) hǎi nèi jùn ān 온 나라가 안정되어 평온하다	俊 亻 仁 伫 伶 俊
乂	乂安(乂安) yì ān 태평무사하다 俊乂(俊乂) jùn yì 유능한 사람	乂 丿 乂
密	密度(密度) mì dù 빽빽한 정도, 밀도 密集(密集) mì jí 빽빽이 모임 亲密(親密) qīn mì 서로의 교제가 깊음, 친밀함 密不透风(密不透風) mì bù tòu fēng 바람이 통하지 않을 정도로 빽빽함 密不可分(密不可分) mì bù kě fēn 떨어질 수 없을 정도로 밀접함	密 宀 宓 宓 宓 宓 密
勿	勿踩(勿踩) wù cǎi 밟지 마라 勿忘(勿忘) wù wàng 잊지 마라 请勿(請勿) qǐng wù … 하지 마라, 삼가함 勿庸再议(勿庸再議) wù yōng zài yì 재론할 필요가 없다 请勿进内(請勿進內) qǐng wù jìn nèi 안으로 들어가는 것을 삼가함	勿 丿 勹 勿 勿

회화 한마당

可在哪儿买东西? kě zài nǎr mǎi dōng xi 어디서 물건을 살 수 있나요?
这附近有一家超市, 还有一个自由市场. zhè fù jìn yǒu yī jiā chāo shì, hái yǒu yī ge zì yóu shì chǎng 인근에 슈퍼마켓도 있고 또 자유시장도 있습니다.

多士寔宁 선비들이 많으니 실로 천하가 태평스러운 것이다

多	许多 (許多) xǔ duō 매우 많음 多数 (多數) duō shù 수효가 많음, 다수 增多 (增多) zēng duō 많이 늘어남 多言多语 (多言多語) duō yán duō yǔ 말이 많다, 수다를 떨다 多道多助 (多道多助) duō dào duō zhù 도리에 맞으면 도움을 주는 자가 많다	多 士 丿 一 夕 十 夕 士 多 多 多
士	护士 (護士) hù shì 간호사 绅士 (紳士) shēn shì 신사 学士 (學士) xué shì 학사 有识之士 (有識之士) yǒu shí zhī shì 유식한 사람 爱国之士 (愛國之士) ài guó zhī shì 애국지사	
寔	寔 (寔) shí 이, 이것 寔 (寔) shí 성(姓)으로 주로 쓰임 寔命不同 (寔命不同) shí mìng bù tóng 실로 명이 다르다 寔运不佳 (寔運不佳) shí yùn bù jiā 실로 운이 나쁘다	寔 宁 宀 丶 宀 丷 宀 宀 宀 宁 宁 宁 寔
宁	安宁 (安寧) ān níng '편안'의 경칭, 안녕 宁静 (寧靜) níng jìng 평온하고 조용함 心神不宁 (心神不寧) xīn shén bù níng 마음이 편안하지 않다 天无宁日 (天無寧日) tiān wú níng rì 세상이 안정된(편안한) 날이 없다 宁心定气 (寧心定氣) níng xīn dìng qì 마음을 안정시킴	

회화 한마당

请问在哪办护照? qǐng wèn zài nǎ bàn hù zhào 어디서 여권 수속을 하지요?
就在省外事办公室(省外办). jiù zài shěng wài shì bàn gōng shì(shěng wài bàn) 바로 성(한국의 도청) 외교사무실에서 수속을 합니다.

晋 楚 更 霸

晋	楚	更	霸
찐 jìn	추 chǔ	껑 gēng	빠 bà
晉	楚	更	霸
나라 진	나라 초	고칠 갱	으뜸 패

晋楚更霸 진나라와 초나라는 엇바꾸어 패권을 잡았다

		晋	楚
晋	晋国 (晉國) jìn guó 진나라 晋剧 (晉劇) jìn jù 중국 산시성 지방의 전통극	一 丌 丌 亚 晋 晋	木 林 栐 梦 梦 楚
楚	楚国 (楚國) chǔ guó 초나라(주조 시대) 楚弓楚得 (楚弓楚得) chǔ gōng chǔ dé 초나라에서 잃은 활을 초나라 사람이 줍다(자기가 잃은 것을 자기가 얻는다는 뜻) 四面楚歌 (四面楚歌) sì miàn chǔ gē 포위되어 고립무원한 처지를 비유, 사면초가		

		更	霸
更	更名 (更名) gēng míng 이름을 바꾸다 更改 (更改) gēng gǎi 다시 수정함 更年期 (更年期) gēng nián qī 갱년기 自力更生 (自力更生) zì lì gēng shēng 오로지 제힘으로 삶을 고쳐 감, 자력갱생 万象更新 (萬象更新) wàn xiàng gēng xīn 모든 것이 새로워짐	一 丆 亓 百 更 更	宀 雨 雷 霊 霏 霸
霸	霸权 (霸權) bà quán 패자의 권력, 패권 霸王 (霸王) bà wáng 천하를 다스리는 자, 패왕 霸占 (霸占) bà zhàn 독점, 강점(하다) 称王称霸 (稱王稱霸) chēng wáng chēng bà 제멋대로 행세하다 永不称霸 (永不稱霸) yǒng bù chēng bà 영원히 패권을 부르짖지 않음		

 회화 한마당

延长签证(应)该去哪儿? yán cháng qiān zhèng(yīng) gāi qù nǎr 사증 기한 연장 수속은 어디에 가야 합니까?
得去驻中(韩)大使馆. děi qù zhù zhōng(hán) dà shǐ guǎn 주중(주한) 대사관에 가야 합니다.

赵 魏 困 横

짜오 zhào　웨이 wèi　쿤 kùn　헝 héng

趙 魏 困 橫

나라 조　나라 위　곤할, 어려울 곤　비낄 횡

赵魏困横 조, 위나라는 (진나라) 연횡(连横) 정책으로 어려움을 겪었다

赵
- 赵 (趙) zhào 조나라(전국시대)
- 围魏救赵 (圍魏救趙) wéi wèi jiù zhào 위나라를 포위하여 조나라를 구하다
- 赵不肖了 (趙不肖了) zhào bù xiāo le 도망치다, 꽁무니를 빼다 ('趙'에서 '肖'를 빼면 '走'가 되므로 '走了'의 뜻으로 해석됨)

魏
- 魏 (魏) wèi 위나라(주조 시대)
- 姚黄魏紫 (姚黃魏紫) yáo huáng wèi zǐ 귀중한 모란꽃, 희귀한 화초
- 魏然耸立 (魏然聳立) wèi rán sǒng lì 우뚝 높이 솟아 있다

赵	魏
土	禾
走	委
走	委
走	魏
赵	魏
赵	魏

困
- 困惑 (困惑) kùn huò 곤란한 일을 당해 어찌할 바를 모름, 곤혹
- 困难 (困難) kùn nán 어려움, 궁핍함, 곤란함
- 贫困 (貧困) pín kùn 살림이 궁색함
- 困兽犹斗 (困獸猶鬥) kùn shòu yóu dòu 궁지에 몰린 짐승이 최후의 발악을 하다
- 摆脱困境 (擺脫困境) bǎi tuō kùn jìng 곤경에서 벗어남

横
- 横写 (橫寫) héng xiě (글을) 가로 쓰다
- 横放 (橫放) héng fàng (물건을) 가로 놓다
- 横行 (橫行) héng xíng 제멋대로 행동하다, 모로 가다
- 横行霸道 (橫行霸道) héng xíng bà dào 제멋대로 날뛰다
- 横加干涉 (橫加干涉) héng jiā gān shè 마구 간섭하다

困	横
丨	木
冂	栏
冂	栟
用	横
困	横
困	横

회화 한마당
护照(签证)过期了怎么办? hù zhào(qiān zhèng) guò qī le zěn me bàn 여권(사증) 기한이 넘었으니 어떻게 해야 합니까?
得赶紧办延长手续. děi gǎn jǐn bàn yán cháng shǒu xù 마땅히 다그쳐 연장 수속을 해야죠.

假 途 灭 虢

쟈 jiǎ	투 tú	몌 miè	궈 guó
假	途	滅	虢
빌릴 가	길 도	멸할 멸	나라 괵

假途灭虢 (진 헌공은 우나라의) 길을 빌어 곽나라를 치고 우나라까지 멸했다

假
- 假发 (假發) jiǎ fà 가짜 머리털, 가발
- 假心假意 (假心假意) jiǎ xīn jiǎ yì 겉으로만 진정인 체하다
- 弄虚作假 (弄虛作假) lòng xū zuò jiǎ 허위로 날조하다, 속임수를 써서 사기하다
- 假此机会 (假此機會) jiǎ cǐ jī huì 이 기회를 빌어
- 假道香港去大陆 jiǎ dào xiāng gǎng qù dà lù 홍콩을 경유하여 대륙으로 가다

假	途
亻	入
亻	今
伫	仐
伢	余
假	涂
假	途

途
- 前途 (前途) qián tú 앞으로 나아갈 길, 전도, 전망
- 途径 (途徑) tú jìng 경로
- 道听途说 (道聽途說) dào tīng tú shuō 항간의 소문
- 半途而废 (半途而廢) bàn tú ér fèi 중도에서 그만두다
- 老马识途 (老馬識途) lǎo mǎ shí tú 늙은 말이 길을 잘 안다, 경험이 많아 능숙함

灭
- 灭亡 (滅亡) miè wáng 망하여 없어짐, 멸망함
- 消灭 (消滅) xiāo miè 사라져 없어짐, 소멸함
- 灭火 (滅火) miè huǒ 불을 끄다
- 灭绝人性 (滅絕人性) miè jué rén xìng 잔인무도하다
- 灭顶之灾 (滅頂之災) miè dǐng zhī zāi 치명적인 재난

灭	虢
一	罒
二	孚
亡	孚
灭	虢
灭	虢
	虢

虢
- 虢 (虢) guó 주대(周代)의 나라
- 虢 (虢) guó 성(姓)으로 주로 쓰임
- 假途灭虢 (假途滅虢) jiǎ tú miè guó 길을 빌어 쓰고 또 그 나라를 치다
- 周代有东西二虢 zhōu dài yǒu dōng xī èr guó (중국) 주대에 동, 서 두 괵국이 있었다

医院(药局, 药房)在哪儿? yī yuàn(yào jú, yào fáng) zài nǎr 병원(약국)이 어디에 있습니까?
你能陪我去吗? nǐ néng péi wǒ qù ma 저와 함께 갈 수 있나요?

践土会盟

| 짼 jiàn | 투 tǔ | 후이 huì | 멍 méng |

踐 土 會 盟

밟을 천 / 흙 토 / 모일 회 / 맹세 맹

践土会盟 (진 문공은 정나라의) 천토에서 여러 제후들과 동맹했다

践
- 践约 (踐約) jiàn yuē 약속을 이행함
- 践踏 (踐踏) jiàn tà 짓밟음
- 实践 (實踐) shí jiàn 실지로 이행함, 실천함
- 践危负重 (踐危負重) jiàn wēi fù zhòng 위험을 무릅쓰고 중책을 맡다
- 践踏草地 (踐踏草地) jiàn tà cǎo dì 잔디밭을 짓밟다

践	土
𠂉	一
𠄌	十
𧘇	土
跂	
践	
践	

土
- 土地 (土地) tǔ dì 땅, 토지
- 沙土 (沙土) shā tǔ 모래흙
- 国土 (國土) guó tǔ 나라의 땅, 국토
- 土崩瓦解 (土崩瓦解) tǔ bēng wǎ jiě 산산히 해체되다
- 土生土长 (土生土長) tǔ shēng tǔ zhǎng 현지에서 태어나서 자라다

会
- 会社 (會社) huì shè 사단법인의 하나, 회사
- 聚会 (聚會) jù huì 집회, 모임을 가짐
- 会谈 (會談) huì tán 회담(하다)
- 会议 (會議) huì yì 여럿이 모여 의논함, 회의
- 会集一起 (會集一起) huì jí yī qǐ 한데 모임

会	盟
丿	日
人	明
𠆢	明
仌	明
会	盟
会	盟

盟
- 盟国 (盟國) méng guó 동맹국
- 盟约 (盟約) méng yuē 동맹조약
- 海誓山盟 (海誓山盟) hǎi shì shān méng 굳은 맹세
- 结盟兄弟 (結盟兄弟) jié méng xiōng dì 결의형제를 맺다

这是什么医院? zhè shì shén me yī yuàn 여기는 어떤 병을 치료하는 병원입니까?
这是综合医院, 中医西医都有. zhè shì zōng hé yī yuàn, zhōng yī xī yī dōu yǒu 여기는 종합병원으로 양의와 한의 치료를 다 하고 있습니다.

何 허 hé / 遵 쭌 zūn / 约 웨 yuē / 法 바 fǎ

何 어찌 하 / 遵 좇을 준 / 約 언약 약 / 法 법 법

何遵约法 소하는 (한 고조를 도와) 약법(3장)을 제정해 준수하게 했다

何
- 为何 (爲何) wéi hé 무엇 때문에, 어찌하여
- 何人 (何人) hé rén 누구, 어떤 사람
- 任何 (任何) rèn hé 무슨, 어떤
- 何足挂齿 (何足掛齒) hé zú guà chǐ 말할 만한 것이 못된다
- 何乐而不为 (何樂而不爲) hé lè ér bù wéi 왜 즐겨하지 않겠는가, 어찌 기꺼이 하지 않을 수 있으랴

遵
- 遵命 (遵命) zūn mìng 명령에 따름
- 遵守 (遵守) zūn shǒu 좇아서 지킴, 준수함
- 遵循 (遵循) zūn xún 따르다
- 遵养时晦 (遵養時晦) zūn yǎng shí huì 은거하여 때를 기다리다
- 遵纪守法 (遵紀守法) zūn jì shǒu fǎ 법규를 지킴

约
- 约会 (約會) yuē huì 약속, 만날 약속을 하다
- 预约 (預約) yù yuē 미리 약속함, 예약
- 约定俗成 (約定俗成) yuē dìng sú chéng 사회적으로 약속되어 스스로 지키다(명칭 혹은 습관)
- 不约而同 (不約而同) bù yuē ér tóng 약속이나 한듯이 일치함

法
- 法治 (法治) fǎ zhì 법으로 다스림
- 法律 (法律) fǎ lǜ 법률
- 方法 (方法) fāng fǎ 방법, 방도
- 无法无天 (無法無天) wú fǎ wú tiān 법도 하늘도 없이 난폭하다(무법천지)
- 约法三章 (約法三章) yuē fǎ sān zhāng 간단한 몇가지 규정을 약정하여 지키다

我要看病. wǒ yào kàn bìng 병을 보이겠습니다.
请先挂号. qǐng xiān guà hào 먼저 차례 순번호를 뽑고 등록(신청)하세요.

韩 弊 烦 刑

한 hán	삐 bì	판 fán	싱 xíng
韓	弊	煩	刑
나라 한	해칠 폐	번거 번	형벌 형

韩弊烦刑 한비는 (진시황을 달래서) 형벌을 시행하다가 그 형벌에 의해 패망했다

韩
- 韩国 (韓國) hán guó 한국
- 韩流 (韓流) hán liú 한국을 선호하는 바람, 한류
- 韩币 (韓幣) hán bì 한국 지폐
- 韩卢逐兔 (韓盧逐兔) hán lú zhú tù 사나운 개가 토끼를 쫓듯이 강한 자가 약한 자를 능욕한다는 뜻
- 韩中友谊 (韓中友誼) hán zhōng yǒu yì 한국과 중국의 우의(친선)

韩	弊
十	⺌
古	峃
卓	嵛
卓	敝
韩	弊
韩	弊

弊
- 弊病 (弊病) bì bìng 폐해, 폐단
- 弊端 (弊端) bì duān 폐단, 폐해의 근원
- 作弊 (作弊) zuò bì 부정행위를 하다
- 弊绝风清 (弊絕風清) bì jué fēng qīng 악폐가 일소되어 사회풍기가 정화되다
- 营私舞弊 (營私舞弊) yíng sī wǔ bì 사리를 꾀해 마구 부정한 일을 저지름

烦
- 烦人 (煩人) fán rén 얄밉다, 귀찮음, 불안함
- 烦脑 (煩腦) fán nǎo 마음이 시달려 괴로움, 번뇌
- 麻烦 (麻煩) má fán 시끄러움, 번거롭다, 성가시다
- 心烦意乱 (心煩意亂) xīn fán yì luàn 불안하여 마음을 걷잡을 수 없다, 마음이 번거롭고 정신이 산란하다
- 心里烦躁 (心理煩躁) xīn lǐ fán zào 마음이 초조함

烦	刑
丶	一
火	二
灯	于
灯	开
炘	开
烦	刑

刑
- 刑罚 (刑罰) xíng fá 범죄자에게 주는 벌, 형벌
- 判刑 (判刑) pàn xíng 판결함
- 刑法 (刑法) xíng fǎ 형벌의 법칙
- 先刑后闻 (先刑後聞) xiān xíng hòu wén 형을 먼저 집행하고 후에 아뢰다
- 严刑酷打 (嚴刑酷打) yán xíng kù dǎ 엄혹한 형벌을 주다

您要看哪(什么)科? nín yào kàn nǎ(shén me) kē 어느 과에 보일 겁니까?
我咳嗽, 嗓子疼. wǒ ké sou, sǎng zi téng 기침이 나고 목안이 아픕니다.

起 剪 颇 牧

起 치 qǐ	剪 잰 jiǎn	颇 퍼 pō	牧 무 mù
起 일어날 기	剪 자를 전	頗 자못 파	牧 칠 목

起剪颇牧 백기, 왕전(은 진나라 장수이고), 염파, 이목(은 조나라 장수이다)

起	起立(起立) qǐ lì 일어섬 起身(起身) qǐ shēn 몸을 일으킴, 떠나감, 출발함 起床(起床) qǐ chuáng 잠을 깨어 자리에서 일어남 起死回生(起死回生) qǐ sǐ huí shēng 기사회생하다, 죽음에서 다시 살아나다 急起直追(急起直追) jí qǐ zhí zhuī 분발하여 바싹 따라잡다
剪	剪子(剪子) jiǎn zi 가위 剪头(剪頭) jiǎn tóu 이발하다 剪断(剪斷) jiǎn duàn 잘라 버림 剪枝(剪枝) jiǎn zhī 나뭇가지를 자름 剪草除根(剪草除根) jiǎn cǎo chú gēn 뿌리째 없애버리다
颇	颇大(頗大) pō dà 매우 큼 颇多(頗多) pō duō 매우 많음 颇佳(頗佳) pō jiā 매우 좋음 颇为可观(頗爲可觀) pō wéi kě guān 자못 볼 만하다 颇为乐观(頗爲樂觀) pō wéi lè guān 매우 낙관적이다
牧	牧羊(牧羊) mù yáng 양을 방목하여 기름 畜牧业(畜牧業) chù mù yè 목축업 牧场(牧場) mù chǎng 소, 말, 양 따위를 기르는 곳, 목축장 如狼牧羊(如狼牧羊) rú láng mù yáng 늑대가 양을 기르는 격이다(탐관오리가 백성을 착취함을 비유) 牧业发达(牧業發達) mù yè fā dá 목축업이 발달하다

起	剪	颇	牧
土	丷	一	丿
耂	䒑	广	牛
走	首	皮	牛
起	前	皮⁻	牜
起	剪	颇⁻	牧
起	剪	颇	牧

 회화 한마당

请到内科. qǐng dào nèi kē 내과에 가십시오.
您得通院治疗一周. nín děi tōng yuàn zhì liáo yī zhōu 아마도 일 주일간 통원치료를 받아야겠습니다.

用	军	最	精
용 yòng	쥔 jūn	쭈이 zuì	징 jīng
用	軍	最	精
쓸 용	군사 군	가장 최	정신, 정기 정

用军最精 (그들의) 용병술은 매우 고명했다

用	用心 (用心) yòng xīn 마음을 다함, 열심함 不用 (不用) bù yòng 필요없음 用处 (用處) yòng chù 쓸곳, 용도 用尽心机 (用盡心機) yòng jìn xīn jī 온갖 지혜를 다 짜내다(보통 나쁜 심보의 뜻) 用功学习 (用功學習) yòng gōng xué xí 열심히 배우다(학습하다)	用 丿 冂 月 月 用	军 ` 冖 冖 写 军 军
军	军队 (軍隊) jūn duì 군인집단, 군대 军官 (軍官) jūn guān 장교 败军之将 (敗軍之將) bài jūn zhī jiàng 전쟁에서 패한 장군 军不厌战 (軍不厭戰) jūn bù yàn zhàn 군대는 전쟁(전투)을 싫어하지 않는다 参军入伍 (參軍入伍) cān jūn rù wǔ 군대에 감, 입대		
最	最初 (最初) zuì chū 최초 最好 (最好) zuì hǎo 가장 좋음 最小 (最小) zuì xiǎo 가장 작음 为善最乐 (爲善最樂) wéi shàn zuì lè 착한 일을 하는 것이 가장 큰 쾌락이다 最好不过 (最好不過) zuì hǎo bù guò 더할 나위없이 훌륭함	最 日 旦 昌 昌 最 最	精 丷 米 籵 籵 精 精
精	精品 (精品) jīng pǐn 정제한 물품, 정품 精密 (精密) jīng mì 가늘고 촘촘함, 정밀함 精神焕发 (精神煥發) jīng shén huàn fā 정신이 분발하다 博而不精 (博而不精) bó ér bù jīng 많이 알고는 있으나 깊이 알지 못함 手艺精 (手藝精) shǒu yì jīng 기예가 높음, (손)재간이 많다		

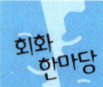

您哪不舒服? nín nǎ bù shū fú 당신은 어디가 불편한가요?
我得(患)了感冒. wǒ dé(huàn) le gǎn mào 감기에 걸렸습니다.

宣 威 沙 漠

쉬안 xuān 웨이 wēi 싸 shā 머 mò

宣 威 沙 漠

베풀 선 위엄 위 모래 사 아득할 막

宣威沙漠 (흉노를 물리친 명장들의) 위엄은 (북방의) 사막까지 떨쳐졌다

宣
- 宣扬(宣揚) xuān yáng 널리 알림
- 宣布(宣布) xuān bù 선포함, 공포함
- 宣传(宣傳) xuān chuán 말하여 전함, 널리 전함, 홍보함
- 心照不宣(心照不宣) xīn zhào bù xuān 속으로 이해하여 말할 필요가 없다
- 不宣而战(不宣而戰) bù xuān ér zhàn 선전포고 없이 싸움을 시작하다

威
- 威信(威信) wēi xìn 위엄과 신용
- 威力(威力) wēi lì 위대한 힘, 위력
- 威望(威望) wēi wàng 위세와 명망
- 威风扫地(威風掃地) wēi fēng sǎo dì 위세가 여지없이 꺾이다
- 狐假虎威(狐假虎威) hú jiǎ hǔ wēi 남의 권세에 의지하여 위세를 부리다

沙
- 黄沙(黃沙) huáng shā 모래바람, 황사
- 沙子(沙子) shā zi 모래
- 沙滩(沙灘) shā tān 모래톱, 백사장
- 沙里淘金(沙里淘金) shā lǐ táo jīn 모래속에서 금을 가려내다
- 一盘散沙(一盤散沙) yī pán sǎn shā 온 쟁반에 흩어진 모래, 산만하여 단결력이 없는 오합지중

漠
- 沙漠(沙漠) shā mò 사막
- 漠然(漠然) mò rán 아득하여 분명하지 않음
- 漠不关心(漠不關心) mò bù guān xīn 전혀 관심을 갖지 않다
- 漠漠平原(漠漠平原) mò mò píng yuán 막막한 평원
- 走出广漠(走出廣漠) zǒu chū guǎng mò 광활한 사막을 벗어나다

 회화 한마당

也许得了流行性感冒. yě xǔ dé le liú xíng xìng gǎn mào 아마도 유행성감기에 걸린 것 같습니다.
可能是得了病毒性流感. kě néng shì dé le bìng dú xìng liú gǎn 독감에 걸린 것 같아요.

驰 誉 丹 青

츠 chí	위 yù	딴 dān	칭 qīng
馳	譽	丹	青
달릴 치	칭찬할 예	붉을 단	푸를 청

馳譽丹青 (그들의) 명성은 청사에 길이 빛날 것이다

驰
- 奔驰 (奔馳) bēn chí 빨리 달림, 질주하다
- 驰名 (馳名) chí míng 이름을 날림
- 背道而驰 (背道而馳) bèi dào ér chí 반대 방향으로 달리다(반대한다는 뜻)
- 飞驰而过 (飛馳而過) fēi chí ér guò 나는 듯이 지나가다
- 驰誉天下 (馳譽天下) chí yù tiān xià 명성이 천하에 날리다

誉
- 声誉 (聲譽) shēng yù 명성
- 荣誉 (榮譽) róng yù 영예
- 信誉 (信譽) xìn yù 신용과 명예
- 无咎无誉 (無咎無譽) wú jiù wú yù 좋다거나 궂다거나 한마디도 하지 않다
- 誉满天下 (譽滿天下) yù mǎn tiān xià 명예가 천하에 알려지다

丹
- 丹枫 (丹楓) dān fēng 단풍, 단풍잎
- 丹青 (丹青) dān qíng 단서(丹书)와 청사(青史), 즉 역사서
- 丹心 (丹心) dān xīn 붉은 마음
- 一片丹心 (一片丹心) yī piàn dān xīn 한 조각 붉은 마음, 참된 정성을 뜻함, 일편단심
- 赤丹忠心 (赤丹忠心) chì dān zhōng xīn 진실한 충성심, 일편단심

青
- 青山 (青山) qīng shān 푸른 산
- 青春 (青春) qīng chūn 젊은 시절, 청춘
- 青年 (青年) qīng nián 청년기의 젊은 사람, 청년
- 青梅竹马 (青梅竹馬) qīng méi zhú mǎ 소꿉동무
- 青云直上 (青雲直上) qīng yún zhí shàng 관운이 좋아 곧장 높은 자리에 오르다, 입신출세함

驰	誉
フ	⺌
马	⺍
马	兴
马⺁	誉
马⺁	誉
驰	誉

丹	青
丿	二
刀	圭
丹	主
丹	丰
	青
	青

 有什么症状? yǒu shén me zhèng zhuàng 어떤 증세가 나타나는가요?
头疼, 发烧, 流鼻涕. tóu téng, fā shāo, liú bí tì 머리가 아프고 열이 나고 콧물이 끊이지 않습니다.

九 州 禹 迹

九 쥬 jiǔ	州 저우 zhōu	禹 위 yǔ	迹 찌 jì
九 아홉 구	州 고을 주	禹 임금 우	跡 자취 적

九州禹迹 (치수공신) 하 우왕은 (전국) 9개 주에 발자취를 남겼다

九
- 九月 (九月) jiǔ yuè 구월
- 九十 (九十) jiǔ shí 구십
- 九霄云外 (九霄雲外) jiǔ xiāo yún wài 하늘 끝 저 멀리, 아주 먼 곳
- 十有八九 (十有八九) shí yǒu bā jiǔ 십중팔구
- 九死一生 (九死一生) jiǔ sǐ yī shēng 죽을 고비를 여러 차례 겪고 겨우 살아나다, 구사일생

九	州
丿	`
九	丿
	小
	州
	州
	州

州
- 州长 (州長) zhōu zhǎng 주(행정구역)의 책임자, 주장
- 杭州 (杭州) háng zhōu 중국의 항주
- 自治州 (自治州) zì zhì zhōu 자치권 있는 지방자치주
- 州管大学 (州管大學) zhōu guǎn dà xué 주 정부가 관리하는 대학, 주립대학
- 州官放火 (州官放火) zhōu guān fàng huǒ 관리가 제멋대로 행동함을 뜻함

禹
- 禹 (禹) yǔ 하(夏) 나라를 세운 성왕
- 禹 (禹) yǔ 성(姓)에 주로 쓰임
- 大禹治水 (大禹治水) dà yǔ zhì shuǐ 우왕이 물을 다스리다
- 夏禹王是治水英雄 xià yǔ wáng shì zhì shuǐ yīng xióng 하 나라의 우왕은 치수의 영웅이다

禹	迹
一	丶
台	二
台	方
禹	亦
禹	诉
禹	迹

迹
- 事迹 (事跡) shì jì 사건의 자취, 사적
- 足迹 (足跡) zú jì 발자국
- 痕迹 (痕跡) hén jì 자취, 자국
- 略迹原情 (略跡原情) lüè jì yuán qíng 사실을 떠나 인정상 참작해 주다
- 行迹可疑 (行跡可疑) xíng jì kě yí 행적(행실)이 수상하다

회화 한마당

还有啥症状? hái yǒu shá zhèng zhuàng 그리고 또 어떤 증상이 있나요?
还闹肚子, 腹泻. hái nào dǔ zi, fù xiè 배아리를 하고 설사까지 합니다.

百 郡 秦 幷

빠이 bǎi	쥔 jùn	친 qín	삥 bìng
百	郡	秦	幷
일백 백	고을 군	나라 진	어우를 병

百郡秦幷 (진시황은) 진나라에 100개 군을 두고 나라를 통일했다

百
- 百花 (百花) bǎi huā 온갖 꽃
- 百货 (百貨) bǎi huò 백화점
- 百事大吉 (百事大吉) bǎi shì dà jí 모든 일이 뜻대로 잘 되다, 만사대길
- 百里挑一 (百里挑一) bǎi lǐ tiāo yī 백에서 하나를 고르다, 매우 드물다
- 百看不厌 (百看不厭) bǎi kàn bù yàn 아무리 봐도 싫증나지 않다

郡
- 郡 (郡) jùn 군(옛날 행정구역 단위)
- 郡王 (郡王) jùn wáng 군왕(작위의 하나)
- 郡主 (郡主) jùn zhǔ 군주(행정구역 책임자)
- 郡下设面 (郡下設面) jùn xià shè miàan 군 산하에 면을 설치하다

百	郡
一	ㄱ
ア	ㅋ
厂	尹
百	君
百	君阝
百	郡

秦
- 秦 (秦) qín 진(중국 최초의 통일제국)
- 秦始皇 (秦始皇) qín shǐ huáng 진시황
- 秦晋之好 (秦晉之好) qín jìn zhī hǎo 혼인하는 친밀한 관계를 이름
- 秦镜高悬 (秦鏡高懸) qín jìng gāo xuán (진나라 때 선악을 꿰뚫어본다는 거울인) 진경을 높이 걸고 선악을 바로 잡다(사건을 공정하게 판정함을 이름)

幷
- 幷列 (幷列) bìng liè 나란히 늘어섬
- 合并 (合幷) hé bìng 합쳐 하나로 만듦, 합병
- 幷日而食 (幷日而食) bìng rì ér shí 하루 걸러 식사하다(구차함을 뜻함)
- 幷行不悖 (幷行不悖) bìng xíng bù bèi 두 가지 일을 동시에 해도 서로 배치되지 않는다
- 幷成一块 (幷成一塊) bìng chéng yī kuài 합쳐 하나로 만듦

秦	幷
三	、
声	ˇ
夫	丷
表	丷
奉	并
秦	幷

 회화 한마당

您得打针, 再开点儿药. nín děi dǎ zhēn, zài kāi diǎnr yào 침을 맞고 약 처방도 좀 해야겠습니다.
我怕打针, 只吃药. wǒ pà dǎ zhēn, zhǐ chī yào 나는 침 맞기가 겁나는데 약만 먹을 겁니다.

岳 yuè / 嶽 메 악
宗 zōng / 宗 근본 종
恒 héng / 恆 항상 항
岱 dài / 岱 대산 대

岳宗恒岱 명산 중의 조종은 항산과 태산이다(이곳에서 하늘제를 지낸다)

岳
- 五岳 (五嶽) wǔ yuè 중국의 오대명산(泰山, 华山, 衡山, 恒山, 嵩山)
- 岳父 (嶽父) yuè fù 장인
- 岳立 (嶽立) yuè lì 우뚝 솟음
- 雪岳山 (雪嶽山) xuě yuè shān 설악산
- 飞越山岳 (飛越山嶽) fēi yuè shān yuè 산악을 날아 넘다

岳	宗
厂	宀
丘	宀
丘	宁
乐	宇
岳	宗
岳	宗

宗
- 祖宗 (祖宗) zǔ zōng 조상, 선조
- 宗老 (宗老) zōng lǎo 집안의 어른, 문중의 연장자
- 宗派 (宗派) zōng pài 종가의 계통
- 传宗接代 (傳宗接代) chuán zōng jiē dài 대를 잇다, 혈통을 잇다
- 光宗耀祖 (光宗耀祖) guāng zōng yào zǔ 조상을 빛내다

恒
- 永恒 (永恆) yǒng héng 길고 오램
- 恒常 (恆常) héng cháng 늘, 언제나
- 恒心 (恆心) héng xīn 변함없는 마음
- 持之以恒 (持之以恆) chí zhī yǐ héng 항심을 가지고 견지해 나가다
- 恒久不衰 (恆久不衰) héng jiǔ bù shuāi 영원토록 변치 않다, 영원히 빛나다

恒	岱
忄	亻
忄	亻
忄	代
恒	代
恒	岱
恒	岱

岱
- 岱 (岱) dài 태산의 별칭
- 岱 (岱) dài 고대 나라 이름
- 攀登岱岳 (攀登岱岳) pān dēng dài yuè 태산을 밟아 오르다

如果还不见效, 就得住院治疗. rú guǒ hái bù jiàn xiào, jiù děi zhù yuàn zhì liáo 그래도 낫지 않으면 곧 주원치료를 해야 합니다.

那就听大夫的, 打就打吧. nā jiù tīng dài fu de, dǎ jiù dǎ ba 그럼 의원님 말씀에 따르겠습니다, 침을 맞지요.

禅 chán	主 zhǔ	云 yún	亭 tíng
禪	主	云	亭
터닦을 선	주장할, 임금 주	이를 운	정자 정

禅主云亭 지신제는 (태산 남쪽의) 운운산과 정정산에서 올렸다

禅	禅林 (禪林) chán lín 사원, 절간 禅坐 (禪坐) chán zuò 참선하여 앉음 口头禅 (口頭禪) kǒu tóu chán 구두선, 입에 발린 말 拜见禅师 (拜見禪師) bài jiàn chán shī 덕망이 높은 선승을 알현하다	禅 主 礻 丶 礻 亠 礻 亠 祠 主 祠 主 禅
主	主席 (主席) zhǔ xí 주석 主持 (主持) zhǔ chí 책임지고 집행함 房主 (房主) fáng zhǔ 집주인 喧宾夺主 (喧賓奪主) xuān bīn duó zhǔ 주객이 전도되다 主次分明 (主次分明) zhǔ cì fēn míng 주요한 것과 그렇지 않은 것이 분명히 갈라지다	
云	云云 (云云) yún yún 이러이러함, 여차여차 (말이나 문구를 인용하거나 마무리지을 때 생략함을 표시) 不知所云 (不知所云) bù zhī suǒ yún 무슨 말을 했는지 모르다 人云亦云 (人云亦云) rén yún yì yún 남이 말하는대로 따라 말하다, 주관이 없다 无所不云 (無所不云) wú suǒ bù yún 못할 말이 없다, 이것 저것 다 말하다	云 亭 二 亠 云 亠 云 亠 亭 亭 亭
亭	亭子 (亭子) tíng zi 정자 亭立 (亭立) tíng lì 곧바로 서다 日松亭 (日松亭) rì sōng tíng 일송정 (중국 용정시에 위치) 亭亭玉立 (亭亭玉立) tíng tíng yù lì 미녀의 몸매가 날씬한 모양 亭院游闲 (亭院游閑) tíng yuàn yóu xián 정원에서 한가히 노닐다	

您好点了吗? nín hǎo diǎn le ma 당신은 좀 나으신가요?
见好点儿. jiàn hǎo diǎnr 좀 괜찮은 것 같아요.

雁 門 紫 塞

雁 yàn	門 mén	紫 zǐ	塞 sài
雁	門	紫	塞
기러기 안	문 문	붉을 자	변방 새

雁門紫塞 (산시성 대현 서북쪽의) 안문, (허베이성 이현 서쪽의) 자새

雁
- 雁飞 (雁飛) yàn fēi 기러기가 날다
- 谌鱼落雁 (諶魚落雁) chén yú luò yàn 물고기가 물속에 노닐고 기러기가 내려앉다 (여자의 아름다움을 뜻함)
- 雁来知春 (雁來知春) yàn lái zhī chūn 찾아오는 기러기를 보고 봄이 왔음을 알다
- 头雁飞, 群雁跟 (頭雁飛, 群雁跟) tóu yàn fēi, qún yàn gēn 선두 기러기가 날으니 뭇기러기들이 따라 난다 (뭇사람이 선두자를 따라간다는 뜻)

雁: 雁 厂 厅 厈 雁 雁 雁

门
- 大门 (大門) dà mén 큰 문, 집의 정문, 대문
- 进门 (進門) jìn mén 대문으로 들어감
- 无门(路) (無門(路)) wú mén(lù) 연줄(친분)이 없음
- 门当户对 (門當戶對) mén dāng hù duì (혼인관계) 남녀간 두 집이 걸맞다
- 登门拜访 (登門拜訪) dēng mén bài fǎng 직접 저택을 찾아 방문함

门: 丶 亻 门

紫
- 紫色 (紫色) zǐ sè 자주빛
- 紫金城 (紫金城) zǐ jīn chéng 자금성
- 紫外线 (紫外線) zǐ wài xiàn 복사선의 하나, 자외선
- 姹紫嫣红 (姹紫嫣紅) chà zǐ yān hóng 울긋불긋, 여러 가지 색깔의 꽃을 형용
- 万紫千红 (萬紫千紅) wàn zǐ qiān hóng 울긋불긋 천태만상을 이루다, 황홀경을 이루다

紫: 卜 止 此 此 紫 紫

塞
- 要塞 (要塞) yào sài 요해의 성채, 보루
- 塞民 (塞民) sài mín 변방 주민
- 塞上 (塞上) sài shàng 변방 지역
- 塞外 (塞外) sài wài 국경 밖
- 保卫边塞 (保衛邊塞) bǎo wèi biān sài 변강(요새)을 보위하다

塞: 宀 宀 宲 宲 寒 塞

有病治疗很重要. yǒu bìng zhì liáo hěn zhòng yào 병이 나면 치료하는 것이 매우 중요합니다.
可平时的锻炼和预防更重要. kě píng shí de duàn liàn hé yù fáng gèng zhòng yào 하지만 평소의 단련과 예방이 더 중요하지요.

鸡 田 赤 城

鸡 jī	田 tián	赤 chì	城 chéng
鷄	田	赤	城
닭 계	밭 전	붉을 적	재 성

鸡田赤城 (닝샤 영무현의) 계전, (허베이성의) 적성 (모두 북방의 요새이다)

鸡
- 小鸡 (小鷄) xiǎo jī 병아리
- 鸡蛋 (鷄蛋) jī dàn 계란
- 养鸡 (養鷄) yǎng jī 닭을 침
- 鸡毛蒜皮 (鷄毛蒜皮) jī máo suàn pí 사소한, 보잘것없는 일
- 鸡飞蛋打 (鷄飛蛋打) jī fēi dàn dǎ 닭은 날아가고 달걀은 깨지다, 게도 구럭도 다 잃다

鸡	田
又	丨
又	冂
㚻	冃
㚻	用
鸡	田
鸡	

田
- 种田 (種田) zhòng tián 농사를 지음
- 田地 (田地) tián dì 논, 밭, 경작지
- 解甲归田 (解甲歸田) jiě jiǎ guī tián 옛날 군에서 제대하여 고향으로 돌아가 농사를 짓는 다는 뜻
- 田间管理 (田間管理) tián jiān guǎn lǐ 경지 관리
- 分田到户 (分田到戶) fēn tián dào hù 땅을 개인에게 나누어주다

赤
- 赤色 (赤色) chì sè 붉은색
- 赤诚 (赤誠) chì chéng 참된 마음에서 우러나오는 정성
- 赤手 (赤手) chì shǒu 빈 주먹
- 赤胆忠心 (赤膽忠心) chì dǎn zhōng xīn 충성하는 마음(일편단심과 같은 뜻)
- 赤手空拳 (赤手空拳) chì shǒu kōng quán 손에 아무것도 들지 않다, 적수공권

赤	城
十	土
土	圠
丅	坊
赤	城
赤	城
赤	城

城
- 城市 (城市) chéng shì 도시
- 筑城 (筑城) zhù chéng 성을 쌓다
- 城乡 (城鄉) chéng xiāng 도시와 시골
- 城下之盟 (城下之盟) chéng xià zhī méng 적에게 항복한 패전국이 맺는 굴욕적인 강화의 맹약
- 兵临城下 (兵臨城下) bīng lín chéng xià 적군이 성 밑까지 쳐들어오다

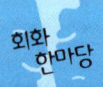
회화 한마당

祝您早日康复. zhù nín zǎo rì kāng fù 하루빨리 건강을 회복하시길 바랍니다.
谢谢, 您也(要)多保重. xiè xie, nín yě(yào) duō bǎo zhòng 고맙습니다, 당신도 몸을 잘 돌보세요.

昆 池 碣 石

쿤 kūn	츠 chí	제 jié	스 shí
昆	池	碣	石
맏 곤	못 지	돌 갈	돌 석

昆池碣石 (윈난성 곤명현의) 곤지와 (부평현의) 갈석

昆	昆虫 (昆蟲) kūn chóng 곤충 昆弟 (昆弟) kūn dì 형제(남의 형제를 높여 이를 때) 昆孙 (昆孫) kūn sūn 육대손자 昆山片玉 (昆山片玉) kūn shān piàn yù 곤륜산의 옥처럼 귀중한 것 昆明四季如春 (昆明四季如春) kūn míng sì jì rú chūn 곤명은 사계절이 봄과 같다	昆 池 口 、 日 �氵 므 氵 昆 汕 昆 池
池	游泳池 (游泳池) yóu yǒng chí 수영장 水池 (水池) shuǐ chí 못 池鱼之殃 (池魚之殃) chí yú zhī yāng 뜻밖의 재난 殃及鱼池 (殃及魚池) yāng jí yú chí 뜻밖에 닥친 재난 池浅王八多 (池淺王八多) chí qiǎn wáng bā duō 못(늪)은 얕아도 자라(거북)가 많다 (필요 없는 것이 너무 많음을 비유)	
碣	碣石 (碣石) jié shí 갈석 碣文 (碣文) jié wén 돌비문 墓碣 (墓碣) mù jié 묘지의 비석 残碑断碣 (殘碑斷碣) cán bēi duàn jié 갈라지고 깨어진 돌 비석 立碣纪念 (立碣紀念) lì jié jì niàn 돌비석을 세워 기념하다	碣 石 石 一 矽 厂 矽 イ 碣 石 碣 石 碣
石	石油 (石油) shí yóu 석유 沙石 (沙石) shā shí 모래와 자갈(돌) 石头 (石頭) shí tóu 돌 坚如盘石 (堅如盤石) jiān rú pán shí 반석마냥 견고함 石沉大海 (石沉大海) shí chén dà hǎi 돌이 바다에 가라앉듯 무소식이다	

 회화 한마당

请问, 查号台多少号? qǐng wèn, chá hào tái duō shǎo hào 안내 전화번호는 몇 번입니까?
请拨一一四. qǐng bō yāo yāo sì 114번으로 거세요.

钜 野 洞 庭

钜 쥐 jù	野 예 yě	洞 뚱 dòng	庭 팅 tíng
鉅 톱 거	野 들 야	洞 골 동	庭 뜰 정

锯野洞庭 (산둥성 거야현의) 거야와 (후난성의) 동정호 (모두 유명한 산수로 알려진 곳이다)

钜
- 钜富 (鉅富) jù fù 거대한 부, 거부
- 钜野 (鉅野) jù yě 산둥성의 현
- 鲁有名胜钜野 (魯有名勝鉅野) lǔ yǒu míng shèng jù yě 노 나라에는 거야라는 명승지가 있었다

钜	野
𠂉	田
钅	甲
钅	里
钜	野
钜	野
	野

野
- 野外 (野外) yě wài 들판, 교외
- 田野 (田野) tián yě 들판
- 在野党 (在野黨) zài yě dǎng 야당
- 野心勃勃 (野心勃勃) yě xīn bó bó 야심이 가득하다
- 野性难改 (野性難改) yě xìng nán gǎi 거친 성미(야성)는 고치기 어렵다

洞
- 山洞 (山洞) shān dòng 산굴
- 洞口 (洞口) dòng kǒu 동굴 입구
- 洞房 (洞房) dòng fáng 신방, 결혼 첫날밤에 드는 집
- 洞察一切 (洞察一切) dòng chá yī qiè 모든 것을 꿰뚫어 보다
- 洞晓内情 (洞曉內情) dòng xiǎo nèi qíng 내막을 철저하게 알다

洞	庭
氵	广
氵	广
汩	庭
洞	庭
洞	庭
洞	庭

庭
- 家庭 (家庭) jiā tíng 가정
- 庭院 (庭院) tíng yuàn 뜰, 정원
- 法庭 (法庭) fǎ tíng 재판정, 법정
- 门庭若市 (門庭若市) mén tíng ruò shì 대문 안뜰이 장마당같다 (방문객이 많음을 뜻함)
- 闲庭信步 (閑庭信步) xián tíng xìn bù 한가한 정원에서 자유로이 거닐다

可以借用电话吗? kě yǐ jiè yòng diàn huà ma 전화를 써도 되겠습니까?
可以. kě yǐ 그렇게 하시죠 (됩니다).

旷 远 绵 邈
쾅 kuàng 위안 yuǎn 먠 mián 먀오 miǎo
曠 遠 綿 邈
빌 광 멀 원 솜 면 멀 막

旷远绵邈 대지는 가없이 면면히 펼쳐졌다

旷
旷远(曠遠) kuàng yuǎn 가없이 넓음
旷野(曠野) kuàng yě 광야
心旷(心曠) xīn kuàng 마음이 후련함
旷日持久(曠日持久) kuàng rì chí jiǔ 헛된 나날을 보내면서 오래 끌다
空旷开阔(空曠開闊) kōng kuàng kāi kuò 매우 넓고 확 트이다, 넓디 넓다

旷	远
丨	一
冂	二
冂	亍
日	元
日丶	沅
旷	远

远
永远(永遠) yǒng yuǎn 영원하다
远大(遠大) yuǎn dà (뜻이) 깊고 큼, 원대함
远走高飞(遠走高飛) yuǎn zǒu gāo fēi 머나먼 곳으로 가버리다
舍近求远(舍近求遠) shě jìn qiú yuǎn 가까운 데 있는 것을 버리고 먼 데 있는 것을 구함
远道而来(遠道而來) yuǎn dào ér lái 멀리서 다녀옴

绵
绵花(綿花) mián huā 면화
绵延(綿延) mián yán (산, 구릉 따위가) 끊임없이 이어짐
软绵(軟綿) ruǎn mián 연하고 푹신함
绵言细语(綿言細語) mián yán xì yǔ 부드럽고 잔잔한 말씨
秋雨绵绵(秋雨綿綿) qiū yǔ mián mián 가을비가 끊임없이 내림

绵	邈
纟	夕
纠	豸
纳	貂
绐	貌
绵	貌
绵	邈

邈
邈然(邈然) miǎo rán 요원하다, 아득하게 멀다
邈远(邈遠) miǎo yuǎn 아득함
邈视(邈視) miǎo shì 멸시
邈不可闻(邈不可聞) miǎo bù kě wén (소리가) 멀어서 들을 수 없다
邈邈数千年(邈邈數千年) miǎo miǎo shù qiān nián 수천 년 전 아득히 먼 옛날

公用电话(亭)在哪? gōng yòng diàn huà(tíng) zài nǎ 공중전화(박스)가 어디에 있습니까?
就在附近. jiù zài fù jìn 바로 이 부근에 있습니다.

岩岫杳冥 큰바위와 산봉우리는 묘연하고 아늑하게 뻗어졌다

岩
- 岩壁 (巖壁) yán bì 깎아지른 듯 높이 솟은 바위, 암벽
- 岩石 (巖石) yán shí 바위
- 岩层 (岩層) yán céng 암석층
- 岩居穴处 (巖居穴處) yán jū xué chǔ 은둔 생활을 하다
- 穿过岩洞 (穿過巖洞) chuān guò yán dòng 동굴을 지나가다

岫
- 远岫 (遠岫) yuǎn xiù 먼 산봉우리
- 岫居 (岫居) xiù jū 깊이 잠겨 있음
- 岫顶 (岫頂) xiù dǐng 산봉우리
- 重峦叠岫 (重巒疊岫) chóng luán dié xiù 첩첩이 겹친 산봉우리
- 遥岫望远 (遙岫望遠) yáo xiù wàng yuǎn 먼 산봉우리를 바라보다

杳
- 杳渺 (杳渺) yǎo miǎo 멀리 떨어져 아득하다
- 杳然 (杳然) yǎo rán 알쏭달쏭함, 그윽하고 멀어서 눈이 아물아물함
- 杳冥 (杳冥) yǎo míng 깊고 아늑하다
- 杳无音信 (杳無音信) yǎo wú yīn xìn 소식 없다, 감감무소식
- 杳杳无踪 (杳杳無踪) yǎo yǎo wú zòng 종적이 묘연하다, 소식이 감감함

冥
- 冥晦 (冥晦) míng huì 어둡다, 컴컴함
- 冥途 (冥途) míng tú 사람이 죽은 후 그 영혼이 간다는 암흑세계
- 冥思苦想 (冥思苦想) míng sī kǔ xiǎng 깊이 사색하다(심사숙고와 같은 말)
- 敬祈冥福 (敬祈冥福) jìng qí míng fú 삼가 명복을 빕니다

岩	岫
丶	⎜
山	山
山	山
屵	屵
屵	岫
岩	岫

杳	冥
一	丶
十	冖
木	冝
木	冝
杏	冥
杳	冥

 회화 한마당

在哪卖电话卡? zài nǎ mài diàn huà kǎ 전화카드를 어디서 팔지요?
各小卖店(部)都有卖的. gè xiǎo mài diàn(bù) dōu yǒu mài de 매점에서 모두 팔고 있습니다.

治本于农 (모든 것을) 다스리는 근본은 농사이다

治	治疗 (治療) zhì liáo 병을 다스려서 낫게 함 治理 (治理) zhì lǐ 다스리다 治病 (治病) zhì bìng 병을 치료함 治病救人 (治病救人) zhì bìng jiù rén 병을 치료하여 사람을 구하다 治理环境 (治理環境) zhì lǐ huán jìng 환경을 다스리다
本	根本 (根本) gēn běn 밑뿌리, 근본 本色 (本色) běn sè 본디의 형태 亏本 (虧本) kuī běn 본전을 잃다 本大利宽 (本大利寬) běn dà lì kuān 밑천이 커야 이익이 많다 本末倒置 (本末倒置) běn mò dǎo zhì 주요한 것과 부차적인 것이 엇바뀌다
于	大于 (大於) dà yú …보다 크다 对于 (對於) duì yú …대하여 生于 (生於) shēng yú …에 출생하다 于今为烈 (於今爲烈) yú jīn wéi liè 지금 와서 더욱 심해지다 好于往年 (好於往年) hǎo yú wǎng nián 옛날(지난해)보다 좋다(낫다)
农	农民 (農民) nóng mín 농민 农业 (農業) nóng yè 농사 짓는 일, 농업 农场 (農場) nóng cháng 농업 경영하는 곳, 농장 不违农时 (不違農時) bù wéi nóng shí 농사철을 어기지 않다 以农为本 (以農爲本) yǐ nóng wéi běn 농업을 기본으로 함

 회화 한마당

可以打(挂)长途(电话)吗? kě yǐ dǎ(guà) cháng tú diàn huà ma 장거리 전화를 걸 수 있습니까?
可以(不可以). kě yǐ(bù kě yǐ) 걸 수 있습니다(걸 수 없습니다).

务 兹 稼 穑

우 wù / 즈 zī / 쟈 jià / 써 sè

務 兹 稼 穡

힘쓸 무 / 이 자 / 심을 가 / 거둘 색

务兹稼穑 반드시 심고 거두는 (농사) 일에 힘을 다해야 한다

务
- 服务 (服務) fú wù 직무를 맡아 봄(보다), 봉사함
- 务农 (務農) wù nóng 농업에 종사함
- 务必 (務必) wù bì 반드시, 꼭
- 当务之急 (當務之急) dāng wù zhī jí 당장 급히 해야 할 일, 급선무
- 不务正业 (不務正業) bù wù zhèng yè 정당한 직업에 종사하지 않다

兹
- 今兹 (今兹) jīn zī 금년
- 兹由 (兹由) zī yóu 지금 … 로부터
- 兹事 (兹事) zī shì 이 일
- 念兹在兹 (念兹在兹) niàn zī zài zī 자나 깨나 생각하다
- 兹事重要 (兹事重要) zī shì zhòng yào 이것은 중요한 일이다

稼
- 庄稼 (庄稼) zhuāng jià 곡식
- 稼事 (稼事) jià shì 농사일
- 务兹稼穑 (務兹稼穡) wù zī jià sè 때를 놓치지 말고 농사일에 힘써야 한다
- 不误稼事 (不誤桂鉤) bù wù jià shì 농사를 지체하지 않다

穑
- 穑事 (穡事) sè shì 농사일
- 穑夫 (穡夫) sè fū 농부
- 稼穑艰难 (稼穡艱難) jià sè jiān nán 농사일이 어렵고 고되다
- 穑事缠身 (穡事纏身) sè shì chán shēn 농사일이 많아 몸을 빼지 못하다

회화 한마당

可以打(挂)国际电话吗? kě yǐ dǎ(guà) guó jì diàn huà ma 국제 다이얼 통화가 가능한가요?
可以打(挂)世界各地. kě yǐ dǎ(guà) shì jiè gè dì 세계 각 지역으로 통화가 가능합니다.

俶	载	南	亩
추 chù	짜이 zài	난 nán	무 mǔ
俶	載	南	畝
비로소 숙	실을, 일 재	남녘 남	이랑 묘

俶载南亩 (봄이 오면) 비로소 남양 밭에서 농사일을 시작한다

俶	俶装 (俶裝) chù zhuāng 옷차림을 단정히 하다 有俶其城 (有俶其城) yǒu chù qí chéng 그 성을 쌓다 任其俶扰 (任其俶擾) rèn qí chù rǎo 그가 소란을 피우는 대로 그만 내버려두다
载	超载 (超載) chāo zài 운임 기준을 초과하여 실음 载送 (載送) zài sòng 실어 보냄 重载 (重載) zhòng zài 무거운 짐 载歌载舞 (載歌載舞) zài gē zài wǔ 노래와 춤으로 즐기다 满载而归 (滿載而歸) mǎn zài ér guī (물건을) 가득 싣고 돌아오다, 큰 성과를 거두고 돌아오다
南	南北 (南北) nán běi 남쪽과 북쪽 江南 (江南) jiāng nán 강의 이남 寿比南山 (壽比南山) shòu bǐ nán shān 장수한다는 뜻(노인에게 하는 경어) 南辕北辙 (南轅北轍) nán yuán běi zhé 수레채는 남쪽으로 바퀴자국은 북쪽으로(행동과 목적, 의도와 결과가 서로 일치하지 않음을 비유)
亩	亩沟 (畝溝) mǔ gōu 밭고랑 一亩 (一畝) yī mǔ 1무(토지 면적단위) 一亩三分地儿 (一畝三分地兒) yī mǔ sān fēn dìr 극히 좁은 땅이라는 뜻 家贫无半亩地 (家貧無半畝地) jiā pín wú bàn mǔ dì 빈궁한 집에는 반묘(묘는 토지 면적 단위로서, 1묘는 6.667아르임)의 땅도 없다

회화 한마당

这是直拨电话吗? zhè shi zhí bō diàn huà ma 이것은 다이얼 통화(직통)전화인가요?
不, 这是普通电话. bù, zhè shi pǔ tōng diàn huà 아닙니다, 이것은 보통 전화입니다.

我 艺 黍 稷

워 wǒ	이 yì	수 shǔ	찌 jì
我	藝	黍	稷
나 아	심을 예	기장 서	피 직

我艺黍稷 나는 기장과 피 농사에 달라붙는다

我
- 我国 (我國) wǒ guó 우리나라
- 我家 (我家) wǒ jiā 나의 집
- 我们 (我們) wǒ mén 우리
- 我行我素 (我行我素) wǒ xíng wǒ sù (평소처럼) 자기 멋대로 하다
- 自我自大 (自我自大) zì wǒ zì dà 스스로 잘난 체 하다

艺
- 艺人 (藝人) yì rén 연예인
- 手艺 (手藝) shǒu yì 손재주
- 多才多艺 (多才多藝) duō cái duō yì 재간둥이, 다방면에 재주가 많다
- 树艺五谷 (樹藝五穀) shù yì wǔ gǔ 오곡을 심다, 농사를 지음
- 技艺超群 (技藝超群) jì yì chāo qún 기예가 출중함

黍
- 黍子 (黍子) shǔ jì 기장(곡류의 하나)
- 黍酒 (黍酒) shǔ jiǔ 기장으로 만든 곡주
- 不差累黍 (不差累黍) bù chà lěi shǔ 거의 차이가 없다는 말
- 黍谷生春 (黍穀生春) shǔ gǔ shēng chūn 고생 끝에 낙이 오다

稷
- 稷子 (稷子) jì zi 기장, 조
- 社稷 (社稷) shè jì 한 왕조의 기초
- 社稷为墟 (社稷爲墟) shè jì wéi xū 나라가 멸망함을 이르는 말
- 黍稷不分 (黍稷不分) shǔ jì bù fēn 기장과 조를 분별하지 못하다, 시비가 뒤섞이다

我	艺
二	一
于	十
手	艹
我	艺
我	

黍	稷
千	禾
禾	秆
禾	稷
禾	稷
黍	稷
黍	稷

可以打对方付款电话吗? kě yǐ dǎ duì fāng fù kuǎn diàn huà ma 콜렉트 콜 전화를 걸 수 있나요?
不用, 电话费由我付. bù yòng, diàn huà fèi yóu wǒ fù 그럴 필요 없어요, 통화료는 제가 지불할 겁니다.

税 熟 贡 新

税 shuì	熟 shú	贡 gòng	新 xīn
부세 세	익힐 숙	바칠 공	새 신

税熟贡新 익은 곡식은 납세로 받고 햇곡은 종묘 제사에 올렸다

税
- 上税(上税) shàng shuì 세금을 납부함
- 税务(税務) shuì wù 조세의 부과, 징수에 관한 사무, 세무
- 食租衣税(食租衣税) shí zū yī shuì 바친 조세에 의해 생활하다
- 照章纳税(照章納税) zhào zhāng nà shuì 규정에 따라 세금을 바치다

熟
- 成熟(成熟) chéng shú 무르녹게 익음, 성숙함
- 熟悉(熟悉) shú xi 익숙함
- 熟人(熟人) shú rén 익숙한 사람
- 熟视无睹(熟視無睹) shú shì wú dǔ 늘 보면서도 못본체하다, 본체 만체하다
- 瓜熟蒂落(瓜熟蒂落) guā shú dì luò 참외가 익으면 저절로 꼭지가 떨어짐(조건이 성숙되면 자연히 성공한다는 뜻)

贡
- 进贡(進貢) jìn gòng 공물을 바침
- 贡献(貢獻) gòng xiàn 이바지함
- 贡助(貢助) gòng zhù 기부(부조)
- 贡奉不绝(貢奉不絶) gòng fèng bù jué 헌납이 끊이지 않다
- 为国贡献(爲國貢獻) wèi guó gòng xiàn 나라를 위해 기여하다(헌신하다)

新
- 新年(新年) xīn nián 새해
- 创新(創新) chuàng xīn 새것을 창조함, 새로 개척함
- 更新(更新) gēng xīn 다시 새로와짐, 새롭게 고치다
- 新陈代谢(新陳代謝) xīn chén dài xiè 묵은 것이 사라지고 새 것이 생겨나다, 신진대사
- 喜新厌旧(喜新厭舊) xǐ xīn yàn jiù 새로운 것을 좋아하고 옛것을 싫어하다(주로 애정이 변함을 이름)

회화 한마당

请稍(微)等一下. qǐng shāo wēi děng yī xià 조금만 기다려 주세요.
对不起, 让你久等了. duì bù qǐ, ràng nǐ jiǔ děng le 오래 기다리게 해서 죄송합니다.

劝	赏	黜	陟
취안 quàn	상 shǎng	추 chù	즈 zhì
勸	賞	黜	陟
권할 권	상줄 상	내칠 출	오를 척

劝赏黜陟 상을 주어 면려하고 (공과에 따라) 진급시키거나 내쫓았다

劝
- 劝架 (勸架) quàn jià 싸움을 말림, 화해시킴
- 劝导 (勸導) quàn dǎo 타일러 이끌다, 권유함
- 劝诱 (勸誘) quàn yòu 권해서 하도록 함
- 劝善惩恶 (勸善懲惡) quàn shàn chéng è 선한 것을 고무 격려하고 악한 것을 징벌하다
- 衷心劝告 (衷心勸告) zhōng xīn quàn gào 진심으로(충심으로) 권고하다

赏
- 受赏 (受賞) shòu shǎng 상을 받음, 표창을 받다
- 领赏 (領賞) lǐng shǎng 상을 받다, 수상하다
- 奖赏 (獎賞) jiǎng shǎng 상을 줌
- 赏罚分明 (賞罰分明) shǎng fá fēn míng 잘하면 상을 주고 잘못하면 벌을 주는 법 규정이 분명하다
- 赏勤罚懒 (賞勤罰懶) shǎng qín fá lǎn 부지런한 자는 상을 주고 게으른 자는 벌을 주다

黜
- 黜免 (黜免) chù miǎn (관직을) 파면함
- 黜退 (黜退) chù tuì 면직함
- 黜职 (黜職) chù zhí 해임
- 黜陟幽明 (黜陟幽明) chù zhì yōu míng 지혜에 밝은 자를 등용하고 어리석어 사리에 어두운 자를 파면시키다
- 他被黜职了 (他被黜職了) tā bèi chù zhí le 그가 면직당하다

陟
- 陟降 (陟降) zhì jiàng 오르고 내림
- 陟罚 (陟罰) zhì fá 승진 혹은 처벌함
- 登山陟岭 (登山陟嶺) dēng shān zhì lǐng 험준한 산길을 오르내리다
- 陟罚分明 (陟罰分明) zhì fá fēn míng 승진시키거나 처벌하는 것을 분명히 하다

劝	赏	黜	陟
丆	丶	口	阝
又	丷	里	阝
劝	严	黑	阞
劝	当	黑丨	阡
	尝	黑丨	阵
	赏	黜	陟

请过(一)会儿再打. qǐng guò(yī) huìr zài dǎ 조금 후에 다시 거세요.
马上就打. mǎ shàng jiù dǎ 금방(즉시) 걸겠습니다.

孟 멍 mèng
轲 커 kě
敦 뚠 dūn
素 쑤 sù

孟 맏 맹
軻 수레 가
敦 두터울 돈
素 흴 소

孟軻敦素 맹자는 돈후하고 소박한 성품을 가졌다

孟
- 孟春(孟春) mèng chūn 음력 정월
- 孟母三迁(孟母三遷) mèng mǔ sān qiān 맹자의 어머니는 아들의 교육을 위해 세 번이나 이사했다
- 孟浪行事(孟浪行事) mèng làng xíng shì 경솔하게 처사하다

轲
- 孟轲(孟軻) měng kē 맹가(맹자의 이름)
- 轲峨(軻峨) kē é 높은 모양
- 坎轲不平(坎軻不平) kǎn kē bù píng (땅, 길이) 울퉁불퉁하다(파란 많은 인생을 비유)

孟	轲
了	一
子	七
孑	车
孟	车
孟	轲
孟	轲

敦
- 敦厚(敦厚) dūn hòu 인정이 두터움
- 敦实(敦實) dūn shí 옹골참, 야무짐
- 温柔敦厚(溫柔敦厚) wēn róu dūn hòu 온화하고 친절하고 성실하다
- 敦敦实实(敦敦實實) dūn dūn shí shí 매우 성실하고 정직함

素
- 素食(素食) sù shí 비육류 음식
- 因素(因素) yīn sù 요소
- 素昧平生(素昧平生) sù mèi píng shēng 평소에 서로 만난 적이 없다
- 素不相识(素不相識) sù bù xiāng shí 평소 전혀 모르는 사이, 전혀 안면이 없음

敦	素
亠	二
㐭	主
享	耂
亨	耂
敦	耂
敦	素

회화 한마당

请快(一)点儿讲. qǐng kuài(yī) diǎnr jiǎng 좀 빨리 말씀하세요.
请慢(一)点儿讲. qǐng màn(yī) diǎnr jiǎng 좀 천천히 말씀하세요.

史鱼秉直 사어(춘추시대 위나라 사람)는 강직한 성품을 가졌다

史

- 历史 (歷史) lì shǐ 겪어온 자취, 역사
- 史诗 (史詩) shǐ shī 역사의 사실을 엮은 시
- 史册 (史冊) shǐ cè 역사를 기록한 책
- 有史以来 (有史以來) yǒu shǐ yǐ lái 역사가 시작되던 날부터
- 史无前例 (史無前例) shǐ wú qián lì 역사상 전례가 없다

鱼

- 鱼肉 (魚肉) yú ròu 생선과 짐승의 고기
- 鱼水情 (魚水情) yú shuǐ qíng 물과 고기처럼 떨어질 수 없는 깊은 정(밀접한 관계)
- 生鱼片 (生魚片) shēng yú piān 활어 회
- 鱼龙混杂 (魚龍混雜) yú lóng hùn zá 물고기와 용이 섞여 있다(구성이 복잡하다는 뜻)
- 鱼水相得 (魚水相得) yú shuǐ xiāng dé 물고기와 물처럼 서로 보완하며 사이가 좋다

秉

- 秉承 (秉承) bǐng chéng 계승함
- 秉公 (秉公) bǐng gōng 공평하게 함
- 秉笔 (秉筆) bǐng bǐ 집필
- 秉笔直书 (秉筆直書) bǐng bǐ zhí shū 붓을 쥐고 사실대로 적어 내려감
- 秉公办事 (秉公辦事) bǐng gōng bàn shì 공평하게 일을 처리하다

直

- 直说 (直說) zhí shuō 직언, 숨기지 않고 솔직히 말함
- 正直 (正直) zhēng zhí 거짓 또는 허식 없이 마음이 바르고 곧음
- 直线 (直線) zhí xiàn 곧은 줄, 직선
- 一直 (一直) yī zhí 줄곧
- 直接了当 (直接了當) zhí jiē liǎo dàng 단도직입적이다, 시원시원하다

请大声讲. qǐng dà shēng jiǎng 크게 말씀하세요.
请再讲一遍. qǐng zài jiǎng yī biàn 다시 (한번 더) 말씀하세요.

庶 几 中 庸

수 shù / 지 jǐ / 중 zhōng / 용 yōng

庶 / 幾 / 中 / 庸

뭇 서 / 거의 기 / 가운데 중 / 가운데 용

庶几中庸 모든 일은 (어느 한 쪽으로 기울지 말고) 중용을 지켜야 한다

庶
- 庶民 (庶民) shù mín 백성
- 庶几 (庶幾) shù jǐ 거의
- 庶免误会 (庶免誤會) shù miǎn wù huì 오해가 없도록(하다)
- 庶民上告 (庶民上告) shù mín shàng gào 만백성이 상소하다

庶	几
丶	丿
广	几
广	
庐	
庐	
庶	

几
- 几乎 (幾乎) jī hū 거의
- 几天 (幾天) jī tiān 며칠
- 几个 (幾個) jī gè 몇(개)
- 曾几何时 (曾幾何時) céng jǐ hé shí (시간이) 오래지 않아, 얼마 지나지 않아서, 지난 한때
- 所剩无几 (所剩無幾) suǒ shèng wú jǐ 남은 것이 얼마 안 되다

中
- 当中 (當中) dāng zhōng 그중, 그 가운데
- 中间 (中間) zhōng jiān 중간
- 中国 (中國) zhōng guó 중국
- 中流砥柱 (中流砥柱) zhōng liú dǐ zhù 중견, 튼튼한 기둥
- 中途而废 (中途而廢) zhōng tú ér fèi 중도에서 그만두다

中	庸
丨	广
口	庐
口	庐
中	肩
	肩
	庸

庸
- 庸人 (庸人) yōng rén 평범한 사람
- 庸拙 (庸拙) yōng zhuō 용렬하고 졸렬함
- 庸中佼佼 (庸中佼佼) yōng zhōng jiǎo jiǎo 평범한 사람들 중에서 비범한 사람
- 中庸之道 (中庸之道) zhōng yōng zhī dào 중용의 도리
- 毋庸讳言 (毋庸諱言) wú yōng huì yán 말을 꺼리지 않다

请记下我的话. qǐng jì xia wǒ de huà 저의 전화를 메모하세요.
请留个话. qǐng liú ge huà 메모를 남기세요.

劳 谦 谨 敕

라오 láo　　챈 qiān　　찐 jǐn　　츠 chì

勞　　謙　　謹　　敕

수고할 로　　겸손 겸　　삼갈 근　　칙서 칙

劳谦谨敕 근로, 겸손하고 근엄하며 경계해야 한다

劳
- 劳苦 (勞苦) láo kǔ 수고스럽게 애씀, 노고
- 劳动 (勞動) láo dòng 일함, 노동
- 劳累 (勞累) láo lèi 일에 지치다
- 劳而无功 (勞而無功) láo ér wú gōng 헛수고를 하다
- 按劳取酬 (按勞取酬) àn láo qǔ chóu 일한 만큼 보수를 받다

谦
- 谦语 (謙語) qiān yǔ 겸손한 말
- 谦虚 (謙虛) qiān xū 겸손하여 교기가 없음, 겸허함
- 谦让 (謙讓) qiān ràng 겸손히 사양함
- 谦恭和气 (謙恭和氣) qiān gōng hé qì 겸허하고 온화하다
- 互相谦让 (互相謙讓) hù xiāng qiān ràng 서로 사양하다

谨
- 谨望 (謹望) jǐn wàng 삼가 바람
- 谨慎 (謹慎) jǐn shèn 언행을 삼가고 조심함
- 谨赠 (謹贈) jǐn zèng 삼가 드리다
- 谦虚谨慎 (謙虛謹慎) qiān xū jǐn shèn 겸허하고 신중하다
- 谨言慎行 (謹言慎行) jǐn yán shèn xíng 말과 행동을 각별히 조심하다

敕
- 敕命 (敕命) chì mìng 임금의 명령
- 敕许 (敕許) chì xǔ 임금의 허가
- 敕封六品 (敕封六品) chì fēng liù pǐn 6품 관리직에 봉함

 회화 한마당

接电话方便吗? jiē diàn huà fāng biàn ma 전화를 받는데 불편하지 않으세요?
可以, 请讲. kě yǐ, qǐng jiǎng 괜찮아요, 말씀하세요.

聆音察理 말을 귀담아 듣고 도리를 따져 보아야 한다

聆	聆取 (聆取) líng qǔ 귀담아 들음 聆受 (聆受) líng shòu 공손히 접수함 拜聆一是 (拜聆一是) bài líng yī shì (자세한 내용을) 공손히 듣다 聆听教训 (聆聽教訓) líng tīng jiào xùn 가르침과 타이름을 귀담아 듣다	聆 音 「 亠 耳 亠 耳 立 耵 音 耻 音 聆 音
音	声音 (聲音) shēng yīn 소리, 음성 音信 (音信) yīn xìn 소식 音乐 (音樂) yīn yuè 소리로 미감을 일으키는 예술, 음악 静待好音 (靜待好音) jìng dài hǎo yīn 삼가 기쁜 소식을 기다리다 久无音讯 (久無音訊) jiǔ wú yīn xùn 오랫동안 소식이 없다	
察	观察 (觀察) guān chá 관찰, 살펴봄 视察 (視察) shì chá 시찰 察觉 (察覺) chá jué 느끼다 察明事实 (察明事實) chá míng shì shí 사실을 조사하여 분명하게 밝힘 察言观色 (察言觀色) chá yán guān sè 상대방 말과 안색을 살피면서 그 의중을 헤아리다	察 理 宀 王 ⺁ 玑 宀 玌 宀 玾 宀 理 察 理
理	道理 (道理) dào lǐ 이치, 도리 治理 (治理) zhì lǐ 다스리다 理国 (理國) lǐ guó 나라를 다스림 日理万机 (日理萬機) rì lǐ wàn jī 매일 온갖 정사(많은 일)를 처리함 理所当然 (理所當然) lǐ suǒ dāng rán 당연하다, 두말할 것 없다	

 请转告. qǐng zhuǎn gào 전달해 주세요.
请付电话费. qǐng fù diàn huà fèi 통화료를 지불하세요.

鉴 貌 辨 色

鉴 jiàn	마오 mào	삔 biàn	써 sè
鑑	貌	辨	色
거울 감	모양 모	분별 변	빛 색

鑑貌辨色 용모를 살펴보고 심리를 파악해야 한다

鉴
- 鉴别 (鑑別) jiàn bié 감별함
- 鉴证 (鑑證) jiàn zhèng 감별하여 증실함
- 鉴台 (鑑台) jiàn tái 경대
- 鉴貌辨色 (鑑貌辨色) jiàn mào biàn sè 남의 안색을 살피다
- 引以为鉴 (引以爲鑑) yǐn yǐ wéi jiàn …을 거울(본보기)로 삼다

貌
- 外貌 (外貌) wài mào 겉 모양, 외모
- 礼貌 (禮貌) lǐ mào 예절에 맞는 모양, 예의
- 容貌 (容貌) róng mào 얼굴 모습
- 貌合神离 (貌合神離) mào hé shén lí 겉으로 사이가 좋은 듯 하지만 속은 딴판이다
- 貌不惊人 (貌不驚人) mào bù jīng rén 용모나 풍채가 사람의 주의를 끌지 못하다

辨
- 分辨 (分辨) fēn biàn 분별함, 가리어 냄
- 辨别 (辨別) biàn bié (시비, 선악을) 구별함
- 辨驳 (辨駁) biàn bó 시비를 가려 논박함
- 真伪莫辨 (真僞莫辨) zhēn wěi mò biàn 진짜인지 가짜인지 구분할 수 없다
- 辨明是非 (辨明是非) biàn míng shì fēi 시비를 분명히 가리다

色
- 颜色 (顔色) yán sè 얼굴빛, 안색
- 好色 (好色) hào sè 여자를 좋아함
- 黑色 (黑色) hēi sè 검은 색
- 色厉内荏 (色厲內荏) sè lì nèi rěn 외모는 다부지게 생겼지만 마음은 무르다
- 面不改色 (面不改色) miàn bù gǎi sè 얼굴빛이 변하지 않다(태연자약한 모습을 이름)

鉴	貌
刂	彡
吣	彳
吂	豸
峑	豹
鋅	貊
鉴	貌

辨	色
二	丿
亍	勹
亲	夕
刹	夂
辨	刍
辨	色

喂, 您是哪位(谁)? wèi, nín shì nǎ wèi(shéi) 여보세요, 당신은 누구세요?
我是金顺吉啊. wǒ shì jīn shùn jí a 저는 김순길입니다.

贻 厥 嘉 猷

贻 이 yí	厥 줴 jué	嘉 쟈 jiā	猷 유 yóu
贻 남길 이	厥 그 궐	嘉 아름다울 가	猷 꾀 유

贻厥嘉猷 (후세에) 그 좋은 것을 남겨 주어야 한다

贻
- 贻训 (貽訓) yí xùn 후세에 남긴 교훈
- 贻患 (貽患) yí huàn 우환, 근심거리
- 贻赠 (貽贈) yí zèng 증정
- 贻笑大方 (貽笑大方) yí xiào dà fāng 사람들의 웃음거리가 되다
- 贻患无穷 (貽患無窮) yí huàn wú qióng 후환이 끝이 없다

贻	厥
冂	厂
贝	厈
贻	屈
贻	厈
贻	厥
贻	厥

厥
- 厥子 (厥子) jué zǐ 그 사람
- 厥初 (厥初) jué chū 처음
- 大放厥词 (大放厥詞) dà fàng jué cí 쓸데없는 공론을 펴다
- 不顾厥后 (不顧厥後) bù gù jué hòu (그) 뒤의 일은 생각하지 않다

嘉
- 嘉奖 (嘉奬) jiā jiǎng 칭찬하고 장려하여 주는 상
- 嘉友 (嘉友) jiā yǒu 좋은 친구
- 嘉庆 (嘉慶) jiā qìng 즐겁고 경사로움
- 嘉言懿行 (嘉言懿行) jiā yán yì xíng 아름다운 언행
- 精神可嘉 (精神可嘉) jīng shén kě jiā (그) 정신은 칭찬할 만하다

嘉	猷
士	丷
吉	酋
壴	酋
嘉	酋
嘉	猷
嘉	猷

猷
- 鸿猷 (鴻猷) hóng yóu 큰 계략
- 贻猷 (貽猷) yí yóu 계책을 물려줌
- 鸿猷 (鴻猷) hóng yóu 웅위로운 계획
- 猷裕 (猷裕) yóu yù 부유의 근본적인 책략
- 胸有鸿猷 (胸有鴻猷) xiōng yǒu hóng yóu 가슴에 웅대한 계획이 세워져 있다

회화 한마당
王老师家吗? wáng lǎo shī jiā ma 왕 선생님 댁이십니까?
我找王老师. wǒ zhǎo wáng lǎo shī 왕 선생님 부탁드립니다.

勉 其 祗 植

勉 miǎn	其 qí	祗 zhī	植 zhí
勉 힘쓸 면	其 그 기	祗 공경 지	植 심을 식

勉其祗植 (후손들이) 그 본보기를 살려 나가도록 힘써 주어야 한다

勉
- 共勉 (共勉) gòng miǎn 서로 고무 격려함
- 奋勉 (奮勉) fèn miǎn 분발하여 노력함
- 勉强 (勉強) miǎn qiáng 억지로
- 勉为其难 (勉爲其難) miǎn wéi qí nán 어려운 일을 마지못해 하다
- 互相勉励 (互相勉勵) hù xiāng miǎn lì 서로 고무 격려하다

其
- 其他 (其他) qí tā 그 밖의 (것), 기타
- 其实 (其實) qí shí 그 실상, 기실
- 其乐无穷 (其樂無窮) qí lè wú qióng 그 즐거움은 끝이 없다
- 其人其事 (其人其事) qí rén qí shì 그 사람과 그 일
- 其不(非)怪哉 (其不(非)怪哉) qí bù(fēi) guài zāi 그 아니 이상하지 않을 소냐

祗
- 祗敬 (祗敬) zhī jìng 공경함
- 祗候 (祗候) zhī hòu 공경하여 기다림
- 祗颂台安 (祗頌台安) zhī sòng tāi ān 삼가 평안하기를 빕니다(서신 용어)
- 祗候光临 (祗候光臨) zhī hòu guāng lín 왕림을 손꼽아 기다리겠습니다

植
- 种植 (種植) zhòng zhí (식물을) 심다
- 移植 (移植) yí zhí 옮겨 심음
- 植树 (植樹) zhí shù 나무를 심음
- 植党营私 (植黨營私) zhí dǎng yíng sī 도당을 만들어 사리를 꾀함
- 植根未坚 (植根未堅) zhí gēn wèi jiān 기초가 아직 튼튼하지 않다

请换王先生. qǐng hàn wáng xiān shēng 왕 선생님을 바꿔주세요.
我就是, 你(您)是(谁)? wǒ jiù shì, nǐ(nín) shì(shéi) 전데요, 당신은 누구십니까?

省 躬 讥 诫

简体	병음	번체	훈음
省	싱 xǐng	省	살필 성
躬	궁 gōng	躬	몸 궁
讥	지 jī	譏	기롱 기
诫	졔 jiè	誡	경계 계

省躬讥诫 비방과 경계 속에서 자기를 반성해 보아야 한다

省
- 自省 (自省) zì xǐng 자기 반성, 스스로 잘못을 돌이켜 봄
- 反省 (反省) fǎn xǐng 잘잘못을 고찰함, 반성함
- 深省 (深省) shēn xǐng 깊이 깨닫다
- 一日三省 (一日三省) yī rì sān xǐng 하루에 세(몇) 번씩 자신을 되돌아보다
- 猛省回头 (猛省回頭) měng xǐng huí tóu 갑자기 깨닫고 돌아서다

省 필순: 丨, 小, 少, 𠃌, 省, 省

躬
- 躬体 (躬體) gōng tǐ 몸체
- 躬身 (躬身) gōng shēn 허리를 굽힘
- 鞠躬 (鞠躬) jū gōng 크게 허리를 굽혀 인사(절)함
- 鞠躬尽瘁 (鞠躬盡瘁) jū gōng jìn cuì 숨지는 그 날까지 몸과 마음을 다 바치다
- 反躬自问 (反躬自問) fǎn gōng zì wèn 자신을 돌아보고 스스로 자문하다

躬 필순: 亻, 身, 身, 身, 躬, 躬

讥
- 讥讽 (譏諷) jī fěng 풍자함, 비난함
- 讥谤 (譏謗) jī bàng 비웃음, 헐뜯다
- 讥毁 (譏毀) jī huǐ 비방하여 헐뜯음
- 尺布斗粟之讥 (尺布斗粟之譏) chǐ bù dǒu sù zhī jī (형제간의) 자그마한 불화를 비방하고 나무람을 이름
- 讥笑他人 (譏笑他人) jī xiào tā rén 타인을 비웃다

讥 필순: 丶, 讠, 讠, 讥, 讥

诫
- 劝诫 (勸誡) quàn jiè 타일러 훈계함
- 告诫 (告誡) gào jiè 경계함을 알림
- 警诫 (警誡) jǐng jiè 타일러 주의시킴
- 谆谆告诫 (諄諄告誡) zhūn zhūn gào jiè 간곡하게 타이름
- 小惩大诫 (小懲大誡) xiǎo chéng dà jiè 작은 책벌을 받는 것으로 큰 교훈을 얻다

诫 필순: 讠, 讠, 讠, 诫, 诫, 诫

王老师您好吗? wáng lǎo shī nín hǎo ma 선생님 안녕하세요?
顺吉同学你好, 有什么事(吗)? shùn jí tóng xué nǐ hǎo, yǒu shén me shì(ma) 순길군(씨), 잘 보내나, 무슨 용무로?

宠 增 抗 极

宠 chǒng / 사랑할 총 — 寵
增 zēng / 더할 증 — 增
抗 kàng / 겨룰 항 — 抗
极 jí / 극진할 극 — 極

宠增抗极 총애를 많이 베풀수록 교만도 커지는 법이다

宠
- 宠臣 (寵臣) chǒng chén 마음에 드는 신하
- 宠爱 (寵愛) chǒng ài 몹시 사랑하다
- 宠辱不惊 (寵辱不驚) chǒng rǔ bù jīng 총애 받거나 모욕을 당해도 대수롭게 여기지 않다
- 受宠若惊 (受寵若驚) shòu chǒng ruò jīng 지나친 총애를 받아 어찌할 바를 모르다

增
- 倍增 (倍增) bèi zēng 배로 증가함
- 增加 (增加) zēng jiā 수량을 늘림, 증가함
- 增强 (增強) zēng qiáng 더하여 굳세게 함
- 有增无减 (有增無減) yǒu zēng wú jiǎn 증가할뿐 줄지는 않다
- 增产不增收 (增産不增收) zēng chǎn bù zēng shōu 생산량은 늘어도 수입은 그대로임

抗
- 反抗 (反抗) fǎn kàng 순종하지 않고 저항함, 반항함
- 抗拒 (抗拒) kàng jù 맞서서 겨누어 반항함
- 对抗 (對抗) duì kàng 맞서 버티어 겨룸, 대항함
- 抗老强身 (抗老強身) kàng lǎo qiáng shēn 노후에 대비하여 신체를 단련하다
- 负隅顽抗 (負隅頑抗) fù yú wán kàng 막다른 골목에서 최후 발악하다

极
- 极端 (極端) jí duān 맨끝, 극단적
- 极力 (極力) jí lì 힘을 다함
- 罔极之恩 (罔極之恩) wǎng jí zhī ēn 지극한 은혜
- 气极败坏 (氣極敗壞) qì jí bài huài (화가 나거나 다급하여) 갈팡질팡함, 몹시 허둥거림
- 好极了 (好極了) hǎo jí le 매우(대단히) 좋다

필순
宠	增	抗	极
丶	土	十	一
宀	圹	扌	十
宀	圹	扩	木
宠	圹	扩	朳
宠	增	抗	极
宠	增		极

 회화 한마당

您家电话怎么老占线? nín jiā diàn huà zěn me lǎo zhàn xiàn 왜 선생님 댁 전화가 계속 불통인가요?
电话出毛病(故障)了. diàn huà chū máo bìng(gù zhàng) le 전화가 고장났습니다.

따이 dài	루 rǔ	찐 jìn	츠 chǐ
殆	辱	近	耻
위태로울 태	욕할 욕	가까울 근	부끄러울 치

殆辱近耻 위태롭고 욕된 일을 하게 되면 멀지 않아 치욕을 당하게 된다

殆	殆危 (殆危) dài wēi 위태로움 殆无 (殆無) dài wú 거의 없음 车殆马烦 (車殆馬煩) chē dài mǎ fán 노역으로 피로하다 逆我则殆 (逆我則殆) nì wǒ zé dài 나의 뜻을 거역하면 곧 위태롭다 知彼知己, 百战不殆 zhī bǐ zhī jǐ, bǎi zhàn bù dài 상대를 알고 자기를 알면 백 번 싸워도 위태롭지 않다	殆 辱 丆 厂 歹 尸 歹 辰 歼 辰 殆 辱 殆 辱
辱	辱骂 (辱罵) rǔ mà 욕설을 퍼붓다 耻辱 (恥辱) chǐ rǔ 수치와 모욕 污辱 (汚辱) wū rǔ 더럽히고 욕되게 함, 모독함 洗雪耻辱 (洗雪恥辱) xǐ xuě chǐ rǔ 치욕을 말끔히 씻어버림 丧权辱国 (喪權辱國) sàng quán rǔ guó 주권을 잃고 나라를 욕되게 하다	
近	最近 (最近) zuì jìn 최근, 요즘 近亲 (近親) jìn qīn 성이 같은 가까운사이, 근친 附近 (附近) fù jìn 근방(가까운 곳), 인근 近在咫尺 (近在咫尺) jìn zài zhǐ chě 지척에 (가까이) 있음 近在眉睫 (近在眉睫) jìn zài méi jié (일이) 눈앞에 닥치다	近 耻 丆 冂 斤 月 斤 耳 沂 耳 近 耻 近 耻
耻	羞耻 (羞恥) xiū chǐ 부끄러움, 수치 厚颜无耻 (厚顔無恥) hòu yán wú chǐ 뻔뻔스러워서 부끄러운 줄 모르다 被人耻笑 (被人恥笑) bèi rén chǐ xiào 남에게 조소와 멸시를 받음 奇耻大辱 (奇恥大辱) qí chǐ dà rǔ 크나큰 치욕 不知羞耻 (不知羞恥) bù zhī xiū chǐ 수치를 모르다	

 手机(大哥大)号码多少? shǒu jī(dà gē dà) hào mǎ duō shǎo 핸드폰 번호가 몇 번인가요?
(零一一)二三四五-六七八九. (líng yāo yāo) èr sān sì wǔ-liù qī bā jiǔ (011)2345-6789번입니다.

린 lín	가오 gāo	씽 xìng	지 jí
林 수풀 림	皐 언덕 고	幸 다행 행	卽 곧 즉

林皐幸卽 (차라리) 산간 수림 속에 사는 것이 바로 행복일 것이다

林
- 密林 (密林) mì lín 빽빽하게 들어선 수풀, 밀림
- 森林 (森林) sēn lín 나무가 많이 우거진 수풀, 삼림
- 林业 (林業) lín yè 삼림을 경영하는 사업, 임업
- 长林丰草 (長林豐草) cháng lín fēng cǎo 수풀이 우거진 곳(은거하는 환경을 비유)
- 高楼林立 (高樓林立) gāo lóu lín lì 큰 건물이 수풀처럼 (빼곡히) 일어서다

林	皐
十	白
才	白
木	臭
村	皐
林	皐

皐
- 江皐 (江皐) jiāng gāo 강 언덕
- 皐月 (皐月) gāo yuè 음력 5월
- 大水吞没江皐 (大水吞沒江皐) dà shuǐ tūn mò jiāng gāo 강 언덕이 (큰 물에) 잠기다

幸
- 幸运 (幸運) xìng yùn 행복한 운수, 행운
- 幸亏 (幸虧) xìng kuī 다행히
- 不幸 (不幸) bù xìng 행복하지 못함, 불행함
- 幸灾乐祸 (幸災樂禍) xìng zāi lè huò 남의 재앙을 기뻐하다, 남이 잘못되기를 바라다
- 无尚荣幸 (無尚榮幸) wú shàng róng xìng 무한히 영광스럽다

幸	卽
十	ㄱ
土	ㅋ
耂	ㅋ
幸	艮
幸	卽
幸	卽

卽
- 即时 (卽時) jí shí 곧, 바로 그때
- 随即 (隨卽) suí jí 잇달아, 즉시
- 即刻 (卽刻) jí kè 곧바로, 즉각
- 即景生情 (卽景生情) jí jǐng shēng qíng 눈앞의 정경에 따라 감흥이 일다
- 即席演说 (卽席演說) jí xí yǎn shuō 즉석에서 연설하다

회화 한마당

传真号多少? chuán zhēn hào duō shǎo 팩스 번호는 어떻게 되지요?
传真和电话兼用, 是一个号码. chuán zhēn hé diàn huà jiān yòng, shì yī ge hào mǎ 팩스와 전화는 겸용으로 한 번호를 사용합니다.

两 疏 见 机

량 liǎng　수 shū　쟨 jiàn　지 jī

兩　疏　見　機

두 량　섬길 소　볼 견　기회 기

两疏见机 두 소씨(한나라 소광과 소수)는 기회를 파악하며 처사하였다

两	两个 (兩個) liǎng ge 둘, 두 개 两口子 (兩口子) liǎng kǒu zi 부부 두 사람 两全其美 (兩全其美) liǎng quán qí měi 누이 좋고 매부 좋다(쌍방이 모두 다 좋다는 뜻) 两面三刀 (兩面三刀) liǎng miàn sān dāo 양다리 걸치기, 겉과 속이 다름 进退两难 (進退兩難) jìn tuì liǎng nán 앞으로 나갈 수도 뒤로 물러설 수도 없이 꼼짝할 수 없는 궁지에 빠지다
疏	生疏 (生疏) shēng shū 친하지 않음, 생소함 稀疏 (稀疏) xī shū 많지 않음, 드물다 疏远 (疏遠) shū yuǎn 멀리하다 仗义疏财 (仗義疏財) zhàng yì shū cái 의를 중하게 여기고 재물을 가볍게 보다 疏谋少略 (疏謀少略) shū móu shǎo lüè 계략에 능하지 못하다
见	看见 (看見) kàn jiàn 보이다, 보다 见面 (見面) jiàn miàn 만나다 再见 (再見) zài jiàn 다시 만남 见缝插针 (見縫插針) jiàn fèng chā zhēn 시간과 기회를 충분히 이용하다 见机行事 (見機行事) jiàn jī xíng shì 기회를 봐가며 처신하다
机	飞机 (飛機) fēi jī 비행기 机会 (機會) jī huì 기회 机不可失 (機不可失) jī bù kě shī 기회를 놓치지 말아야 한다 有机可乘 (有機可乘) yǒu jī kě chéng 이용할 만한 기회가 있음(틈을 노림) 随机应变 (隨機應變) suí jī yīng biàn 임기응변하다

两	疏
一	一
厂	下
厈	下
厸	正
两	正
	疏

见	机
丨	一
冂	十
贝	才
见	木
	札
	机

电子邮件(电邮)地址呢? diàn zǐ yóu jiàn(diàn yóu) dì zhǐ ne　이메일 주소는요?
电邮地址是wyu@yahoo.com.cn. diàn yóu dì zhǐ shì …　이메일 주소는 wyu@yahoo.com.cn입니다.

解 组 谁 逼

解 jiě	组 zǔ	셰이 shéi	비 bī
解	組	誰	逼
풀 해	짤 조	누구 수	핍박할 핍

解组谁逼 관직을 내놓고 귀향했으니 누가 (다시 그들을) 핍박하랴

解
- 解散 (解散) jiě sàn 모인 사람이 헤어짐, 해산함
- 解放 (解放) jiě fàng 얽매인 것을 풀어놓음, 해방함
- 解决 (解決) jiě jué 얽힌 일을 풀어 처리함, 해결함
- 解囊相助 (解囊相助) jiě náng xiāng zhù 주머니를 털어 타인을 돕다
- 解疑释难 (解疑釋難) jiě yí shì nán 의문스럽고 어려운 문제를 해석하다

组
- 组成 (組成) zǔ chéng 묶음, 조직함
- 组合 (組合) zǔ hé 조합(하다)
- 组织 (組織) zǔ zhī 짜서 이룸, 조직
- 组训民众 (組訓民眾) zǔ xùn mín zhòng 민중을 조직하여 훈련하다
- 重组内阁 (重組內閣) chóng zǔ nèi gé 다시 내각을 구성하다

解	组
⺈	幺
刀	纟
解	纠
解	纫
解	组
解	组

谁
- 谁知 (誰知) shéi zhī 누가 알랴
- 谁家 (誰家) shéi jiā 누구의 집, 어느 집
- 有谁 (有誰) yǒu shéi 누가 (있는가)
- 鹿死谁手 (鹿死誰手) lù sǐ shéi shǒu 누가 이길 것인가
- 谁人不知 (誰人不知) shéi rén bù zhī 그 누가 모르랴(모르는 사람이 없다)

逼
- 逼近 (逼近) bī jìn 바싹 다가옴
- 逼迫 (逼迫) bī pò 억지로 하게 함, 핍박함
- 逼上梁山 (逼上梁山) bī shàng liáng shān 어쩔 수 없다, 그렇게 할 수밖에 없다
- 逼不可忍 (逼不可忍) bī bù kě rěn 핍박에 참을 수 없다
- 逼人太甚 (逼人太甚) bī rén tài shèn 사람을 너무 못 살게 굴다

谁	逼
讠	一
汁	戸
计	届
诈	畐
谁	福
谁	逼

회화 한마당

知道了, 谢谢王老师! zhī dào le, xiè xie wáng lǎo shī 알겠습니다, 왕 선생님 고맙습니다!
明白了, 王老师再见! míng bái le, wáng lǎo shī zài jiàn 알겠습니다, 왕 선생님 안녕히 계십시오!

索	居	闲	处
쒀 suǒ	쥐 jū	섄 xián	추 chù
索	居	閒	處
고독할 색	살 거	한가할 한	곳 처

索居闲处 (사회와 인연을 끊고) 조용한 곳을 찾아 한가히 지냈다

索	萧索(簫索) xiāo suǒ 쓸쓸함 探索(探索) tàn suǒ 샅샅이 찾음 索然无味(索然無味) suǒ rán wú wèi 따분하여 재미가 없다 按图索骥(按圖索驥) àn tú suǒ jì 그림을 보고 준마를 찾다, 기계적으로 일을 처리함 离群索居(离群索居) lí qún suǒ jū 무리를 떠나 홀로 지내다	索 居 十 ⇁ 古 ㄱ 古 尸 宏 戸 索 居 索 居
居	居民(居民) jū mín 거주민 居住(居住) jū zhù 일정한 곳에 머물러 삶, 거주 居留证(居留証) jū liú zhèng 거류증 非法同居(非法同居) fēi fǎ tóng jū 비합법적으로 동거함 居功自傲(居功自傲) jū gōng zì ào 공로가 있다고 자처하며 자만하다	
闲	闲话(閑話) xián huà 한담, 쓸데없는 말, 헛 소문 闲事(閑事) xián shì 관계없는 일 休闲(休閑) xiū xián 한가히 휴식함 闲情逸致(閑情逸致) xián qíng yì zhì 한가한 마음과 안일한 정취 闲人免进(閑人免進) xián rén miǎn jìn 한가한 사람은 출입을 금지함(삼가함)	闲 处 丶 ノ 丨 ク 门 久 闭 处 闲 处 闲
处	处处(處處) chù chù 가는 곳마다 到处(到處) dào chù 이르는 곳마다 好处(好處) hǎo chù 좋은 점 所到之处(所到之處) suǒ dào zhī chù 가는 곳마다, 이르는 곳마다 不知何处(不知何處) bù zhī hé chù 어디인지 알 수 없다	

年末岁尾, nián mò suì wěi 연말 마지막 날,
预祝您新年大吉. yù zhù nín xīn nián dà jí 미리 새해를 기원합니다.

沉默寂廖

沉 chén	默 mò	寂 jì	廖 liáo
沈	默	寂	廖
잠길 침	잠잠할 묵	고요할 적	고요할 료

沉默寂廖 침묵과 더불어 적막하고 쓸쓸한 나날을 보냈다

沉

- 沉痛 (沈痛) chén tòng 침통함
- 沉睡 (沈睡) chén shuì 깊이 잠들다
- 沉默 (沈默) chén mò 말이 없음, 침묵
- 石沉大海 (石沈大海) shí chén dà hǎi 돌이 바다에 가라앉듯 감감 무소식이다
- 沉思细想 (沈思細想) chén sī xì xiǎng 깊이 생각하다, 심사숙고하다

沉	默
氵	口
氵	甲
氻	甲
氿	黑
沉	默
	默

默

- 默哀 (默哀) mò āi 묵도함, 묵념함
- 默认 (默認) mò rèn 모르는 체하고 승인함, 묵인함
- 默写 (默寫) mò xiě 보지 않고 쓰기
- 默不作声 (默不作聲) mò bù zuò shēng 침묵하며 소리를 내지 않다
- 默默无闻 (默默無聞) mò mò wú wén 묵묵히 말이 없다

寂

- 寂静 (寂靜) jì jìng 고요함, 적막함
- 寂寞 (寂寞) jì mò 쓸쓸하고 고요함
- 孤寂 (孤寂) gū jì 홀로 쓸쓸이
- 寂寞无聊 (寂寞無聊) jì mò wú liáo 적막하고 무료함 (외롭고 심심함)
- 不甘寂寞 (不甘寂寞) bù gān jì mò 외로이 있으려 하지 않다

寂	廖
宀	广
宀	广
宀	庐
宋	庐
宋	庼
寂	廖

廖

- 廖天 (廖天) liáo tiān 넓은 하늘
- 廖稍 (廖稍) liáo shāo 드문드문함
- 寂廖 (寂廖) jì liáo 외롭고 고요함
- 廖阔山野 (廖闊山野) liáo kuò shān yě 고요하고 넓은 산야
- 廖廖无几 (廖廖無幾) liáo liáo wú jǐ 극히 희소하다

大年三十儿, dà nián sān shír 섣달 그믐날,
给您拜(个)早年. gěi nín bài(ge) zǎo nián 미리 새해 인사를 드립니다.

求古寻论 옛 문헌을 뒤척이며 선현들의 참뜻을 찾는다

求	要求 (要求) yāo qiú 요구함 请求 (請求) qǐng qiú … 해달라고 요구함, 요청함 求同存异 (求同存異) qiú tóng cún yì 일치한 점을 취하고 서로 다른 점을 보류하다 求人帮忙 (求人幫忙) qiú rén bāng máng 타인에게 도움을 요청함 有求必应 (有求必應) yǒu qiú bì yīng 요구에 모두 응함, 수요에 반드시 만족시킴
古	古代 (古代) gǔ dài 옛날, 고대 古旧 (古舊) gǔ jiù 오래되고 낡음 古迹 (古跡) gǔ jì 남아 있는 옛 흔적 古今中外 (古今中外) gǔ jīn zhōng wài 모든 시대와 모든 지역을 통틀어(고금동서) 从古至今 (從古至今) cóng gǔ zhì jīn 옛날부터 지금까지
寻	寻求 (尋求) xún qiú 깊이 연구하여 찾음 寻常 (尋常) xún cháng 예사로운 것 寻根问底 (尋根問底) xún gēn wèn dǐ 꼬치꼬치 따지다 寻人广告 (尋人廣告) xún rén guǎng gào 사람 찾는 광고 寻找古迹 (尋找古跡) xún zhǎo gǔ jì 옛 유적을 찾다
论	论文 (論文) lùn wén 논문 评论 (評論) píng lùn 비평하여 논함, 평론, 논평 议论 (議論) yì lùn 서로 공론함, 의논함 论功行赏 (論功行賞) lùn gōng xíng shǎng 공론에 따라 상을 주다 相提并论 (相提并論) xiāng dí bìng lùn (서로 다른 것을) 분별없이 같게 취급하다

求	古
一	一
亅	十
寸	十
才	古
求	古
求	古

寻	论
ㄱ	、
ㅋ	讠
ㅋ	讠
ㅋ	论
寻	论
寻	论

年终之夜, nián zhōng zhī yè 연말 마지막 밤,
打算怎么过? dǎ suàn zěn me guò 어떻게 보낼 겁니까?

散 虑 逍 遥

싼 sàn　뤼 lǜ　샤오 xiāo　야오 yáo

散 慮 逍 遙

흩을 산　생각 려　노닐 소　멀 요

散虑逍遥 근심 걱정을 흩어 버리며 유유자적하게 조용히 지낸다

散

- 解散 (解散) jiě sàn 흩어짐, 해체함
- 分散 (分散) fēn sàn 갈라져서 흩어짐, 분산
- 散布 (散布) sàn bù 흩어져 퍼짐
- 烟消云散 (煙消雲散) yān xiāo yún sàn 연기나 구름처럼 사라지다
- 妻离子散 (妻離子散) qī lí zǐ sàn 부모형제 자식이 사방으로 흩어짐, 가족이 파탄되다

虑

- 疑虑 (疑慮) yí lǜ 의혹, 의문되고 우려됨
- 考虑 (考慮) kǎo lǜ 생각하여 헤아림, 고려함
- 忧虑 (憂慮) yōu lǜ 근심, 걱정하다, 우려함
- 处心积虑 (處心積慮) chǔ xīn jī lǜ 별의별 궁리를 다하다, 오랫동안 머리를 썩히다(짜다)
- 思虑重重 (思慮重重) sī lǜ chóng chóng 여러가지 생각이 겹쳐 들다

逍

- 逍遥自在 (逍遙自在) xiāo yáo zì zài 유유자적하다, 아무런 구속없이 자유롭다
- 逍遥法外 (逍遙法外) xiāo yáo fǎ wài 법적 제재에서 벗어나 자유로이 노닐다
- 逍遥无拘 (逍遙無拘) xiāo yáo wú jū 아무런 구속도 없이 노닐다
- 逍遥学派 (逍遙學派) xiāo yáo xué pài 소요학파(철학의 일파)

遥

- 遥拜 (遙拜) yáo bài 먼곳에서 (그쪽을) 바라보면서 절을 함, 타향에서 절을 올리며 기원함
- 遥远 (遙遠) yáo yuǎn 아득히 멀다
- 遥夜 (遙夜) yáo yè 지루한 밤
- 遥遥无期 (遙遙無期) yáo yáo wú qī 아직 한정이 없다, 까마득하다
- 遥相呼应 (遙相呼應) yáo xiāng hū yīng 먼곳에서 서로 호응하다

散	虑
艹	卜
艹	上
艹	广
昔	虍
昔	虑
散	虑

逍	遥
丨	爫
小	爫
肖	䍃
肖	䍃
消	遥
逍	遥

 除夕之夜, chú xī zhī yè 섣달 그믐 밤,
准备怎么过? zhǔn bèi zěn me guò 어떻게 보낼 겁니까?

欣 奏 累 遣

欣 신 xīn	奏 쩌우 zòu	累 레이 lěi	遣 챈 qiǎn
欣 기쁠 흔	奏 아뢸 주	累 여러 루	遣 보낼 견

欣奏累遣 기쁜 소식 아뢰다가도 시끄러워하면 물러간다

欣
- 欣喜(欣喜) xīn xǐ 환희, 기쁘다
- 欣赏(欣賞) xīn shǎng 감상하다
- 欢欣鼓舞(歡欣鼓舞) huān xīn gǔ wǔ 환희로 들끓다
- 欣欣向荣(欣欣向榮) xīn xīn xiàng róng 무럭무럭 자람, 융성발전함
- 欣然接受(欣然接受) xīn rán jiē shòu 기꺼이 받아들이다

欣	奏
厂	三
斤	夫
斤	表
欣	奏
欣	奏

奏
- 上奏(上奏) shàng zòu 신하가 임금에게 아룀
- 奏准(奏准) zòu zhǔn 위에 아뢰어 허가를 받음
- 奏效(奏效) zòu xiào 효과가 나타남
- 大奏奇功(大奏奇功) dà zòu qí gōng 큰 공을 세우다
- 高奏凯歌(高奏凱歌) gāo zòu kǎi gē 개선가(승전고)를 높이 울리다

累
- 累计(累計) lěi jì 합계
- 累积(累積) lěi jī 포개어 쌓음, 누적됨
- 连累(連累) lián lěi (범죄 등에) 관련됨, 연루됨
- 伤痕累累(傷痕累累) shāng hén lěi lěi 상처 투성이
- 累教不改(累教不改) lěi jiào bù gǎi 여러 번 타일러도 고치지 않다

累	遣
口	中
田	虫
田	𠧵
甲	𧈧
累	遣
累	遣

遣
- 受遣(受遣) shòu qiǎn 파견됨, 파견을 받음
- 派遣(派遣) pài qiǎn 사람을 보냄, 파견함
- 遣送(遣送) qiǎn sòng 송환하다, 돌려보내다
- 遣兵调将(遣兵調將) qiǎn bīng diào jiàng 군대를 이동시키고 지휘자를 파견하다 (실력을 조정함)
- 派遣代表(派遣代表) pài qiǎn dài biǎo 대표를 파견하다

吃团圆饭, 收看CCTV文艺晚会节目, chī tuán yuán fàn, shōu kàn CCTV wén yì wǎn huì jié mù 가족끼리 모여 명절 음식을 먹으며 중앙텔레비전의 문예(야회) 특집 프로그램을 시청하다가,
到零点听新年钟声. dào líng diǎn tīng xīn nián zhōng shēng 영시에 제야의 종소리를 들을 겁니다.

戚 谢 欢 招

치 qī   쎼 xiè   환 huān   자오 zhāo

慼 謝 歡 招

슬플 척   사례 사   기쁠 환   부를 초

戚谢欢招 부르면 섭섭한 마음을 없애고 기꺼이 응한다

戚
- 休戚(休慼) xiū qī 기쁨과 비애
- 戚惨(慼慘) qī cǎn 처참함
- 戚容(慼容) qī róng 우수에 찬 얼굴
- 休戚相关(休慼相關) xiū qī xiāng guān 서로 이해관계가 밀접하다는 뜻
- 戚然相望(慼然相望) qī rán xiāng wàng 우울(서운)한 표정으로 서로 바라보다

谢
- 致谢(致謝) zhì xiè 사의를 표하다
- 谢过(謝過) xiè guò 잘못에 대해 용서를 빎
- 谢天谢地(謝天謝地) xiè tiān xiè dì 고맙기 그지없다는 뜻
- 感谢不尽(感謝不盡) gǎn xiè bù jìn 그지없이 감사하다
- 表示谢意(表示謝意) biǎo shì xiè yì 감사의 뜻을 표하다

欢
- 欢送(歡送) huān sòng 기쁜 마음으로 보냄, 환송
- 欢迎(歡迎) huān yíng 즐거운 뜻으로 맞음, 환영
- 喜欢(喜歡) xǐ huān 좋아함, 즐기다
- 欢声雷动(歡聲雷動) huān shēng léi dòng 환성이 천지를 진동함
- 欢天喜地(歡天喜地) huān tiān xǐ dì 몹시 기뻐하다, 기쁨이 꽉 차고 넘치다

招
- 招生(招生) zhāo shēng 학생 모집
- 招待(招待) zhāo dài 불러서 대접함, 초대함
- 打招呼(打招呼) dǎ zhāo hu 인사함, 알림, 부르다
- 招兵买马(招兵買馬) zhāo bīng mǎi mǎ 여기저기서 사람을 끌어 모음
- 招摇撞骗(招搖撞騙) zhāo yáo zhuàng piàn 허장성세로 협잡질하다, 거짓 명의로 사기를 치다

戚	谢	欢	招
厂	讠	フ	扌
匚	讠	ヌ	扌
厏	讠	又	扌
咸	讠	又	扣
戚	谢	欢	招
戚	谢	欢	招

 회화 한마당

零点放鞭炮辞旧迎新. líng diǎn fàng biān pào cí jiù yíng xīn   영시에 폭죽을 터뜨려 저문 해를 보내고 새해를 맞아,

吃饺子. chī jiǎo zi   물만두를 먹습니다.

渠 荷 的 历

渠 취 qú	荷 허 hé	的 디 dì	历 리 lì
渠 개천 거	荷 연꽃 하	的 과녁 적	曆 지날 력

渠荷的历 개천가의 연꽃은 아름답게 피어났다

渠	渠水 (渠水) qú shuǐ 용수, 도랑물 渠沟 (渠溝) qú gōu 도랑 渠道 (渠道) qú dào 경로 水到渠成 (水到渠成) shuǐ dào qú chéng 물이 흐르는 곳에 도랑이 생긴다(조건이 마련되면 일은 자연히 이루어진다는 뜻) 水渠密如网 (水渠密如網) shuǐ qú mì rú wǎng 관개수로가 거미줄처럼 누비어 있다	渠 荷 氵 艹 汇 艹 洰 艹 洰 苛 渠 荷 渠 荷
荷	荷花 (荷花) hé huā 연꽃 荷叶 (荷葉) hé yè 연잎 荷包儿 (荷包兒) hé bāor 두루주머니, 쌈지 荷花盛开 (荷花盛開) hé huā shèng kāi 연꽃이 활짝 피다	
的	目的 (目的) mù dì 일을 이루려 하는 목표, 목적 中的 (中的) zhòng dì 적중하다 众矢之的 (眾矢之的) zhòng shǐ zhī dì 활 과녁(여러 사람의 공격 목표물이 됨을 비유) 达到目的 (達到目的) dá dào mù dì 목적에 달성하다 无的放矢 (無的放矢) wú dì fàng shǐ 과녁 없이 활을 쏘다(맹목적인 행동을 뜻함)	的 历 亻 一 白 厂 白 厂 的 历 的 的
历	历经 (曆經) lì jīng 겪음, 여러번 경험함 简历 (簡曆) jiǎn lì 이력 历程 (曆程) lì chéng 이미 지나온 과정 历历在目 (曆曆在目) lì lì zài mù 눈앞에 삼삼히 떠오르다 历经百战 (曆經百戰) lì jīng bǎi zhàn 수백 차례의 전투를 겪다	

元旦好(新年好)! yuán dàn hǎo(xīn nián hǎo) (신정을 맞아) 새해 복 많이 받으세요!
祝您新年万事如意! zhù nín xīn nián wàn shì rú yì 새해에 만사형통하시기를 기원합니다!

园 莽 抽 条

园 위안 yuán	莽 망 mǎng	抽 처우 chōu	条 탸오 tiáo
園 동산 원	莽 풀 망	抽 빼낼 추	條 가지 조

园莽抽条 동산의 초목은 쭉쭉 가지를 뻗었다

园
- 园丁 (園丁) yuán dīng 원예사, 교원
- 公园 (公園) gōng yuán 유원지, 동산, 공원
- 动物园 (動物園) dòng wù yuán 동물원
- 烈士陵园 (烈士陵園) liè shì líng yuán 열사의 묘역, 열사릉
- 园林艺术 (園林藝術) yuán lín yì shù 조경예술

필순: 园 丨 冂 冃 同 同 园 园

莽
- 草莽 (草莽) cǎo mǎng 풀이 우거지다
- 林莽 (林莽) lín mǎng 산림이 우거지다
- 莽原 (莽原) mǎng yuán 풀이 무성한 들판
- 鲁莽灭裂 (魯莽滅裂) lǔ mǎng miè liè 행동이 거칠고 무관심하다
- 踏过莽原 (踏過莽原) tà guò mǎng yuán 수풀이 우거진 넓은 들판을 걸어 지나가다

필순: 莽 艹 艹 艻 芕 莽 莽

抽
- 抽人 (抽人) chōu rén 사람을 뽑다
- 抽烟 (抽煙) chōu yān 담배를 뽑아 피우다
- 抽签 (抽簽) chōu qiān 제비를 뽑음
- 抽筋拔骨 (抽筋拔骨) chōu jīn bá gǔ 힘줄과 뼈가 빠지도록(일하며 고생함, 고생시킴)
- 抽梁换柱 (抽梁換柱) chōu liáng huàn zhù 몰래 바꿔 치우다

필순: 抽 扌 才 扣 扣 抽 抽

条
- 树条 (樹條) shù tiáo 나뭇가지
- 枝条 (枝條) zhī tiáo 나뭇가지
- 便条儿 (便條兒) biàn tiáor 메모 종이, 쪽지
- 剪柳条儿 (翦柳條兒) jiǎn liǔ tiáor 버드나무 가지를 자름
- 有条不紊 (有條不紊) yǒu tiáo bù wěn 조목조목 정연하게 흐트러지지 않다

필순: 条 丿 夂 夂 冬 夅 条

祝新年开门红, 月月红, zhù xīn nián kāi mén hóng, yuè yuè hóng 새해 정초부터 달마다 하시는 일이 순조롭고,
更上一层楼! gèng shàng yī céng lóu 일신우일신 하시길 기원합니다!

枇杷晚翠

枇 피 pí	杷 파 pá	晚 완 wǎn	翠 추이 cuì
枇 비파나무 비	杷 비파나무 파	晚 늦을 만	翠 푸를 취

枇杷晚翠 비파나무는 겨울에도 푸르고 (꽃이 핀다)

枇
- 枇杷(枇杷) pí pá 비파나무
- 枇杷晚翠(枇杷晚翠) pí pá wǎn cuì 비파는 늙어서도 변함없이 푸르다
- 枇杷遮脸(枇杷遮臉) pí pá zhē liǎn 비파로 낯을 가리다

杷
- 杷子(杷子) pá zi 갈퀴
- 枇杷伴奏(枇杷伴奏) pí pá bàn zòu 비파로 반주하다

晚
- 夜晚(夜晚) yè wǎn 밤, 늦은 저녁
- 晚归(晚歸) wǎn guī 늦게 돌아옴
- 早晚(早晚) zǎo wǎn 아침 저녁, 아무때든지, 언제든지
- 黄花晚节(黃花晚節) huáng huā wǎn jié 만년의 절개를 비유한 말
- 晚年幸福(晚年幸福) wǎn nián xìng fú 만년에 행복하다

翠
- 翠玉(翠玉) cuì yù 푸른 색깔의 옥
- 翠绿(翠綠) cuì lǜ 짙게 푸르름
- 翠松(翠松) cuì sōng 푸른 소나무
- 珠围翠绕(珠圍翠繞) zhū wéi cuì rào 비취나 구슬 등의 장신구를 몸에 가득 달다
- 满山翠绿(滿山翠綠) mǎn shān cuì lǜ 온 산이 푸르게 단장되다

枇	杷
木	十
木	木
朴	杧
朴	杧
朴	杧
枇	杷

晚	翠
日	丆
日'	习
旷	刁习
晘	羽
晚	羽
晚	翠

春节好(过年好)! chūn jié hǎo(guò nián hǎo) (구정을 맞아) 새해 복 많이 받으세요!
给您拜年! gěi nín bài nián 삼가 세배를 올립니다!

梧 桐 早 凋

梧 우 wú	桐 퉁 tóng	早 짜오 zǎo	凋 땨오 diāo
梧 오동 오	桐 오동 동	早 이를 조	凋 마를 조

梧桐早凋 오동나무는 초가을에 벌써 (시들고) 잎이 진다

梧

梧桐树 (梧桐樹) wú tóng shù 오동나무
梧鼠技穷 (梧鼠技窮) wú shǔ jì qióng 날다람쥐의 재주(변변한 것이 없다는 뜻)
凤落梧桐 (鳳落梧桐) fèng luò wú tóng 봉황새가 오동나무에 앉다(경사를 비유)
身体魁梧 (身體魁梧) shēn tǐ kuí wú 몸집이 크고 튼튼하다, 기골이 장대하다

梧	桐
木	木
木	材
杧	机
杧	桐
梧	桐
梧	桐

桐

桐孙 (桐孫) tóng sūn 오동나무의 새로 난 작은 가지
桐子 (桐子) tóng zi 오동나무 열매, 아이
桐棺三寸 (桐棺三寸) tóng guān sān cùn 세 치 두께의 오동나무 관(보잘것없는 관)
梧桐绿化 (梧桐綠化) wú tóng lǜ huà 오동나무로 녹화하다

早

早晨 (早晨) zǎo chén 아침
早餐 (早餐) zǎo cān 아침식사
起大早 (起大早) qǐ dà zǎo 이른 아침에 일어남
早出晚归 (早出晚歸) zǎo chū wǎn guī 아침 일찍 나가 저녁 늦게 돌아오다
起早贪黑 (起早貪黑) qǐ zǎo tān hēi 아침 일찍 일어나고 밤늦게 자다(정신없이 바쁘게 일하는 모습을 이름)

早	凋
丶	丶
口	刁
曰	汈
日	汋
旦	凋
早	凋

凋

凋枯 (凋枯) diāo kū 시들고 말라 버리다
凋谢 (凋謝) diāo xiè 시들어 떨어지다
凋落 (凋落) diāo luò 시들어 떨어짐
松柏后凋 (松柏後凋) sōng bǎi hòu diāo 절개가 굳세다(난세에도 지조를 지키는 사람을 비유)
老成凋谢 (老成凋謝) lǎo chéng diāo xiè 늙어서 죽다

迎新春, 祝您阖家欢乐, yíng xīn chūn, zhù nín hé jiā huān lè 새 봄을 맞아 집안에 기쁨이 가득하고,
事业有成, 恭喜发财! shì yè yǒu chéng, gōng xǐ fā cái 사업에 성공하고 부자가 되실 것을 기원합니다!

陈 根 委 翳

천 chén　껀 gēn　웨이 wěi　이 yì

陳　根　委　翳

묵을 진　뿌리 근　시들 위　가릴 예

陈根委返 묵은 뿌리는 시들어 버려진다

陈
- 陈旧 (陳舊) chén jiù 낡다, 오래 되다
- 陈酒 (陳酒) chén jiǔ 오랫동안 저장된 술
- 陈言务去 (陳言務去) chén yán wù qù 낡아빠진 논조는 없애버려야 한다
- 陈词滥调 (陳詞濫調) chén cí làn diào 케케묵은 소리, 낡아빠진 논조
- 推陈出新 (推陳出新) tuī chén chū xīn 낡고 쓸모없는 것을 버리고 새로운 것을 발전시킴

陈	根
了	木
阝	朾
阝一	朾
阝厶	朾
阵	根
陈	根

根
- 病根 (病根) bìng gēn 병의 근원, 발병 원인
- 树根 (樹根) shù gēn 나무뿌리
- 祸根 (禍根) huò gēn 재앙의 근원
- 归根结底 (歸根結底) guī gēn jié dǐ 결국에 가서는 … 총체적으로, 끝내
- 根深蒂固 (根深蒂固) gēn shēn dì gù 뿌리가 깊고 견고하다

委
- 委屈 (委屈) wěi qū 억울하다, 원망스럽다
- 委曲求全 (委曲求全) wěi qū qiú quán 그럭저럭 좋게끔 하다
- 委以重任 (委以重任) wěi yǐ zhòng rèn 중요한 임무를 맡김
- 精神委顿 (精神委頓) jīng shén wěi dùn 원기가 쇠약해짐
- 委靡不振 (委靡不振) wěi mí bù zhèn 원기가 쇠퇴하여 활기가 없다

委	翳
二	医
千	医几
禾	殹
禾ヽ	殹
委	殹
委	翳

翳
- 白翳 (白翳) bái yì 안구 각막병에 걸린 후 남은 흔적
- 翳障 (翳障) yì zhàng 가리다, 덮다
- 蔽翳 (蔽翳) bì yì 가리다
- 蔽翳真象 (蔽翳真象) bì yì zhēn xiàng 진면목을 덮어 가리다

新年第二天, xīn nián dì èr tiān 새해 초이튿날,
给您拜(个)晚年! gěi nín bài ge wǎn nián 늦게나마 새해 인사 드립니다!

落 叶 飘 飖

뤄 luò   예 yè   퍄오 piāo   야오 yáo

落   葉   飄   飖

떨어질 락   잎 엽   날릴 표   나부낄 요

落叶飘飖 낙엽은 여기저기로 흩날린다

落	落后 (落後) luò hòu 뒤떨어지다, 낙후함 落叶 (落葉) luò yè 잎이 떨어짐, 떨어진 잎, 낙엽 花落 (花落) huā luò 꽃이 지다 落花流水 (落花流水) luò huā liú shuǐ 늦은 봄의 경치(산산히 부서짐이나 실패함을 뜻함) 一落千丈 (一落千丈) yī luò qiān zhàng 여지없이 떨어지다	落 叶 艹 丨 艿 口 莎 口 莎 口 茨 叶 落
叶	叶子 (葉子) yè zi 잎 树叶 (樹葉) shù yè 나무잎 叶子烟 (葉子煙) yè zi yān 잎담배, 잎 연초 叶落归根 (葉落歸根) yè luò guī gēn 잎이 떨어져 뿌리로 가다(무슨 일이나 다 근본으로 돌아간다는 뜻) 一叶障目 (一葉障目) yī yè zhàng mù 나무잎에 눈이 가리다(전반적인 국면을 보지 못함)	
飘	飘动 (飄動) piāo dòng 휘날림 飘扬 (飄揚) piāo yáng 나붓끼다 雪飘 (雪飄) xuě piāo 눈이 날리다 鸾飘凤泊 (鸞飄鳳泊) luán piāo fèng bó (부부가) 서로 갈라져 있음을 비유 雪飘万里 (雪飄萬里) xuě piāo wàn lǐ 만리 천지에 눈보라가 휘몰아치다	飘 飖 覀 覀 西 疋 覀 爭 票 䍃 飘 飖 飘 飖
飖	飖飏 (飖颺) yáo yáng 바람이 서서히 불어오다 飘飖上升 (飄飖上升) piāo yáo shàng shēng 하늘하늘 피어 오르다 飘飖不定 (飄飖不定) piāo yáo bù dìng 한들한들거리며 정착하지 못하다	

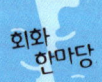

大年初二, dà nián chū èr 정월 초이튿날,
给您拜(个)晚年! gěi nín bài ge wǎn nián 늦게나마 새해 인사 드립니다!

游 鲲 独 运

游	鲲	独	运
유 yóu	쿤 kūn	두 dú	윈 yùn
游	鯤	獨	運
놀 유	고기 곤	홀로 독	움직일, 돌 운

游鲲独运 (바다의) 곤어는 제 혼자 헤엄치며 노닌다

		游	鲲
游	游戏 (游戲) yóu xì 장난으로 놂, 놀이, 유희 闲游 (閑游) xián yóu 한가롭게 노닐다 游览 (游覽) yóu lǎn 구경하고 다님, 유람 游山玩水 (游山玩水) yóu shān wán shuǐ 산수간에 놀며 즐기다 游手好闲 (游手好閑) yóu shǒu hào xián 빈들거리며 놀기만 하다(건달을 부림)	氵 氵 汸 汸 游 游	夂 刍 鱼 鱼 魟 鲲 鲲
鲲	鲲鹏 (鯤鵬) kūn péng 곤과 붕(큰 물고기와 큰 새) 鲲龙 (鯤龍) kūn lóng 곤용(전설에 나오는 큰 물고기) 鲲鹏为神 (鯤鵬爲神) kūn péng wéi shén 곤과 붕을 신으로 인정하다		

		独	运
独	单独 (單獨) dān dú 단 하나, 혼자 孤独 (孤獨) gū dú 외로움 独身 (獨身) dú shēn 형제자매 또는 배우자가 없는 사람, 독신자 独往独来 (獨往獨來) dú wǎng dú lái 홀로 자유로이 행동함을 이름 独立自主 (獨立自主) dú lì zì zhǔ 남에게 의지하지 않고 자기 주견대로 하다	丿 犭 犭 犭 独 独	二 云 云 运 运 运
运	搬运 (搬運) bān yùn 운반함 海运 (海運) hǎi yùn 배로 운반함 运输 (運輸) yùn shū 운반 运筹帷幄 (運籌帷幄) yùn chóu wéi wò 장막 안에서 획책하고 지휘함 运用自如 (運用自如) yùn yòng zì rú 아주 능숙하게 응용하다		

 圣诞节过得怎样? shèng dàn jié guò de zěn yàng 크리스마스 명절을 잘 보냈습니까?
过得很愉快! guò de hěn yú kuài 매우 유쾌하게 보냈습니다!

凌 링 líng / 凌 능가할 릉
摩 머 mó / 摩 닿을 마
绛 쟝 jiàng / 絳 붉을 강
霄 샤오 xiāo / 霄 하늘 소

凌摩绛霄 (봉새로 변해) 솟구칠 때면 (붉게 물든) 구중천까지 날아간다

凌
- 凌霄 (凌霄) líng xiāo 하늘을 찌름
- 遭受凌辱 (遭受凌辱) zāo shòu líng rǔ 능욕을 받다(당하다)
- 高阁凌空 (高閣凌空) gāo gé líng kōng 높이 솟은 누각이 하늘을 찌름
- 凌云壮志 (凌雲壯志) líng yún zhuàng zhì 구름도 뛰어넘을 장한 뜻
- 盛气凌人 (盛氣凌人) shèng qì líng rén 오만한 기세로 남을 깔보다

摩
- 摩擦 (摩擦) mó cā 마찰함
- 摩天岭 (摩天嶺) mó tiān lǐng 하늘로 치솟은 봉우리
- 摩云楼 (摩雲樓) mó yún lóu 하늘로 치솟은 높은 건물
- 摩肩接踵 (摩肩接踵) mó jiān jiē zhǒng 어깨가 부딪치고 발 뒤꿈치가 잇닿다(매우 붐빔을 비유)
- 摩拳擦掌 (摩拳擦掌) mó quán cā zhǎng 단단히 벼르다

绛
- 绛紫 (絳紫) jiàng zǐ 진홍색
- 绛县 (絳縣) jiàng xiàn 중국 산시성에 있는 현 이름
- 绛英 (絳英) jiàng yīng 진붉은 꽃
- 绛红 (絳紅) jiàng hóng 진붉다
- 绛纸金书 (絳紙金書) jiàng zhǐ jīn shū 붉은 색종이에 쓰여진 금빛 찬란한 글

霄
- 九霄 (九霄) jiǔ xiāo 구중천
- 云霄 (雲霄) yún xiāo 높은 하늘
- 霄壤之别 (霄壤之別) xiāo rǎng zhī bié 하늘과 땅 차이(엄청난 차이가 있다는 뜻)
- 气冲霄汉 (氣衝霄漢) qì chōng xiāo hàn 의기가 하늘을 찌름
- 高入云霄 (高入雲霄) gāo rù yún xiāo 하늘 높이 (구름 위에) 치솟다

 회화 한마당

祝您圣诞快乐! zhù nín shèng dàn kuài lè 크리스마스 명절을 유쾌하게 보내시길 축원합니다!
送给你圣诞礼物. sòng gěi nǐ shèng dàn lǐ wù 크리스마스 명절 선물을 (보내) 드립니다.

耽 读 玩 市

耽 dān	读 dú	玩 wán	市 shì
耽	讀	翫	市
즐길 탐	읽을 독	구경 완	시가 시

耽读玩市 (한나라 왕충은) 독서를 즐겨 시장의 책 가게에서도 탐독했다

耽
- 耽学 (耽學) dān xué 배움에 열중함
- 耽习 (耽習) dān xí 공부에 전심전력함
- 耽乐 (耽樂) dān lè 향락에 빠짐
- 耽于幻想 (耽于幻想) dān yú huàn xiǎng 환상에 빠지다
- 虎视耽耽 (虎視耽耽) hǔ shì dān dān 호랑이가 먹이를 노리듯 탐욕의 눈초리로 기회를 노리다

读
- 阅读 (閱讀) yuè dú 책 따위를 죽 훑어 읽음
- 读书 (讀書) dú shū 책을 읽음, 독서함
- 读报 (讀報) dú bào 신문을 읽음
- 百读不厌 (百讀不厭) bǎi dú bù yàn 백 번 읽어도 싫증이 나지 않다
- 读书破万卷 (讀書破萬捲) dú shū pò wàn juǎn 수많은 책이 망가질 정도로 독서함

玩
- 玩童 (翫童) wán tóng 장난꾸러기, 개구장이
- 玩月 (翫月) wán yuè 상월, 달놀이
- 玩具 (翫具) wán jù 장난감
- 开玩笑 (開翫笑) kāi wán xiào 농담함, 웃김, 놀림
- 玩火自焚 (翫火自焚) wán huǒ zì fén 자기가 지른 불에 자기가 타 죽다, 제 도끼에 제 발등 찍힌다

市
- 市场 (市場) shì chǎng 시장
- 书市 (書市) shū shì 책시장
- 市景 (市景) shì jǐng 시장 경기
- 招摇过市 (招搖過市) zhāo yáo guò shì 사람들 앞에서 거들먹거리며 뽐내다
- 逛逛夜市 (逛逛夜市) guàng guang yè shì 야시장을 구경하다

这是送给你的生日礼物. zhè shi sòng gěi nǐ de shēng rì lǐ wù 이건 당신에게 드리는 생일 선물입니다.
祝你生日快乐(愉快). zhù nǐ shēng rì kuài lè(yú kuài) 생일을 즐겁게 보내시길 축원합니다.

寓目囊箱 (한 번) 눈을 대기만 하면 상자에 저장하듯이 (기억)했다

寓
- 公寓 (公寓) gōng yù 공동주택, 아파트
- 寄寓 (寄寓) jì yù 기숙하다
- 咏桑寓柳 (詠桑寓柳) yǒng sāng yù liǔ 다른 것에 빗대어 읊다
- 寓有深意 (寓有深意) yù yǒu shēn yì 깊은 뜻이 담겨 있음
- 寓目展览 (寓目展覽) yù mù zhǎn lǎn 전시품을 훑어 보다

目
- 过目 (過目) guò mù 눈으로 훑어 봄, (문서 따위를) 검사함
- 耳目 (耳目) ěr mù 귀와 눈
- 目测 (目測) mù cè 눈으로 측정함
- 目中无人 (目中無人) mù zhōng wú rén 안하무인(교만함이 이를 데 없다는 뜻)
- 有目共睹 (有目共睹) yǒu mù gòng dǔ 명백하다, 확실하다

囊
- 囊括 (囊括) náng kuò 망라함, 독점함
- 囊箱 (囊箱) náng xiāng 상자에 채워 넣음
- 胆囊 (膽囊) dǎn náng 쓸개
- 囊空如洗 (囊空如洗) náng kōng rú xǐ 주머니 속이 씻긴 듯 텅 비다(몹시 가난하다는 뜻)
- 慷慨解囊 (慷慨解囊) kāng kǎi jiě náng 선뜻 지갑을 털어서 도와주다

箱
- 邮箱 (郵箱) yóu xiāng 우편함, 우체통, 사서함
- 集装箱 (集裝箱) jí zhuāng xiāng 컨테이너
- 箱子 (箱子) xiāng zi 상자, 박스
- 倾箱倒箧 (傾箱倒篋) qīng xiāng dào qiè 샅샅이 뒤지다, 있는 것을 다 털어내다
- 翻箱倒柜 (翻箱倒櫃) fān xiāng dào guì 샅샅이 뒤지며 철저하게 검사(수사)하다

恭喜你结婚! gōng xǐ nǐ jiē hūn 결혼을 삼가 축하합니다!
恭喜你考入(上)大学! gōng xǐ nǐ kǎo rù(shàng) dà xué 대학 입학을 삼가 축하합니다!

易 輶 攸 畏

한자	병음	훈음
易	이 yì	쉬울 이
輶	유 yóu	가벼울 유
攸	유 yōu	멀 유
畏	웨이 wèi	두려울 외

易輶攸畏 가벼운 언행도 삼가해야 한다

易
- 不易 (不易) bù yì 쉽지 않음
- 易记 (易記) yì jì 기억하기 쉽다
- 容易 (容易) róng yì 쉬움, 어렵지 않음
- 易如反掌 (易如反掌) yì rú fǎn zhǎng 손바닥을 뒤집는 것처럼 쉽다
- 轻而易举 (輕而易擧) qīng ér yì jǔ 하기가 매우 쉽다, 식은 죽 먹기

易: 口 日 日 月 易 易

輶: 土 车 车 车 车 辑 辅 辅 辅 輶

輶
- 輶车 (輶車) yóu jū(chē) 가벼운 수레
- 輶轩 (輶軒) yóu xuān 천자 사신의 수레
- 輶车消遣 (輶車消遣) yóu chē xiāo qiǎn 가벼운 수레를 타고 소일(심심풀이)하다

攸
- 攸久 (攸久) yōu jiǔ 매우 오래됨, 유구함
- 攸攸 (攸攸) yōu yōu 아득히 멀음
- 攸然 (攸然) yōu rán 유유하고 태연함
- 攸攸外城 (攸攸外城) yōu yōu wài chéng 아득히 먼 외지
- 攸攸千里路 (攸攸千里路) yōu yōu qiān lǐ lù 아득히 먼 천리길

攸: 亻 亻 亻 仆 仪 攸

畏: 口 田 田 甲 甲 甲 畏

畏
- 无畏 (無畏) wú wèi 겁이 없다, 두려움을 모르다
- 畏首畏尾 (畏首畏尾) wèi shǒu wèi wěi 이것도 겁나고 저것도 두렵다
- 无所畏惧 (無所畏懼) wú suǒ wèi jù 아무것도 두려워하지 않다, 두려운 것이 없음
- 畏罪自杀 (畏罪自殺) wèi zuì zì shā 죄가 겁나 자살함
- 不畏艰险 (不畏艱險) bù wèi jiān xiǎn 험난함을 겁내지 않다

祝您健康! zhù nín jiàn kāng 당신이 건강하시길 빕니다!
祝您全家幸福! zhù nín quán jiā xìng fú 귀댁의 행복을 축원합니다!

属 shǔ	耳 ěr	垣 yuán	墙 qiáng
屬	耳	垣	墻
붙일 속	귀 이	담 원	담 장

属耳垣墙 (낮고 높은) 담벽에도 귀가 있다 하거늘

属	所属(所屬) suǒ shǔ 어느 기관, 단체에 딸림, 소속됨 亲属(親屬) qīn shǔ 친족 金属(金屬) jīn shǔ 쇠붙이, 금속 耳属于垣(耳屬于垣) ěr shǔ yú yuán 벽에도 귀가 있다(비밀이 없다는 뜻) 属实无误(屬實無誤) shǔ shí wú wù 사실과 완전히 부합되다	属 耳 ⁊ 一 尸 厂 居 ㅠ 居 ㅠ 属 耳 属 耳
耳	耳朵(耳朵) ěr duo 귀 木耳(木耳) mù ěr 목이버섯, 귀버섯 耳目一新(耳目一新) ěr mù yī xīn 보고 듣는 것이 다 새롭다 洗耳恭听(洗耳恭聽) xǐ ěr gōng tīng (남의 말을) 공손히 귀담아 듣다 耳闻目睹(耳聞目睹) ěr wén mù dǔ 귀로 듣고 눈으로 보다(직접 보고 듣다)	
垣	短垣(短垣) duǎn yuán 낮고 작은 울타리 垣墙(垣墙) yuán qiáng 담장 省垣(省垣) shěng yuán 성의 행정 소재지 断壁颓垣(斷壁頹垣) duàn bì tuí yuán 담장이 쓰러지고 벽이 무너지다(폐허의 뜻) 断垣残壁(斷垣殘壁) duàn yuán cán bì 담장이 쓰러지고 벽이 무너지다(폐허가 되다)	垣 墙 十 土 土 圵 圵 圵 垣 垟 垣 墻 垣 墻
墙	修墙(修墻) xiū qiáng 담장을 쌓음 墙壁(墻壁) qiáng bì 담장 벽 墙倒众人推(墻倒眾人推) qiáng dǎo zhòng rén tuī 무너지는 담을 뭇사람들이 달려들어 밀다, 불난 집에 부채질하다 狗急跳墙(狗急跳墻) gǒu jí tiào qiáng 개도 급하면 담을 뛰어넘는다(막다른 골목에 이르면 아무짓이나 다 한다는 뜻)	

祝您一路顺风(平安)! zhù nín yī lù shùn fēng(píng ān) 도중에 평안하시길 기원합니다!
祝您万事如意(祝您走运)! zhù nín wàn shì rú yì(zhù nín zǒu yùn) 만사여의하시길 기원합니다(행운을 빕니다)!

具	膳	餐	饭
쥐 jù	싼 shàn	찬 cān	반 fàn
具	膳	飡	飯
갖출 구	반찬 선	밥 찬	밥 반

具膳餐饭 반찬을 갖추어 식사를 한다

			具	膳
具	具有 (具有) jù yǒu 갖추다, 갖고 있음		丨	月
	具全 (具全) jù quán 빠짐없이 갖춰짐		冂	月'
	具备 (具備) jù bèi 모두 갖춤, 완비함		月	胖
	独具风格 (獨具風格) dú jù fēng gé 독특한 풍격을 갖춤		月	胖
	独具只眼 (獨具只眼) dú jù zhī yǎn 탁월한 식견을 갖다		且	膳
膳	膳费 (膳費) shàn fèi 식비, 밥값		具	膳
	膳食 (膳食) shàn shí 식사, 음식			
	用膳 (用膳) yòng shàn 식사하다			
	膳食方便 (膳食方便) shàn shí fāng biàn 식사하기에 편리함			
	膳宿具备 (膳宿具備) shàn sù jù bèi 숙식이 완비되다			

			餐	饭
餐	餐馆 (飡館) cān guǎn 음식점		夕	亅
	餐厅 (飡廳) cān tīng 식당		夕'	亇
	西餐 (西飡) xī cān 서양식 음식		夗	亇
	餐风饮露 (飡風飲露) cān fēng yǐn lù 바람을 마시고 이슬을 먹다(인생길의 고생을 비유)		奴	饣
	饱餐一顿 (飽飡一頓) bǎo cān yī dùn 한끼 배불리 먹다		餐	饭
饭	饭馆 (飯館) fàn guǎn 음식점		餐	饭
	吃饭 (吃飯) chī fàn 식사하다			
	饭菜 (飯菜) fàn cài 밥과 요리			
	茶余饭后 (茶余飯後) chá yú fàn hòu 식사 후 한가한 때			
	饭来张口 (飯來張口) fàn lái zhāng kǒu 밥이 오면 입을 벌려 먹기만 하다(게으름을 뜻함)			

这儿可以(能)吸(抽)烟吗? zhèr kě yǐ(néng) xī(chōu) yān ma 여기서 담배를 피워도 될까요?
这儿是禁烟区, 不可以(不能). zhèr shì jìn yān qū, bù kě yǐ(bù néng) 여기는 금연 구역이어서 안 됩니다.

适 口 充 肠

- 스 shì / 適 / 맞힘 적
- 커우 kǒu / 口 / 입 구
- 충 chōng / 充 / 채울 충
- 창 cháng / 腸 / 창자 장

适口充肠 구미에 맞추어 배를 불린다

适
- 适合 (適合) shì hé 알맞게 들어맞음, 적합함
- 适当 (適當) shì dāng 적합하고 합당함, 적절(적당)함
- 适口 (適口) shì kǒu 입에 맞음
- 适得其反 (適得其反) shì dé qí fǎn (결과가 바라는 바와) 정반대로 되다
- 适可而止 (適可而止) shì kě ér zhǐ 적당한 때에 그만두다

适	口
二	丨
千	冂
舌	口
舌	
活	
活	
适	

口
- 口味 (口味) kǒu wèi 입맛
- 胃口 (胃口) wèi kǒu 식욕
- 空口无凭 (空口無憑) kōng kǒu wú píng 빈 말만을 근거로 삼을 수 없다
- 病从口入 (病從口入) bìng cóng kǒu rù 병균이 입을 통해 몸에 들어옴
- 有口难言 (有口難言) yǒu kǒu nán yán 입이 있어도 말하기 어렵다(차마 입에 담을 수 없다는 뜻)

充
- 充电 (充電) chōng diàn 충전함
- 充满 (充滿) chōng mǎn 가득 채워짐
- 充饥 (充飢) chōng jī 요기하다
- 精力充沛 (精力充沛鉤) jīng lì chōng pèi 정력이 넘쳐 흐름
- 充耳不闻 (充耳不聞) chōng ěr bù wén 귀를 막고 듣지 않다, 못 들은 척하다

充	肠
丶	月
亠	月
云	月
云	肝
产	肠
充	肠

肠
- 肠炎 (腸炎) cháng yán 장염
- 胃肠 (胃腸) wèi cháng 위와 장
- 肠子 (腸子) cháng zi 소장, 대장의 총칭
- 肠肥脑满 (腸肥腦滿) cháng féi nǎo mǎn 피둥피둥 살찌고 무식한 사람을 비유
- 牵肠挂肚 (牽腸掛肚) qiān cháng guà dù 마음을 놓지 못함(여러모로 걱정함)

 회화 한마당

禁烟区吸烟, 要受罚(款). jìn yān qū xī yān, yào shòu fá(kuǎn) 금연 구역에서 담배를 피우면 벌칙(벌금)을 당합니다.
请到吸烟室吸. qǐng dào xī yān shì xī 흡연실에 가서 피우세요.

饱 饫 烹 宰

빠오 bǎo 　위 yù 　펑 pēng 　짜이 zǎi

飽　　飫　　烹　　宰

배부를 포　물릴 어　삶을 팽　고기저밀 재

饱饫烹宰 배가 부르면 생선이나 고기도 먹기 싫어 물린다

饱

吃饱(吃飽) chī bǎo 배부르게 먹음
饱食终日(飽食終日) bǎo shí zhōng rì 하루 종일 아무런 일도 하지 않고 먹기만 하다
温饱问题(溫飽問題) wēn bǎo wèn tí 먹고 입는 문제(衣食)
酒足饭饱(廠足飯飽) jiǔ zú fàn bǎo 술과 밥(음식)을 배불리 먹다(초대 받은 후의 인사말)

饱	饫
丿	丿
仁	仁
仁	仁
饣	仁
饣	饣
饱	饫

饫

饱饫(飽飫) bǎo yù 포식함, 먹는데 만족함
厌饫(厭飫) yàn yù 배가 불러서 물림
饫闻(飫聞) yù wén 너무 들어 신물이 남
饫闻厌见(飫聞厭見) yù wén yàn jiàn 볼 만큼 보고 들을 만큼 듣다(싫증날 정도)
只求饱饫(只求飽飫) zhǐ qiú bǎo yù 배불리 먹는 것을 바랄 뿐이다

烹

烹饪(烹飪) pēng rèn 삶고 지짐, 요리하다
烹茶(烹茶) pēng chá 차를 끓임
烹土豆(烹土豆) pēng tǔ dòu 감자를 볶음(요리)
兔死狗烹(兔死狗烹) tù sǐ gǒu pēng 토끼를 잡은 후 사냥개를 삶아 먹다
檀长烹调(檀長烹調) shàn cháng pēng tiáo 요리를 잘함, 요리하기를 즐기다

烹	宰
亠	宀
吉	宁
吉	宇
享	宰
亨	宰
烹	宰

宰

屠宰(屠宰) tú zǎi 도살함
主宰(主宰) zhǔ zǎi 주장하여 맡음, 지배함
宰羊(宰羊) zǎi yáng 양을 도살하다
伴食宰相(伴食宰相) bàn shí zǎi xiàng 밥이나 축내는 벼슬아치
任意宰割(任意宰割) ràn yì zǎi gē 마음대로 유린하다

请到外面抽. qǐng dào wài miàn chōu　밖에 나가 피우세요.
开窗(户)换换气. kāi chuāng(hu) huàn huàn qì　창을 열어서 환기시키세요.

饥 厌 糟 糠

饥 지 jī	厌 앤 yàn	糟 짜오 zāo	糠 캉 kāng
飢 주릴 기	厭 만족할, 싫을 염	糟 재강 조	糠 겨 강

饥厌糟糠 배가 주리면 겨, 지게미에도 만족해 한다

饥

- 充饥 (充飢) chōng jī 굶주림을 달래다
- 饥饿 (飢餓) jī è 굶주림
- 饥荒 (飢荒) jī huāng 기근, 흉작
- 饥寒交迫 (飢寒交迫) jī hán jiāo pò 헐벗고 굶주리다
- 饥不饱食 (飢不飽食) jī bù bǎo shí 배불리 먹지 못해 기아에 허덕이다

厌

- 厌饱 (厭飽) yàn bǎo 많이 먹어 배가 부름
- 厌足 (厭足) yàn zú 만족함, 흡족함
- 厌烦 (厭煩) yàn fán 귀찮아 하다
- 不厌其烦 (不厭其煩) bù yàn qí fán 귀찮게 생각하지 않다(인내심이 있다는 뜻)
- 贪得无厌 (貪得無厭) tān de wú yàn 욕심이 그지없음, 만족할 줄 모르고 욕심을 부리다

糟

- 酒糟 (酒糟) jiǔ zāo 술지게미, 재강
- 糟糠 (糟糠) zāo kāng 술지게미와 겨(가난한 살림을 뜻함)
- 糟糕 (糟糕) zāo gāo 못쓰게 되다, 엉망이다, 망치다, 아뿔사
- 糟踏财物 (糟踏財物) zāo tà cái wù 재물을 소홀히 하다(낭비한다는 뜻)
- 排出糟粕 (排出糟粕) pái chū zāo pò 찌꺼기를 제거함

糠

- 稻糠 (稻糠) dào kāng 벼의 겉겨
- 糠皮 (糠皮) kāng pí 겨와 껍질
- 糠包 (糠包) kāng bāo 겨 포대, 쓸모없는 놈, 밥통
- 舐糠及米 (舐糠及米) shì kāng jí mǐ 겨부터 쌀까지 핥다(잠식한다는 뜻)
- 吃糠咽菜 (吃糠咽菜) chī kāng yàn caì 변변치 못한 식사를 하다

饥	厌
丿	一
亻	厂
亇	厂
勺	厌
饥	厌
	厌

糟	糠
丷	米
米	籵
籵	粐
粐	粐
糒	糠
糟	糠

您怎么不戒烟? nín zěn me bù jiè yān 당신은 왜 담배를 끊지 않나요?
抽三十多年, 上瘾了, 难戒. chōu sān shí duō nián, shàng yǐn le, nán jiè 30여 년간 피워 인이 배겨서 끊기 어렵습니다.

亲 戚 故 旧

亲 qīn	戚 qī	故 gù	旧 jiù
親	戚	故	舊
친할 친	겨레 척	옛 고	옛 구

亲戚故旧 친척이나 친구(는 동일시해야 한다)

亲

- 亲切(親切) qīn qiè 친절하고 다정함, 친절
- 父亲(父親) fù qīn 아버지
- 亲如一家(親如一家) qīn rú yī jiā 한집 식구처럼 친함
- 亲朋好友(親朋好友) qīn péng hǎo yǒu 친한 친구
- 亲密无间(親密無間) qīn mì wú jiān 간격이 없이 매우 친하다

戚

- 戚谊(戚誼) qī yì 친척간의 정의
- 亲戚(親戚) qīn qī 친척
- 休戚相关(體戚相關) xiū qī xiāng guān 슬픔과 기쁨을 서로 같이하다 (밀접한 관계)
- 亲戚故旧(親戚故舊) qīn qī gù jiù 친척과 옛 친구
- 访戚问友(訪戚問友) fǎng qī wèn yǒu 친지를 방문하다

亲	戚
亠	厂
六	厂
立	厅
立	戚
辛	戚
亲	戚

故

- 故乡(故鄉) gù xiāng 나서 자란 곳, 고향
- 缘故(緣故) yuán gù 사유, 인연
- 故伎重演(故伎重演) gù jì chóng yǎn 낡은 수법을 다시 쓰다
- 无故缺勤(無故缺勤) wú gù quē qín 까닭없이 결근함
- 一见如故(一見如故) yī jiàn rú gù 처음 만나서도 오랜 친구처럼 친하다

旧

- 新旧(新舊) xīn jiù 새 것과 낡은 것
- 怀旧(懷舊) huái jiù 옛일을 돌이키다
- 旧书(舊書) jiù shū 옛 도서
- 旧瓶新酒(舊瓶新酒) jiù píng xīn jiǔ 낡은 형식에 새로운 내용을 담는다는 뜻
- 旧友重逢(舊友重逢) jiù yǒu chóng féng 옛 친구가 다시 만나다

故	旧
十	丨
古	丨丨
古	丨丨丨
古	旧
古	旧
故	

尼古丁是万病之源. ní gǔ dīng shì wàn bìng zhī yuán 니코틴은 만병의 근원입니다.
吸烟是慢性自杀. xī yān shì màn xìng zì shā 흡연은 만성 자살입니다.

老 少 异 粮

老 라오 lǎo	少 싸오 shào	异 이 yì	粮 량 liáng
老 늙을 로	少 젊을 소	異 다를 이	糧 양식 량

老少异粮 늙은이와 젊은이의 식사는 달리해야 한다

老
- 老婆 (老婆) lǎo pó 아내, 마누라
- 老人 (老人) lǎo rén 늙은이
- 衰老 (衰老) shuāi lǎo 쇠약하고 늙음
- 老有所归 (老有所歸) lǎo yǒu suǒ guī 늙어서 정착할 곳이 있음
- 老奸巨猾 (老奸巨猾) lǎo jiān jù huá 늙은 여우마냥 간교하다

少
- 少年 (少年) shào nián 어린이
- 老少 (老少) lǎo shào 노인과 젊은이
- 少年壮志 (少年壯志) shào nián zhuàng zhì 나이는 어리지만 뜻은 큼
- 少不更事 (少不更事) shào bù gēng shì 나이가 어려 아는 것이 적다

异
- 异议 (異議) yì yì 같지 않은 견해
- 异味 (異味) yì wèi 다른 맛
- 异口同声 (異口同聲) yì kǒu tóng shēng 여러 사람의 말이 한결같음(이구동성)
- 大同小异 (大同小異) dà tóng xiǎo yì 거의 같고 조금 다름(대동소이함)
- 求同存异 (求同存異) qiú tóng cún yì 서로 일치되는 점은 취하고 다른 점은 보류하다

粮
- 粮食 (糧食) liáng shí 양곡
- 买粮 (買糧) mǎi liáng 쌀을 사다
- 产粮区 (産糧區) chǎn liáng qū 양곡을 많이 생산하는 지역
- 粮断米绝 (糧斷米絶) liáng duàn mǐ jué 양식이 떨어지다
- 以粮为纲 (以糧爲綱) yǐ liáng wéi gāng 식량 생산을 경제시책의 중심에 두다

老	少
一	丨
十	小
土	小
耂	少
耂	
老	

异	粮
ㄱ	丷
ㄱ	米
巳	籵
幵	粐
异	粮
异	粮

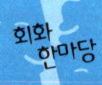

你这烟鬼真讨厌. nǐ zhè yān guǐ zhēn tǎo yàn   이 골초야, 정말로 미워.
要烟, 要命, 随你便. yào yān, yào mìng, suí nǐ biàn   담배를 (계속) 피울 것인가, 아니면 목숨을 내걸 것인가 마음대로 하세요.

妾御绩纺 부녀자는 길쌈을 해야 한다

妾

妻妾 (妻妾) qī qiè 처와 첩
纳妾 (納妾) nà qiè 첩을 들임
三妻四妾 (三妻四妾) sān qī sì qiè 수많은 처와 첩(많은 여인을 거느린다는 뜻)
接妻纳妾 (接妻納妾) jiē qī nà qiè 본처를 얻고 첩까지 받아들이다
弃妻纳妾 (棄妻納妾) qì qī nà qiè 본처를 버리고 첩을 받아들이다

御

御人 (御人) yù rén 마부, 시종자(侍从者)
御用文人 (御用文人) yù yòng wén rén 어용 문인
御驾亲征 (御駕親征) yù jià qīn zhēng 황제가 직접 출정하다

绩

成绩 (成績) chéng jì 일이 이루어진 결과, 성적
业绩 (業績) yè jì 일의 공적, 업적
丰功伟绩 (豊功偉績) fēng gōng wěi jì 위대한 공적
女人绩麻 (女人績麻) nǚ rén jì má 여자는 삼을 삼다

纺

纺纱工 (紡紗工) fǎng shā gōng 방적공
纺织厂 (紡織廠) fǎng zhī chǎng 방직 공장
当纺织工 (當紡織工) dāng fǎng zhī gōng 방직 노동자가 됨
纺纱织布 (紡紗織布) fǎng shā zhī bù 방적하여 천을 짜다

 회화 한마당

吸烟不文明, 又不道德. xī yān bù wén míng, yòu bù dào dé 흡연은 비도덕적이고 문명하지도 않다.
既害自己, 又害别人. jì hài zì jǐ, yòu hài bié rén 자신에게 해로울 뿐더러 타인에게도 해롭다.

侍 巾 帷 房

侍 shì	巾 jīn	帷 wéi	房 fáng
侍	巾	帷	房
모실 시	수건 건	장막 유	방 방

侍巾帷房 (남자들에게) 수건을 건네 주거나 규방의 시중을 들어야 한다

侍
- 服侍 (服侍) fú shì 시중들다
- 侍奉 (侍奉) shì fèng 모시다
- 侍从 (侍從) shì cóng 시중 들다
- 侍奉不周 (侍奉不周) shì fèng bù zhōu (부모를) 잘 모시지 못하다
- 侍候父母 (侍候父母) shì hóu fù mǔ 부모님을 모시다(돌봄)

侍
亻
什
仕
侍
侍
侍

巾
- 餐巾 (餐巾) cān jīn 냅킨
- 围巾 (圍巾) wéi jīn 목수건
- 手巾 (手巾) shǒu jīn 타월
- 巾帼英雄 (巾幗英雄) jīn guó yīng xióng 옛날 두건을 쓴 여장부, 여걸
- 扎好头巾 (扎好頭巾) zā hǎo tóu jīn 머릿수건을 잘 두르다(동이다)

巾
丨
冂
巾

帷
- 帷房 (帷房) wéi fáng 장막으로 꾸민 집
- 帷帐 (帷帳) wéi zhàng 장막
- 帷床 (帷床) wéi chuáng 장막과 침대
- 落下帷幕 (落下帷幕) là xià wéi mù 휘장을 내리다
- 运筹帷幄 (運籌帷幄) yùn chóu wéi wò 장막 안에서 작전계획을 짜다

帷
冂
巾
忄
忄
帷
帷

房
- 房子 (房子) fáng zi 집
- 土房 (土房) tǔ fáng 흙집
- 房屋 (房屋) fáng wū 집, 가옥, 건물
- 洞房花烛 (洞房花燭) dòng fáng huā zhú 신혼 초야(결혼 첫날밤을 이름)
- 装饰房间 (裝飾房間) zhuāng shì fáng jiān 방을 장식하다

房
丶
亠
户
户
房
房

 회화 한마당

为自己和他人的健康, 要戒烟. wèi zì jǐ hé tā rén de jiàn kāng, yào jiè yān 자신과 타인의 건강을 위해 금연해야 한다.

为了家庭幸福, 要戒烟. wèi le jiā tíng xìng fú, yào jiè yān 가정의 행복을 위해 금연해야 한다.

纨 扇 圆 洁

纨 wán	扇 shàn	圆 yuán	洁 jié
紈	扇	圓	潔
흰깁 환	부채 선	둥글 원	맑을 결

纨扇圆洁 흰 비단 부채는 둥글고 말끔하다

纨
- 纨素 (紈素) wán sù 올이 곱고 흰 비단
- 纨扇 (紈扇) wán shàn 명주 비단 부채
- 穿纨裤 (穿紈褲) chuān wán kù 비단 바지를 입다
- 纨裤子弟 (紈褲子弟) wán kù zǐ dì 비단바지를 입은 귀공자, 부잣집 자식
- 手执纨扇 (手執紈扇) shǒu zhí wán shàn 손에 흰 비단으로 만든 부채를 들다

纨	扇
乙	一
乡	户
乡	广
纠	扇
纨	扇
纨	扇

扇
- 风扇 (風扇) fēng shàn 선풍기
- 扇子 (扇子) shàn zi 부채
- 扇舞 (扇舞) shàn wǔ 부채춤
- 八扇屏风 (八扇屏風) bā shàn píng fēng 여덟 폭 병풍
- 扇面画画 (扇面畫畫) shàn miàn huà huà 부채에 그림을 그리다

圆
- 圆滑 (圓滑) yuán huá 일이 거침없이 잘 되어 나감, 원활함
- 圆月 (圓月) yuán yuè 둥근달, 보름달
- 圆凿方枘 (圓鑿方枘) yuán záo fāng ruì 둥근 장부 구멍과 모난 장부촉(서로 용납되지 않거나 어울리지 않는다는 뜻)
- 圆满成功 (圓滿成功) yuán mǎn chéng gōng 원만하게 성공하다

圆	洁
门	氵
冂	汀
冂	汁
冋	汢
圆	洁
圆	洁

洁
- 纯洁 (純潔) chún jié 순수하고 깨끗함
- 整洁 (整潔) zhěng jié 깔끔하다(산뜻함)
- 洁白 (潔白) jié bái 깨끗하고 희다, 결백함
- 洁身自好 (潔身自好) jié shēn zì hào 자신이 좋아하는 것만을 생각하다, 자기만 깨끗하면 그만이다, 자신의 순결을 지키다
- 清洁卫生 (淸潔衛生) qīng jié wèi shēng 깨끗하게 청소하다

你会(用)电脑吗? nǐ huì(yòng) diàn nǎo ma (당신은) 컴퓨터를 사용할 줄 아십니까?
不大(太)会, 去年我还是个电脑盲呢. bù dà(tài) huì, qù nián wǒ hái shì ge diàn nǎo máng ne 그다지 잘 몰라요, 지난해까지만 해도 저는 컴맹이었어요.

银	烛	炜	煌
인 yín	주 zhú	웨이 wěi	황 huáng
銀	燭	煒	煌
은 은	촛불 촉	빛날 위	빛날 황

银烛炜煌 은 촛대에서 타는 촛불은 밝게 빛난다

银
- 金银 (金銀) jīn yín 금과 은
- 银发 (銀髮) yín fà 흰머리카락
- 收银处 (收銀處) shōu yín chù 수납(납금)하는 곳
- 金银财宝 (金銀財寶) jīn yín cái bǎo 금과 은, 옥, 진주 등 귀한 재물(금은보화)
- 银行担保 (銀行擔保) yín háng dān bǎo 은행이 담보를 서다

烛
- 烛光 (燭光) zhú guāng 촛불의 빛
- 蜡烛 (蠟燭) là zhú 양초
- 烛照 (燭照) zhú zhào 밝게 비추다
- 洞烛其奸 (洞燭其奸) dòng zhú qí jiān 간계를 간파하다
- 烛照万物 (燭照萬物) zhú zhào wàn wù 세상 만물을 밝게 비추다

银	烛
丿	丶
钅	火
钅	灯
钅	灯
银	炉
银	烛

炜
- 炜管 (煒管) wěi guǎn 빨간 붓대
- 光炜 (光煒) guāng wěi 빛
- 光彩炜煌 (光彩煒煌) guāng cǎi wěi huáng 광채가 눈부시게 빛나다

煌
- 辉煌 (輝煌) huī huáng 광채가 빛나는 모양
- 煌煌 (煌煌) huáng huáng 밝은 모양
- 辉煌灿烂 (輝煌燦爛) huī huáng càn làn 광채가 빛나서 눈이 부시다, 휘황찬란함
- 明星煌煌 (明星煌煌) míng xīng huáng huáng 별이 밝게 반짝임
- 金碧辉煌 (金碧輝煌) jīn bì huī huáng 금빛 찬연하다

炜	煌
丶	丶
火	火
火	灯
灯	炟
炜	煌
炜	煌

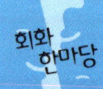 회화 한마당

我也是刚入(的)门。 wǒ yě shì gāng rù(de) mén 저 역시 초보자입니다.
不很熟练。 bù hěn shú liàn 별로 익숙하지 않아요.

| 쩌우 zhòu | 맨 mián | 시 xī | 메이 mèi |
| 낮 주 | 잘 면 | 저녁 석 | 잘 매 |

晝眠夕寐 낮잠도 자고 저녁에는 (일찍이) 잠자리에 든다

晝
- 白晝(白晝) bái zhòu 대낮
- 晝寢(晝寢) zhòu qīn 낮잠
- 衣綉晝行(衣綉晝行) yì xiù zhòu xíng 비단 옷을 차려 입고 대낮에 길을 가다(출세하여 고향에 돌아온다는 뜻)
- 晝行夜住(晝行夜住) zhòu xíng yè zhù 낮에는 길을 가고 밤에는 투숙하여 쉼
- 晝夜兼程(晝夜兼程) zhòu yè jiān chéng 밤낮 쉬지 않고 내달리다

晝	眠
フ	丨
ㄕ	冂
尺	目
尽	旷
昼	眄
晝	眠

眠
- 安眠(安眠) ān mián 편히 잠을 잠
- 睡眠(睡眠) shuì mián 잠
- 催眠(催眠) cuī mián 잠이 오게 하다
- 猫鼠同眠(貓鼠同眠) māo shǔ tóng mián 서로 결탁하여 나쁜 짓을 한다는 뜻
- 整夜失眠(整夜失眠) zhěng yè shī mián 온밤을 뜬 눈으로 지새다

夕
- 前夕(前夕) qián xī 전날 밤, 전야
- 夕阳(夕陽) xī yáng 저녁 때의 해, 석양
- 早夕(早夕) zǎo xī 아침과 저녁
- 危在旦夕(危在旦夕) wēi zài dàn xī 하루를 채우기 어렵다(병이 매우 위험함을 비유)
- 早夕相处(早夕相處) zǎo xī xiāng chǔ (아침 저녁) 늘 함께 있다(자주 만나다)

夕	寐
ノ	宀
ク	宀
夕	宀
	宀
	寐
	寐

寐
- 喜而不寐(喜而不寐) xǐ ér bù mèi 기뻐서 잠을 이루지 못하다
- 夜不成寐(夜不成鉤) yè bù chéng mèi 밤에 잠을 이루지 못함
- 梦寐以求(夢寐以求) mèng mèi yǐ qiú 꿈속에서도 바라다

学电脑越学越难. xué diàn nǎo yuè xué yuè nán 컴퓨터는 배울수록 어려워요.
我觉得学电脑越学越有意思. wǒ jué de xué diàn nǎo yuè xué yuè yǒu yì si 컴퓨터는 배울수록 재미있는 것 같아요.

蓝 笋 象 床

蓝 란 lán	笋 쑨 sǔn	象 썅 xiàng	床 촹 chuáng
藍 쪽 람	筍 대순 순	象 코끼리 상	床 상 상

蓝笋象床 푸른 죽순(을 먹고) 상아 침상(에서 잠드는) 생활을 한다

蓝
- 蔚蓝 (蔚藍) wèi lán 진한 푸른 빛
- 蓝天 (藍天) lán tiān 푸른 하늘
- 蓝墨水 (藍墨水) lán mò shuǐ 푸른색 잉크
- 蓝天生玉 (藍天生玉) lán tiān shēng yù 훌륭한 아들을 두었다는 것을 비유
- 蓝天白云 (藍天白雲) lán tiān bái yún 푸른 하늘에 흰 구름이 떠 있다

笋
- 笋席 (筍席) sǔn xí 죽순 껍질로 만든 돗자리
- 笋床 (筍床) sǔn chuáng 대나무 침대
- 雨后竹笋 (雨後竹筍) yǔ hòu zhú sǔn 비가 온 뒤에 많은 죽순이 솟는 것처럼 새로운 일이 한때 많이 일어남을 비유(우후죽순)
- 竹笋炒肉 (竹筍炒肉) zhú sǔn chǎo ròu 죽순에 고기를 섞어 볶다

象
- 象牙 (象牙) xiàng yá 코끼리의 앞니, 상아
- 象牙塔 (象牙塔) xiàng yá tǎ 상아탑
- 象箸玉杯 (象箸玉杯) xiàng zhù yù bēi 상아 젓가락과 옥으로 만든 술잔
- 瞎子摸象 (瞎子摸象) xiā zi mō xiàng 맹인이 코끼리 만지기, 나름대로 판단하다

床
- 起床 (起床) qǐ chuáng 침대에서 일어남, 기상하다
- 睡床 (睡床) shuì chuáng 침대에서 자다
- 床头 (床頭) chuáng tóu 침대 머리
- 床头金尽 (床頭金盡) chuáng tóu jīn jìn 집에 있는 돈을 모두 써버리다(곤궁하다는 뜻)
- 同床异梦 (同床異夢) tóng chuáng yì mèng 한 침상에서 서로 다른 꿈을 꾸다

회화 한마당
北京电子城在哪儿? běi jīng diàn zǎ chéng zài nǎr 베이징 전자상가는 어디에 있나요?
就在北京大学附近. jiù zài běi jīng dà xué fù jìn 바로 베이징대학교 근처에 있습니다.

弦	歌	酒	宴
섄 xián	거 gē	쥬 jiǔ	얜 yàn
絃	歌	酒	宴
줄 현	노래 가	술 주	잔치 연

弦歌酒宴 거문고 가락에 노래 부르며 술잔치를 베푼다

弦
- 弹弦 (彈絃) tán xián 거문고 줄을 탐
- 弓弦 (弓絃) gōng xián 활시위
- 伯牙绝弦 (伯牙絶絃) bó yá jué xián 백아가 거문고의 줄을 끊다(친한 벗을 잃은 슬픔을 비유)
- 弦外有音 (絃外有音) xián wài yǒu yīn 말 속에 딴 뜻이 들어 있다는 뜻

歌
- 歌曲 (歌曲) gē qǔ 노래의 가락, 가곡
- 唱歌 (唱歌) chàng gē 노래하다
- 歌舞 (歌舞) gē wǔ 노래와 춤
- 欢歌欢舞 (歡歌歡舞) huān gē huān wǔ 즐겁게 노래하며 춤을 추다
- 歌功颂德 (歌功頌德) gē gōng sòng dé 공적과 은덕을 찬양하다

酒
- 酒鬼 (酒鬼) jiǔ guǐ 수정뱅이
- 喝酒 (喝酒) hē jiǔ 술을 마심
- 醉酒 (醉酒) zuì jiǔ 술에 취함
- 好酒好色 (好酒好色) hào jiǔ hào sè 술과 여자를 좋아함
- 酒后无德 (酒後無德) jiǔ hòu wú dé 술을 마시면 마구 주정을 부리다(술버릇이 나쁨)

宴
- 设宴 (設宴) shè yàn 연회를 베풀다
- 生日宴(会) (生日宴(會)) shēng rì yàn(huì) 생일잔치(파티)
- 宴无好宴 (宴無好宴) yàn wú hǎo yàn 잔치 중 잘 된 잔치는 없다(연회 마무리가 좋기란 어렵다는 뜻)
- 敬请赴宴 (敬請赴宴) jìng qǐng fù yàn 삼가 연회에 모시겠습니다, 연회에 참석해 주세요

弦	歌
丁	丁
弓	哥
弓	哥
弦	歌
弦	歌

酒	宴
氵	丶
氵	宀
沂	宜
洒	宴
酒	宴
酒	宴

去那儿想买什么? qù nàr xiǎng mǎi shén me 거기에 가서 무엇을 사렵니까?
去看看, 开开眼界, 顺便买一台手提笔记本. qù kàn kan, kāi kai yǎn jiè, shùn biàn mǎi yī tāi shǒu tí bǐ jì běn 가서 보고 견식을 넓히렵니다, 간 김에 노트북도 한 대 사고요.

接 杯 举 觞

제 jiē	뻬이 bēi	쥐 jǔ	상 shāng
接	杯	擧	觴
이을 접	잔 배	들 거	잔 상

接杯舉觴 잔을 주고 받으며 (축배의) 잔을 높이 든다

		接	杯
接	连接(連接) lián jiē 연결, 접속함 接待(接待) jiē dài 손님을 맞아 대접함, 접대함 接二连三(接二連三) jiē èr lián sān 연이어, 꼬리에 꼬리를 물다 接踵而来(接踵而來) jiē zhǒng ér lái 발길이 끊기지 않고 연속 오다	扌 扩 拉 接 接 接	十 木 木 杯 杯 杯
杯	酒杯(酒杯) jiǔ bēi 술잔 茶杯(茶杯) chá bēi 찻잔 干杯(干杯) gān bēi 잔을 비움 杯弓蛇影(杯弓蛇影) bēi gōng shé yǐng 술잔에 비낀 활을 뱀으로 여기다(걸맞지 않게 의심함을 비유) 举杯畅饮(舉杯暢飲) jǔ bēi chàng yǐn 술잔을 높이 들고 통쾌하게 마시다		

		举	觞
举	举办(舉辦) jǔ bàn 개최, 거행함 高举(高舉) gāo jǔ 높이 쳐들다 举手(舉手) jǔ shǒu 손을 듦 举不胜举(舉不勝舉) jǔ bù shēng jǔ 이루 다 헤아릴 수 없다, 부지기수 举世闻名(舉世聞名) jǔ shì wén míng 천하에 소문나다	丷 㳇 兴 兴 举 举	夕 夕 角 舯 觞 觞
觞	觞咏(觴詠) shāng yǒng 술을 마시며 시를 짓고 읊다 滥觞(濫觴) làn shāng 겨우 술잔에 넘칠 정도의 적은 물, 사물의 시초나 근원 举觞祝贺(舉觴祝賀) jǔ shāng zhù hè 술잔을 들어 축하함		

你要买进口货(品)吗? nǐ yào mǎi jìn kǒu huò(pǐn) ma 수입품을 살 겁니까?
不, 进口货太贵, 买不起. bù, jìn kǒu huò tài guì, mǎi bù qǐ 아니요, 수입품은 너무 비싸서 살 수 없어요.

矫 쟈오 jiǎo	手 셔우 shǒu	顿 뚠 dùn	足 주 zú
矯 날 교	手 손 수	頓 조아릴 돈	足 발 족

矫手顿足 손을 들었다 내렸다 하고 발을 구르며 (춤을 춘다)

矫

矫健(矯健) jiǎo jiàn 씩씩하고 힘참
矫捷(矯捷) jiǎo jié 민첩함
矫枉过正(矯枉過正) jiǎo wǎng guò zhèng 구부러진 것을 바로잡는데 정도가 지나치다
矫正口吃(矯正口吃) jiǎo zhèng kǒu chī 말더듬(병)을 바르게 고치다

矫	手
亠	一
夨	二
夭	三
妖	手
矫	
矫	

手

手足(手足) shǒu zú 손과 발
挥手(揮手) huī shǒu 손을 흔들다
亲手做(親手做) qīn shǒu zuò 손수 만들다
手急眼快(手急眼快) shǒu jí yǎn kuài 눈치가 빠르고 솜씨가 재다
手舞足蹈(手舞足蹈) shǒu wǔ zú dǎo 손발을 내저으며 기뻐 날뛰다

顿

顿首(頓首) dùn shǒu 머리를 조아림
顿足(頓足) dùn zú 발을 구르다(멈추다)
顿足捶胸(頓足捶胸) dùn zú chuí xiōng 발을 구르고 가슴을 치며 격분해 하다
顿足不前(頓足不前) dùn zú bù qián 멈추어 서서 나아가지 않다

顿	足
一	口
屯	口
屯	尸
屯	尸
顿	足

足

足球鞋(足球鞋) zú qiú xié 축구화
足球迷(足球迷) zú qiú mí 축구 팬
足球比赛(足球比賽) zú qiú bǐ sài 축구시합
亲如手足(親如手足) qīn rú shǒu zú 친형제처럼 친함
留下足迹(留下足跡) liú xià zú jì 발자취를 남기다

硬件还是买进口的好. yìng jiàn hái shì mǎi jìn kǒu de hǎo 하드웨어는 그래도 수입품을 사는 게 좋아요.
国产品更新换代, 也蛮不错. guó chǎn pǐn gēng xīn huàn dài, yě mán bù cuò 국산(품)도 업그레이드 되어 매우 훌륭하답니다.

悦 豫 且 康

悦 웨 yuè	豫 위 yù	且 체 qiě	康 캉 kāng
悦 기쁠 열	豫 즐길, 미리 예	且 또 차	康 편안 강

悦豫且康 기쁘고 유쾌하고 마음 또한 편안하였다

悦
- 喜悦(喜悦) xǐ yuè 기쁨과 즐거움, 희열
- 悦耳(悦耳) yuè ěr 듣기 좋음
- 心悦诚服(心悦誠服) xīn yuè chéng fú 기꺼이 탄복하다
- 和颜悦色(和顏悅色) hé yán yuè sè 화애로운 표정, 반색함
- 赏心悦目(賞心悅目) shǎng xīn yuè mù 눈과 마음을 즐겁게 하다(기분이 좋음을 비유)

豫
- 豫剧(豫劇) yù jù 예극(중국 허난성의 지방극)
- 不豫(不豫) bù yù 몸이 불편하다
- 豫祝成功(豫祝成功) yù zhù chéng gōng 미리 성공을 기원함
- 逸豫亡身(逸豫亡身) yì yù wáng shēn 안일하게 놀며 즐기다가 신세를 망치다
- 面有不豫之色(面有不豫之色) miàn yǒu bù yù zhī sè 얼굴에 불쾌한 빛을 띠다

且
- 并且(幷且) bìng qiě 뿐만 아니라, 아울러
- 而且(而且) ér qiě 뿐만 아니라, 아울러
- 况且(況且) kuàng qiě 하물며, 게다가
- 得过且过(得過且過) dé guò qiě guò 하루하루 되는 대로 지내다
- 且听且看(且聽且看) qiě tīng qiě kān 들으면서 보다

康
- 康安(康安) kāng ān 건강하고 편안함
- 康乐(康樂) kāng lè 편안하고 즐겁다
- 康复(康復) kāng fù 건강이 회복됨
- 康庄大道(康莊大道) kāng zhuāng dà dào 탄탄대로, 어려움이나 장애 없이 찬란한 앞길
- 健康长寿(健康長壽) jiàn kāng cháng shòu 건강하고 장수하다

 회화 한마당

软件呢? ruǎn jiàn ne 소프트웨어는요?
无所谓, 根据需要常换嘛. wú suǒ wèi, gēn jù xū yào cháng huàn ma 상관없어요, 수요에 따라 자주 바꾸는 것이니까요.

嫡 后 嗣 续

嫡 dí 맏 적	后 hòu 뒤 후	嗣 sì 이을 사	续 xù 이을 속
嫡	後	嗣	續

嫡后嗣续 정실의 후예로 대를 이어간다

嫡
- 嫡派 (嫡派) dí pài 직계, 정통파
- 嫡系 (嫡系) dí xì 정통, 직계
- 嫡妾 (嫡妾) dí qiè 본처와 첩
- 嫡脉相传 (嫡脈相傳) dí mài xiāng chuán 적가(嫡家)의 계통을 이어 나가다
- 消灭嫡系 (消滅嫡系) xiāo miè dí xì 직계 부대를 소멸하다

后
- 后天 (後天) hòu tiān 모레
- 后代 (後代) hòu dài 훗날, 후세
- 今后 (今後) jīn hòu 향후
- 后会有期 (後會有期) hòu huì yǒu qī 재회할 때가 있다, 후에 또 만납시다
- 后继有人 (後繼有人) hòu jì yǒu rén 뒤를 이을 사람(후계자)이 있다

嫡	后
女	一
女	厂
女	厂
娇	后
嫡	后
嫡	

嗣
- 嗣承 (嗣承) sì chéng 계승하여 잇다
- 嗣王位 (嗣王位) sì wáng wèi 왕위를 계승함
- 嗣续其祖 (嗣續其祖) sì xù qí zǔ 그 할아버지의 대를 잇다
- 子嗣其父 (子嗣其父) zǐ sì qí fù 아들이 그 아버지의 뒤를 잇다

续
- 续读 (續讀) xù dú 계속 읽다(공부하다)
- 继续 (繼續) jì xù 계속(하다)
- 续集 (續集) xù jí 속편
- 连续不断 (連續不斷) lián xù bù duàn 계속하여 끊이지 않다
- 后续长篇 (後續長篇) hòu xù cháng piān 뒤에 긴 문장이 계속됨(일이 아직 끝나지 않음을 뜻함)

嗣	续
口	乡
昂	乡
咼	纟
咼	纟
嗣	结
嗣	续

 회화 한마당

你还想买啥? nǐ hái xiǎng mǎi shá 또 무엇을 사겠습니까?
再买一台打印机和一盒印刷油. zài mǎi yī tāi dǎ yìn jī hé yī hé yìn shuā yóu (그리고) 프린터 (한 대)와 잉크(한 통)를 사겠습니다.

祭 祀 蒸 尝

찌 jì　쓰 sì　쩡 zhēng　창 cháng

祭 祀 蒸 嘗

제사 제　제사 사　찔 증　맛볼 상

祭祀蒸尝 (익은 제물로) 증제(겨울제)를, (햇곡으로) 상제(가을제)를 올린다

祭

- 祭祀(祭祀) jì sì 제사를 지냄
- 祭日(祭日) jì rì 제사를 올리는 날
- 祭礼(祭禮) jì lǐ 제사의 예절
- 女不祭灶(女不祭竈) nǚ bù jì zào 여자는 부뚜막신에게 제사를 지내지 않는다
- 祭奠扫墓(祭奠掃墓) jì diàn sǎo mù 성묘하고 제사를 지내다

祭	祀
ク	`
タ	亠
タヽ	礻
タヽ	祀
祭	祀
祭	祀

祀

- 祀物(祀物) sì wù 젯물
- 祀腊(祀臘) sì là 제사 때 쓰는 촛불
- 祀祖(祀祖) sì zǔ 조상에게 제를 지내다
- 祭神祀祖(祭神祀祖) jì shén sì zǔ 신(령)에게 제사 지내고 조상에게 제를 지내다
- 重建祀庙(重建祀廟) chóng jiàn sì miào 절을 다시 수선(건설)하다

蒸

- 蒸食(蒸食) zhēng shí 쪄서 만든 식품
- 蒸气(蒸氣) zhēng qì 수증기
- 蒸馒头(蒸饅頭) zhēng mán tóu 빵을 찌다
- 蒸蒸日上(蒸蒸日上) zhēng zhēng rì shàng 나날이 향상하고 발전하다
- 洗蒸气浴(洗蒸氣浴) xǐ zhēng qì yù 증기욕(샤워)을 하다

蒸	尝
艹	丨
艹	丷
苁	业
苤	尚
蒸	尝
蒸	尝

尝

- 尝尝(嘗嘗) cháng cháng 맛 보다
- 尝味(嘗味) cháng wèi 맛을 보다
- 尝试(嘗試) cháng shì 시험해 보다
- 备尝辛苦(備嘗辛苦) bèi cháng xīn kǔ 온갖 고초를 다 겪다
- 品尝滋味(品嘗滋味) pǐn cháng zī wèi 맛을 보다

这个电子商店货全, zhè ge diàn zi shāng diàn huò quán 이 전자상점은 없는 상품이 없고,
真是琳琅满目. zhēn shì lín láng mǎn mù 너무 많아 과연 눈부실 정도입니다.

稽 지 jī / 조아릴 계
颡 쌍 sǎng / 이마 상
再 짜이 zài / 둘 재
拜 빠이 bài / 절 배

稽颡再拜 이마를 조아리며 (조상에게) 재삼 절을 올린다

稽
- 稽颡 (稽顙) jī sǎng 이마가 땅에 닿도록 절함
- 稽首 (稽首) jī shǒu 이마가 땅에 닿도록 공손히 절을 함
- 无稽之谈 (無稽之談) wú jī zhī tán 터무니없는 말
- 滑稽可笑 (滑稽可笑) huá jī kě xiào 익살스럽고도 우습다(가소롭다)

颡
- 颡汗 (顙汗) sǎng hàn 이마의 땀, 이마에 땀이 나다
- 广颡 (廣顙) guǎng sǎng 넓은 이마
- 满颡汗水 (滿顙汗水) mǎn sǎng hàn shuǐ 온 이마가 땀투성이되다

再
- 再生 (再生) zài shēng 다시 살아남
- 再见 (再見) zài jiàn 다시 만남
- 再起 (再起) zài qǐ 다시 일어남
- 再接再励 (再接再勵) zài jiē zài lì 더욱 더 힘쓰다, 한층 더 분발하다
- 东山再起 (東山再起) dōng shān zài qǐ 다시 시작하다, 다시 일어나다

拜
- 拜访 (拜訪) bài fǎng 인사차 방문함
- 拜年 (拜年) bài nián 세배, 설 인사
- 拜倒 (拜倒) bài dǎo 엎드려 절함
- 八拜之交 (八拜之交) bā bài zhī jiāo 결의로 맺은 형제
- 拜把兄弟 (拜把兄弟) bài bǎ xiōng dì 의형제(를 맺다)

 회화 한마당

可不是嘛, kě bù shì ma 그렇습니다(그렇구 말구요),
今天可真大饱眼福了. jīn tiān kě zhēn dà bǎo yǎn fú le 오늘은 정말 눈요기를 잘 했습니다.

悚 惧 恐 惶

悚 sǒng	惧 jù	恐 kǒng	惶 huáng
悚	懼	恐	惶
두려울 송	두려울 구	두려울 공	두려울 황

悚惧恐惶 (그 마음이) 송구하고 두려워 어찌할 바를 모른다

悚
- 悚惧 (悚懼) sǒng jù 무서워함, 두려워함, 송구스러움
- 悚然 (悚然) sǒng rán 두려워하는 모양, 오싹하다
- 惶悚 (惶悚) huáng sǒng 두려움, 황송함
- 毛骨悚然 (毛骨悚然) máo gǔ sǒng rán 소름이 끼치다, 모골이 송연하다
- 惶悚不安 (惶悚不安) huáng sǒng bù ān 황송하여 안절부절 못하다

惧
- 惧怕 (懼怕) jù pà 두려워함
- 恐惧 (恐懼) kǒng jù 몹시 두려움
- 畏惧 (畏懼) wèi jù 겁을 먹음
- 无所畏惧 (無所畏懼) wú suǒ wèi jù 조금도 두려워하는 바가 없다
- 临危不惧 (臨危不懼) lín wēi bù jù 위험에 직면해서도 두려워하지 않다

恐
- 恐慌 (恐慌) kǒng huāng (사태가) 두려워 어찌할 바를 모름, 당황함
- 恐吓 (恐嚇) kǒng xià 으름장 놓다
- 恐怖 (恐怖) kǒng bù 두려운 분위기, 공포, 테러
- 惶恐不安 (惶恐不安) huáng kǒng bù ān 겁에 질려 안절부절 못하다
- 打击恐怖 (打擊恐怖) dǎ jī kǒng bù 테러를 타격하다

惶
- 心惶 (心惶) xīn huáng 마음이 당황함
- 惶惶 (惶惶) huáng huáng (무섭고 불안하여) 당황스럽다
- 惶然若失 (惶然若失) huáng rán ruò shī 두렵고 당황하여 제정신을 잃어버리다
- 惶惶不安 (惶惶不安) huáng huáng bù ān 불안하여 어찌할 바를 모르다

悚	惧
忄	忄
忄	忄
忄	忄
忄	忄
忄	忄
悚	惧

恐	惶
工	忄
卫	忄
巩	忄
巩	忄
恐	惶
恐	惶

你的电脑联网了吗? nǐ de diàn nǎo lián wǎng le ma 당신 컴퓨터는 네트워크 되어 있나요?
当然, 可上网速度很慢. dāng rán, kě shàng wǎng sù dù hěn màn 그럼요, 그런데 인터넷 접속이 매우 느립니다.

笺 牒 简 要

笺 jiān	牒 dié	简 jiǎn	要 yào
牋	牒	簡	要
편지 전	문서 첩	간략 간	중요 요

笺牒简要 편지나 공문서는 간단 명료해야 한다

笺

信笺 (信牋) xìn jiān 편지용지, 편지
便笺 (便牋) biàn jiān 메모용지
笺候 (牋候) jiān hòu 편지로 문안 올리다
便笺留言 (便牋留言) biàn jiān liú yán 메모용지철(편지지)에 메모를 남기다

笺	牒
⺮	丨
竻	片
笅	片
笺	牌
笺	牌
笺	牒

牒

信牒 (信牒) xìn dié 공문서
最后通牒 (最後通牒) zuì hòu tōng dié 최후의 통첩
牒报频传 (牒報頻傳) dié bào pín chuán 공문서로 된 보고가 연속 전해져 오다

简

简要 (簡要) jiǎn yào 간단명료함
简单 (簡單) jiǎn dān 간단하다
简便 (簡便) jiǎn biàn 간단하고 편리함
简明扼要 (簡明扼要) jiǎn míng è yào 간단명료하면서도 요점이 있다
书简交流 (書簡交流) shū jiǎn jiāo liú 편지로 서로 교류하다

简	要
⺮	一
竻	㡀
笅	西
竹	要
笳	要
简	要

要

重要 (重要) zhòng yào 중요함
要点 (要點) yào diǎn 가장 중요한 점
要害 (要害) yào hài (신체의) 급소, (군사의) 요충지, (문장의) 요점
要言不烦 (要言不煩) yào yán bù fán 말이 번거롭지 않고 간단 명료하다
听取要闻 (聽取要聞) tīng qǔ yào wén 중요한 뉴스를 듣다

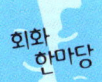

你不是用专线吗? nǐ bù shì yòng zhuān xiàn ma 당신은 전용선을 사용하지 않나요?
我电脑是用电话线接的. wǒ diàn nǎo shì yòng diàn huà xiàn jiē de 저의 컴퓨터는 전화선으로 접속해요.

구 gù	다 dá	션 shěn	샹 xiáng
顧	答	審	詳
돌아볼 고	대답 답	살필 심	자세할 상

顾答审详 답장은 자세히 살펴서 써야 한다

顾
- 环顾(環顧) huán gù (사방을) 둘러봄
- 照顾(照顧) zhào gù 돌봄
- 顾客(顧客) gù kè 손님, 고객
- 顾全大局(顧全大局) gù quán dà jú 전반적인 면을 고려하다(돌보다)
- 左顾右盼(左顧右盼) zuǒ gù yòu pàn 이리저리 (두리번 두리번) 살피다

顾
厂
厃
厄
厇
顾
顾

答
- 回答(回答) huí dá 대답함
- 问答(問答) wèn dá 물음과 대답, 문답
- 答应(答應) dá yīng 대답, 응답함
- 答非所问(答非所問) dá fēi suǒ wèn 묻는 말에 당치도 않은 대답을 하다(동문서답과 같은 말)
- 对答如流(對答如流) duì dá rú liú 막힘없이 줄줄 대답하다

答
⺮
竺
竺
竺
答
答

审
- 审查(審查) shěn chá 심의해서 사정함, 심사하다
- 审稿(審稿) shěn gǎo 원고를 심열함
- 审案(審案) shěn àn 사건을 심의함
- 审时度势(審時度勢) shěn shí duó shì 시기와 형세를 판단하다, 시세를 잘 살피다
- 法庭受审(法庭受審) fǎ tíng shòu shěn 법정의 심사를 받다

审
丶
宀
宀
宙
宙
审

详
- 详记(詳記) xiáng jì 자세하게 기록함
- 详细(詳細) xiáng xì 상세하다
- 详悉(詳悉) xiáng xī 자세하다, 상세하다
- 耳熟能详(耳熟能詳) ěr shú néng xiáng 귀에 익어 줄줄 외울 수 있다
- 介绍详情(介紹詳情) jiè shào xiáng qíng 자세한 상황을 소개하다

详
讠
讠
讦
详
详
详

你经常用因特网吗? nǐ jīng cháng yòng yīn tè wǎng ma 당신은 자주 인터넷을 사용합니까?
天天上网读新闻, 掌握信息. tiān tian shàng wǎng dú xīn wén, zhǎng wò xìn xī 매일 접속해서 뉴스를 보고 정보를 파악한답니다.

骸 垢 想 浴

骸 하이 hái	垢 꺼우 gòu	想 샹 xiǎng	浴 위 yù
骸 뼈 해	垢 때 구	想 생각할 상	浴 목욕할 욕

骸垢想浴 몸에 때가 끼면 목욕할 생각을 한다

骸	骸骨 (骸骨) hái gǔ 몸의 뼈 形骸 (形骸) xíng hái 몸체, 몸뚱이 放浪形骸 (放浪形骸) fàng làng xíng hái 구속을 모르다, 제멋대로 처신하다 骸骨垒垒 (骸骨壘壘) hái gǔ lěi lěi 백골이 첩첩이 쌓이다	骸 凸 骨 骨 骨 骸 骸
垢	油垢 (油垢) yóu gòu 기름때 污垢 (污垢) wū gòu 때, 오물 水垢 (水垢) shuǐ gòu 물때 藏垢纳污 (藏垢納污) cáng gòu nà wū 나쁜 것을 숨겨 두고 받아들이다 清除污垢 (清除污垢) qīng chú wū gòu 오물(때)을 깨끗이 제거하다	垢 土 圹 圹 圻 垢 垢
想	想法 (想法) xiǎng fǎ 생각 妄想 (妄想) wàng xiǎng 이치에 어그러진 생각, 망녕된 생각 幻想 (幻想) huàn xiǎng 현실에 없는 것을 있는 것같이 느끼는 상념, 환상 想入非非 (想入非非) xiǎng rù fēi fēi 터무니없는 허망한 생각을 하다 胡思乱想 (胡思亂想) hú sī luàn xiǎng 망녕된(허튼) 생각을 하다	想 十 木 和 相 想 想
浴	淋浴 (淋浴) lín yù 샤워 浴池 (浴池) yù chí 목욕탕 浴血奋战 (浴血奮戰) yù xuè fèn zhàn 피흘려 싸우다, 혈전을 벌이다 沐浴阳光 (沐浴陽光) mù yù yáng guāng 햇빛의 혜택을 받음 洗桑拿浴 (洗桑拿浴) xǐ sāng ná yù 샤워를 하다	浴 氵 沙 氵 浴 浴

在网上怎样收看中国人民日报? zài wǎng shàng zěn yàng shōu kàn zhōng guó rén mín rì bào 인터넷에서 (어떻게) 중국 인민일보를 볼 수 있나요?

执 热 愿 凉

执 zhí	热 rè	愿 yuàn	凉 liáng
執	熱	願	涼
잡을 집	뜨거울 열	원할 원	서늘할 량

执热愿凉 더워지면 서늘하기를 바란다

执
- 执着 (執着) zhí zhuó 마음에 새겨두고 잊지 않음, 집착하다, 고집하다
- 执笔 (執筆) zhí bǐ 붓을 잡고 글을 씀, 집필함
- 手执 (手執) shǒu zhí 손에 잡다
- 执迷不悟 (執迷不悟) zhí mí bù wù 잘못을 고집하여 깨닫지 못하다
- 执行政策 (執行政策) zhí xíng zhèng cè 정책을 집행하다

执: 一 丁 才 扌 扐 执

热
- 热烈 (熱烈) rè liè 열렬함
- 热情 (熱情) rè qíng 뜨거운 마음의 정, 열정
- 炎热 (炎熱) yán rè 매우 무덥다
- 热火朝天 (熱火朝天) rè huǒ cháo tiān 기세가 드높다, 의기충천하다
- 热心帮助 (熱心幫助) rè xīn bāng zhù 뜨거운 마음으로 (열심히) 돕다

热: 十 扌 扐 执 执 热

愿
- 愿望 (願望) yuàn wàng 소망, 원하다
- 志愿 (志願) zhì yuàn 지극히 바람, 지원함
- 愿意去 (願意去) yuàn yì qù 가기를 원함
- 如愿以偿 (如願以償) rú yuàn yǐ cháng 소원 성취하다, 원하는 대로 실현되다
- 事与愿违 (事與願違) shì yǔ yuàn wéi 일이 뜻대로 되지 않다

愿: 一 厂 厉 原 愿 愿

凉
- 凉爽 (涼爽) liáng shuǎng 서늘하고 상쾌함
- 天凉 (天涼) tiān liáng 날씨가 서늘함
- 凉水 (涼水) liáng shuǐ 냉수, 찬물
- 天气凉快 (天氣涼快) tiān qì liáng kuài 날씨가 서늘하고 시원함
- 前人栽树, 后人乘凉 qián rén zāi shù, hòu rén chéng liáng 앞세대가 나무를 심으면 그 다음 세대가 그 덕을 본다

凉: 丶 冫 广 沪 沪 浐 凉

회화 한마당

上网后, 先输入网址(www.people.com.cn), 然后点击回车键, 就可以收看. shàng wǎng hòu, xiān shū rù wǎng zhǐ(www.people.com.cn), rán hòu diǎn jī huí chē jiàn, jiù kě yǐ shōu kàn 인터넷에 접속한 다음, 인터넷(사이트) 주소(www.people.com.cn)를 입력하고 이어 엔터키를 클릭하면 바로 볼 수 있습니다.

驴 骡 犊 特

뤼 lǘ　　뤄 luó　　두 dú　　터 tè

驢　　騾　　犢　　特

나귀 려　　노새 라　　송아지 독　　수컷 특

驴骡犊特 나귀, 노새, 송아지와 둥굴이(등 가축들)

驴	骑驴 (騎驢) qí lǘ 나귀를 타다 毛驴 (毛驢) máo lǘ 나귀 驴肉 (驢肉) lǘ ròu 나귀 고기 驴鸣狗吠 (驢鳴狗吠) lǘ míng gǒu fèi 조잡한 글(서투른 문장을 비유) 非驴非马 (非驢非馬) fēi lǘ fēi mǎ 나귀도 아니고 말도 아니다, 밥도 죽도 아니다
骡	骡子 (騾子) luó zi 노새 骡马 (騾馬) luó mǎ 노새와 말 骡马成群 (騾馬成群) luó mǎ chéng qún 노새와 말이 떼를 이루다 住骡马店 (住騾馬店) zhù luó mǎ diàn 마차꾼이 사용하는 여인숙에 들다
犊	小犊 (小犢) xiǎo dú 작은 송아지 牛犊 (牛犢) niú dú 송아지 老牛舐犊 (老牛舐犢) lǎo niú shì dú 어미소가 송아지를 핥다(자식을 애지중지한다는 뜻) 初生牛犊不怕虎 chū shēng niú dú bù pà hǔ (갓난 망아지) 하루 강아지 범 무서운 줄 모른다
特	特别 (特別) tè bié 보통보다 다름, 특별함 特牛 (特牛) tè niú 숫소, 황소 特点 (特點) tè diǎn 특별히 다른 점, 특색, 특성, 특징 特立独行 (特立獨行) tè lì dú xíng 세속에 구애됨이 없이 자기 뜻대로 행동하다 特事特办 (特事特辦) tè shì tè bàn 특수한 사건을 특별한 방법으로 처리하다

驴	骡
丁	丁
马	马
马	马甲
马`	马甲
马⁺	骡
驴	骡

犊	特
⺍	⺍
牛	牛
牜	牛
牜	牪
牮	特
犊	特

你的网址呢? nǐ de wǎng zhǐ ne 당신의 인터넷 주소는요?
我还没有个人主网页, 下半年就要开设. wǒ hái méi yǒu gè rén zhǔ(wǎng) yè, xià bàn nián jiù yào kāi shè 저는 아직 개인 홈페이지가 없는데, 하반기에 곧 만들 겁니다.

骇 跃 超 骧

骇 하이 hài	跃 웨 yuè	超 차오 chāo	骧 샹 xiāng
駭 놀랄 해	躍 뛸 약	超 뛸 초	驤 달릴 양

骇跃超骧 놀라 치솟아 오르는가 하면 머리를 쳐들고 내달리기도 한다

骇

- 惊骇 (驚駭) jīng hài 매우 놀라다
- 骇闻 (駭聞) hài wén 놀라운 소식
- 骇人听闻 (駭人聽聞) hài rén tīng wén 듣는 사람으로 하여금 놀라게 하다
- 惊涛骇浪 (驚濤駭浪) jīng tāo hài làng 성난 파도, 거센 풍랑(격렬한 소동, 투쟁을 비유)

跃

- 跳跃 (跳躍) tiào yuè 뛰어오름
- 飞跃 (飛躍) fēi yuè 높이 날아오름, 비약함
- 跃进 (躍進) yuè jìn 매우 빠르게 진보함
- 跃跃欲试 (躍躍欲試) yuè yuè yù shì 해보고 싶어 안달이 나다, 해보려고 벼르다
- 跃身赴火 (躍身赴火) yuè shēn fù huǒ 몸을 돌보지 않고 뛰어들어 불을 끄다

超

- 超车 (超車) chāo chē (차를) 추월함
- 超过 (超過) chāo guò 일정 정도를 지나침, 초과함
- 超额 (超額) chāo é 초과 금액
- 超群绝伦 (超群絶倫) chāo qún jué lún 남보다 훨씬 뛰어나다
- 超速违章 (超速違章) chāo sù wéi zhāng 과속운행으로 해당 규칙을 위반하다

骧

- 骧腾 (驤騰) xiāng téng 내달리다, 질주하다
- 龙骧虎步 (龍驤虎步) lóng xiāng hǔ bù 위풍이 당당하다
- 万马骧腾 (萬馬驤騰) wàn mǎ xiāng téng 만 마리의 말이 힘차게 내달리다(기세가 등등함을 이름)

骇	跃
丆	口
马	吊
马亠	吊
马亠	足
骇	跙
骇	跃

超	骧
土	马
走	马亠
走	马亠
起	骧
起	骧
超	骧

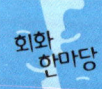

请告诉我你的电子邮件(E-mail)地址, 好吗? qǐng gào sù wǒ nǐ de diàn zi yóu jiàn(E-mail) dì zhǐ, hǎo ma 당신의 이메일(전자우편) 주소를 (저한테) 알려줄 수 있나요?

诛	斩	贼	盗
주 zhū	짠 zhǎn	쩨이 zéi	따오 dào
誅	斬	賊	盜
벨 주	벨 참	도둑 적	도둑 도

诛斩贼盗 도적은 참형에 처하여 목을 베었다

诛	诛除 (誅除) zhū chú 죽여 버림 诛奸 (誅奸) zhū jiān 사악한 자를 주벌함 诛求无已 (誅求無已) zhū qiú wú yǐ 관청의 횡포가 끝이 없다 口诛笔伐 (口誅筆伐) kǒu zhū bǐ fá 말과 글로 폭로 비판하다	
斩	斩断 (斬斷) zhǎn duàn 딱 자르다 斩决 (斬決) zhǎn jué 참형에 처함, 참수하다 斩首 (斬首) zhǎn shǒu 머리를 베어 죽임 斩草除根 (斬草除根) zhǎn cǎo chú gēn 풀을 베고 뿌리를 뽑다(화근을 철저히 제거한다는 뜻) 斩钉截铁 (斬釘截鐵) zhǎn dīng jié tiě 칼로 베듯이 과단성 있게 처리하다	
贼	贼犯 (賊犯) zéi fàn 도적놈 抓贼 (抓賊) zhuā zéi 도적을 붙잡다 贼喊捉贼 (賊喊捉賊) zéi hǎn zhuō zéi 도적이 도적을 잡으라고 고함치다 贼心不死 (賊心不死) zéi xīn bù sǐ 도둑 심보를 버리지 못함 作贼心虚 (作賊心虛) zuò zéi xīn xū 도둑이 발 저리다	
盗	偷盗 (偷盜) tōu dào 도둑질함 盗贼 (盜賊) dào zéi 도둑 被盗 (被盜) bèi dào 도난 당하다 盗憎主人 (盜憎主人) dào zēng zhǔ rén 나쁜 짓을 한 자가 도리어 원한을 품다 掩耳盗铃 (掩耳盜鈴) yǎn ěr dào líng 귀를 막고 방울을 훔치다(자기 스스로 자신을 속이는 미련한 행위를 비유)	

可以, kě yǐ 그래요.
我的电邮, 可用韩·中两种文字收发. wǒ de diàn yóu, kě yòng hán·zhōng liǎng zhǒng wén zì shōu fā
저의 이-메일은 한·중 두 가지 문자로 주고 받을 수 있습니다.

捕 获 叛 亡

捕 bǔ	获 huò	叛 pàn	亡 wáng
捕	獲	叛	亡
잡을 포	얻을 획	배반할 반	잃을 망

捕获叛亡 배신자와 도망하는 자는 잡아 가두었다

捕
- 捕捉 (捕捉) bǔ zhuō 붙잡다, 포획함
- 捕鱼 (捕魚) bǔ yú 물고기를 잡음
- 逮捕 (逮捕) dài bǔ 죄인을 잡음, 체포함
- 捕风捉影 (捕風捉影) bǔ fēng zhuō yǐng 바람이나 그림자를 붙잡다 (허망한 일을 비유)
- 捕获猎物 (捕獲獵物) bǔ huò liè wù 포획물을 얻다

获
- 获得 (獲得) huò dé 손에 넣음, 얻다
- 获胜 (獲勝) huò shèng 승리하다, 이기다
- 收获 (收穫) shōu huò 수확, 얻다
- 不劳而获 (不勞而獲) bù láo ér huò 일하지 않고 이득을 얻다
- 收获非浅 (收穫非淺) shōu huò fēi qiǎn 수확이 적지 않다, 얻은 것이 많다

叛
- 叛变 (叛變) pàn biàn 배신(배반)함
- 叛徒 (叛徒) pàn tú 역적, 배신자
- 背叛 (背叛) bèi pàn 배신하여 돌아섬, 배반함
- 招降纳叛 (招降納叛) zhāo xiáng nà pàn 투항한 자나 배신자를 받아들이다
- 叛国投敌 (叛國投敵) pàn guó tóu dí 나라를 배반하여 적에게 투항하다

亡
- 逃亡 (逃亡) táo wáng 피해 달아남, 쫓겨 달아남, 도망치다
- 亡羊补牢 (亡羊補牢) wáng yáng bǔ láo 소 잃고 외양간 고치다 (헛된 일을 비유)
- 亡命之徒 (亡命之徒) wáng mìng zhī tú 목숨을 내걸고 악행을 저지르는 자
- 唇亡齿寒 (唇亡齒寒) chún wáng chǐ hán 입술이 없으면 이가 시리다 (상호 이해가 같은 밀접한 관계를 이름)

회화 한마당

你用的是哪个网站的电邮? nǐ yòng de shì nǎ ge wǎng zhàn de diàn yóu 어느 사이트를 사용하나요?
我主要用'雅虎'(Yahoo)和'搜狐'(Sohu)两站. wǒ zhǔ yào yòng 'yā hǔ' he 'sōu hú' liǎng zhàn 저는 주로 '야후'와 '써우후' 2개 사이트를 사용합니다.

布 bù 뿌	射 shè 써	辽 liáo 랴오	丸 wán 완
布 베풀 포	射 쏠 사	遼 멀 료	丸 둥글 환

布射辽丸 (한나라) 여포는 궁술에 능하고 (초나라) 웅선료는 탄자에 명수였다

布	布鞋 (布鞋) bù xié 천으로 지은 신 布置 (布置) bù zhì 배치함 布料 (布料) bù liào 천, 옷감 布衣蔬食 (布衣蔬食) bù yī shū shí 검소하고 소박한 생활을 하다 开诚布公 (開誠布公) kāi chéng bù gōng (숨김없이) 흉금(진심)을 털어놓다
射	射击 (射擊) shè jī 사격함 发射 (發射) fā shè 총, 활 등을 쏨 射箭 (射箭) shè jiàn 활을 쏨 能骑善射 (能騎善射) néng qí shàn shè 말을 잘 타고 활도 잘 쏜다 含沙射影 (含沙射影) hán shā shè yǐng 암암리에 남을 헐뜯다(비방하다, 중상하다)
辽	辽远 (遼遠) liáo yuǎn 아득히 멀다 辽阔 (遼闊) liáo kuò 멀고 넓음 辽宁省 (遼寧省) liáo níng shěng (중국) 요녕성 辽阔无边 (遼闊無邊) liáo kuò wú biān 멀고 멀어 끝이 없다
丸	丸药 (丸藥) wán yào 알약 丸子 (丸子) wán zi (요리의) 완자 弹丸之地 (彈丸之地) dàn wán zhī dì 비좁은 땅, 작은 땅 丸药治根 (丸藥治根) wán yào zhì gēn 환약은 병 뿌리를 뽑는다

布	射
一	亻
ナ	自
冇	身
右	身
布	射
	射

辽	丸
一	丿
了	九
了	丸
辽	
辽	

 회화 한마당

怎么开设个人免费邮箱? zěn me kāi shè gè rén miǎn fèi yóu xiāng 개인 무료계정은 어떻게 만드나요?
先上网, 然后找一个网站登陆. xiān shàng wǎng, rán hòu zhǎo yī ge wǎng zhàn dēng lù 먼저 인터넷에 접속한 다음, 한 사이트를 찾아 열고 들어가세요.

嵇 琴 阮 啸

지 jī	친 qín	롼 ruǎn	쌰오 xiào
嵇	琴	阮	嘯
뫼 혜	거문고 금	성 완	휘파람 소

嵇琴阮嘯 (위나라)혜강은 거문고를 잘 타고 완적은 휘파람을 잘 불었다

嵇
- 嵇山 (嵇山) jī shan 혜산(중국 허난성의 산)
- 嵇 (嵇) jī 혜, 성(姓)으로 주로 쓰임
- 嵇山在河南 (嵇山在河南) jī shān zài hé nán 혜산은 중국 허난성에 있다

嵇	琴
一	二
二	王
禾	玨
秘	琹
嵇	琹
嵇	琴

琴
- 琴声 (琴聲) qín shēng 거문고(악기) 소리
- 琴谱 (琴譜) qín pǔ 거문고의 악보
- 手提琴 (手提琴) shǒu tí qín 바이올린
- 对牛弹琴 (對牛彈琴) duì niú tán qín 소귀에 거문고 뜯기, 쇠귀에 경 읽기
- 吟诗弹琴 (吟詩彈琴) yín shī tán qín 시를 읊고 거문고를 타다(옛날 문객의 생활을 이름)

阮
- 阮丈 (阮丈) ruǎn zhàng 남의 백부, 숙부 등의 존칭
- 阮囊羞涩 (阮囊羞澀) ruǎn náng xiū sè 주머니 사정이 말이 아니다(돈이 없다는 뜻)
- 阮咸善弹琵琶 (阮咸善彈琵琶) ruǎn xián shàn tán pí pa 완함(완적의 조카, 위국 사람)은 비파를 잘 탔다

阮	嘯
了	口
阝	叮
阝	呼
阝	呻
阝	嘯
阮	嘯

啸
- 啸鸣 (嘯鳴) xiào míng 높고 긴 소리
- 虎啸 (虎嘯) hǔ xiào 호랑이의 울부짖는 소리
- 海啸 (海嘯) hǎi xiào 파도 소리, 바다의 울부짖 소리
- 龙吟虎啸 (龍吟虎嘯) lóng yín hǔ xiào 용과 호랑이가 소리 지름(영웅이 나타남을 뜻함)
- 狂风呼啸 (狂風呼嘯) kuáng fēng hū xiào 광풍이 울부짖다

下一个程序呢? xià yī ge chéng xù ne 그 다음 작동 순서는요?
就在'用户名'和'密码'栏里, 输入你的有关资料就可以了. jiù zài 'yòng hù míng' hé 'mì mǎ' lán lǐ, shū rù nǐ de yǒu guān zī liào jiù kě yǐ le '사용자ID'와 '비밀번호'란에 당신의 관련자료를 입력하세요.

恬 笔 伦 纸

톈 tián	비 bǐ	룬 lún	즈 zhǐ
恬	筆	倫	紙
편안 념	붓 필	인륜 륜	종이 지

恬笔伦纸 (진나라) 몽념은 붓을, (후한나라) 채륜은 종이를 만들었다

恬

- 恬安 (恬安) tián ān 태연하고 편안함
- 恬退 (恬退) tián tuì 깨끗이 물러남
- 恬不知耻 (恬不知恥) tián bù zhī chǐ 뻔뻔스레 수치를 모르다
- 恬无忌惮 (恬無忌憚) tián wú jì dàn 조금도 거리낌없이 태연하다

笔

- 笔锋 (筆鋒) bǐ fēng 붓끝, 문장이나 서화의 위세, 필봉
- 毛笔 (毛筆) máo bǐ 붓
- 笔记 (筆記) bǐ jì 글씨를 씀, 기록함
- 笔拙词穷 (筆拙詞窮) bǐ zhuō cí qióng 문장이 유치하고 졸렬하다
- 笔底生花 (筆底生花) bǐ dǐ shēng huā 붓끝에 꽃이 피다(문장이 아름다움을 이름)

恬	笔
丶	丶
忄	𠂉
忄	竹
忄	竺
怃	笔
恬	

伦

- 天伦 (天倫) tiān lún 부모, 형제 사이의 변하지 않은 떳떳한 도리
- 天伦之乐 (天倫之樂) tiān lún zhī lè 천륜의 즐거움, 세상의 즐거움
- 伦理道德 (倫理道德) lún lǐ dào dé 사람이 지켜야 할 윤리와 도덕

纸

- 纸币 (紙幣) zhǐ bì 종이로 만든 지폐, 지폐
- 信纸 (信紙) xìn zhǐ 편지용지
- 纸老虎 (紙老虎) zhǐ lǎo hǔ 종이호랑이 (겉으로는 위풍이 있어 보여도 속은 텅빔)
- 白纸黑字 (白紙黑字) bái zhǐ hēi zì 백지에 쓰인 검은 글자 (확실한 증거문서를 이름)
- 纸上谈兵 (紙上談兵) zhǐ shàng tán bīng 실천성이 없는 허황한 이론, 탁상공론하다

伦	纸
丿	乙
亻	纟
亻	纟
伫	红
伦	纸
伦	纸

你喜不喜欢网上聊天？nǐ xǐ bù xǐ huān wǎng shàng liáo tiān 당신은 인터넷 채팅을 즐깁니까?
喜欢, 可没那么多闲工夫. xǐ huān, kě méi nà me duō xián gōng fu 좋아해요, 하지만 그렇게 한가하게 채팅할 겨를이 없어요.

쥔 jūn 챠오 qiǎo 런 rèn 땨오 diào

鈞　巧　任　釣

고를 균　재주 교　맡길 임　낚시 조

钧巧任钓 (위나라) 마균은 목공일에 뛰어나고 (선진나라) 임공자는 처음으로 낚시를 만들었다

钧	钧衡 (鈞衡) jūn héng 평형, 균형, 고르다 千钧 (千鈞) qiān jūn 천 균(1균=30근) 一发千钧 (一發千鈞) yī fā qiān jūn 매우 위험하다, 위기일발의 순간 钧衡人才 (鈞衡人才) jūn héng rén cái 인재를 평정함
巧	巧妙 (巧妙) qiǎo miào 썩 잘되고 묘함, 교묘함 手巧 (手巧) shǒu qiǎo 손재간이 있다 技巧 (技巧) jì qiǎo 솜씨가 아주 묘함, 묘한 기술(솜씨) 花言巧语 (花言巧語) huā yán qiǎo yǔ 상대방의 비위에 맞춰주는 입에 발린 이야기를 하다, 감언이설 弄巧成拙 (弄巧成拙) nòng qiǎo chéng zhuō 재주를 피우려다 도리어 일을 망치다
任	任务 (任務) rèn wù 맡은 업무, 임무, 과업 责任 (責任) zé rèn 도맡아 해야할 임무, 책임 任重道远 (任重道遠) rèn zhòng dào yuǎn 책임은 무겁고 갈 길은 멀다 任重在肩 (任重在肩) rèn zhòng zài jiān 중임이 어깨에 메어짐 任重在身 (任重在身) rèn zhòng zài shēn 중대한 책임을 맡고 있다
钓	垂钓 (垂釣) chuí diào 낚시를 물속에 드리움 钓具 (釣具) diào jù 낚시 도구 钓鱼 (釣魚) diào yú 물고기를 낚음 沽名钓誉 (沽名釣譽) gū míng diào yù 방법을 다하여 명예를 추구하다 姜太公钓鱼 (姜太公釣魚) jiāng tài gōng diào yú 강태공이 (곧은 낚시로) 낚시질을 하다(스스로 암수에 걸려들 것을 바람의 비유)

你家人喜欢摸电脑吗? nǐ jiā rén xǐ huān mō diàn nǎo ma 당신 집식구들은 컴퓨터를 즐겨 다룹니까?
孩子们上网玩电子游戏, 都入上迷了. hái zi men shàng wǎng wán diàn zi yóu xì, dōu rù shang mí le
아이들은 인터넷 게임에 흠뻑 빠져 있어요.

释 ˚shì	纷 ˚fēn	利 리lì	俗 수sú
釋 놓을 석	紛 어지러울 분	利 이할 리	俗 풍속 속

释纷利俗 (이 여덟 사람은) 세상의 번잡함을 풀고 세속을 이롭게 했다

释	释疑 (釋疑) shì yí 의혹(의심)을 풀다 释放 (釋放) shì fàng 풀어줌, 석방 解释 (解釋) jiě shì 알기 쉽게 풀어 설명함, 해석(해설)함 爱不释手 (愛不釋手) ài bù shì shǒu 매우 아껴서 손을 떼지 못하다 释放罪人 (釋放罪人) shì fàng zuì rén 죄인을 풀어주다(석방하다)
纷	纠纷 (糾紛) jiū fēn 분규 纷乱 (紛亂) fēn luàn 분잡하고 떠들썩함 纷红骇绿 (紛紅駭綠) fēn hóng hài lǜ 화초와 나무가 어지럽게 흩날리는 모양 议论纷纷 (議論紛紛) yì lùn fēn fēn 의논이 분분함 大雪纷飞 (大雪紛飛) dà xuě fēn fēi 큰 눈이 흩날리다
利	利害 (利害) lì hài 이익과 손해, 이해관계 利益 (利益) lì yì 보탬이 된 것, 이득, 이익 有利 (有利) yǒu lì 이익이 있음, 도움이 됨 利市三倍 (利市三倍) lì shì sān bèi 이익이 세 배나 되다(장사가 잘 된다는 뜻) 权衡利弊 (權衡利弊) quán héng lì bì 이익과 손해를 따지다
俗	俗语 (俗語) sú yǔ 속어, 속담 风俗 (風俗) fēng sú 전해온 옛 생활습관 民俗 (民俗) mín sú 민간의 풍속, 민속 俗不讲理 (俗不講理) sú bù jiǎng lǐ 범속하고 예절과 도리를 모르다 打破习俗 (打破習俗) dǎ pò xí sú 습관(세습)을 타파하다

你爱人呢? nǐ ài rén ne 당신의 부인은요?
我妻子也是个网迷, 网上购物, 都购上瘾了. wǒ qī zi yě shì ge wǎng mí, wǎng shang gòu wù, dōu gòu shang yǐn le 집사람 역시 인터넷 광인데, 인터넷 쇼핑에 중독되었어요.

并 皆 佳 妙

并 삥 bìng	皆 졔 jiē	佳 쟈 jiā	妙 먀오 miào
竝 아우를 병	皆 다 개	佳 아름다울 가	妙 묘할 묘

并皆佳妙 (그들) 모두가 다 훌륭하고 신묘했다

并	合并 (合竝) hé bìng 합병, (두 가지를) 합치다 并且 (竝且) bìng qiě 아울러, 뿐만 아니라 并列 (竝列) bìng liè 나란히 늘어섬, 병렬 并吞邻邦 (竝吞鄰邦) bìng tūn lín bāng 인접국을 점령함 并为一谈 (竝爲一談) bìng wéi yī tán 같은 것으로 여기다, 한데 얼버무리다	
皆	皆知 (皆知) jiē zhī 모두 알다 皆行 (皆行) jiē xíng 동행함 皆大欢喜 (皆大歡喜) jiē dà huān xǐ 모두 몹시 기뻐하다 人人皆知 (人人皆知) rén rén jiē zhī 사람마다(저마다) 모두 알다 皆为兄弟 (皆爲兄弟) jiē wéi xiōng dì 모두 다 형제이다	
佳	佳宾 (佳賓) jiā bīn 귀빈 极佳 (極佳) jí jiā 최상, 제일 좋다 才子佳人 (才子佳人) cái zǐ jiā rén 재주있는 남자와 아름다운 여자 最佳效果 (最佳效果) zuì jiā xiào guǒ 제일 좋은 효과 传来佳音 (傳來佳音) chuán lái jiā yīn 기쁜 소식이 전해오다	
妙	绝妙 (絶妙) jué miào 더없이 훌륭함(신비함) 妙药 (妙藥) miào yào 신통하게 잘 듣는 약 妙计 (妙計) miào jì 매우 교묘한 꾀 锦囊妙计 (錦囊妙計) jǐn náng miào jì 비단주머니 속의 묘계, 중요한 대목에 쓰는 묘책 妙手回春 (妙手回春) miào shǒu huí chūn (의사의) 탁월한 솜씨로 건강을 되찾다	

并	皆
丶	丨
丷	匕
丷	比
丷	比
兯	皆
并	皆

佳	妙
丿	乚
亻	女
什	奿
住	奿
住	妙
佳	妙

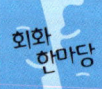

使用电子邮件, 有什么好处? shǐ yòng diàn zi yóu jiàn, yǒu shén me hǎo chù 이-메일을 사용하면 좋은 점은 무엇이나요?

毛 施 淑 姿

毛 마오 máo	施 스 shī	淑 수 shū	姿 즈 zī
毛 털 모	施 베풀 시	淑 맑을 숙	姿 모양 자

毛施淑姿 (월나라의) 모장과 (오나라의) 서시는 자색이 아름다운 미녀였다

毛
- 毛发 (毛髮) máo fà 머리털
- 毛病 (毛病) máo bìng 약점, 나쁜 버릇, 병, 고장
- 毛发倒竖 (毛髮倒竪) máo fà dào shù 머리카락이 곤두서다 (화가 머리 끝까지 치밀다)
- 毛骨悚然 (毛骨悚然) máo gǔ sǒng rán 머리카락이 모두 서다, 소름이 끼침
- 一毛不拔 (一毛不拔) yī máo bù bá 털 한 대 뽑지 않다 (씀씀이가 인색함)

施
- 实施 (實施) shí shī 실제로 시행함, 실시함
- 施展 (施展) shī zhǎn 발휘하다
- 施恩 (施恩) shī ēn 은혜를 베풀다
- 施不望报 (施不望報) shī bù wàng bào 은혜는 베풀지만 보답은 바라지 않는다
- 施展才能 (施展才能) shī zhǎn cái néng 재능을 발휘하다

毛	施
一	二
二	方
三	方
毛	方
	施
	施

淑
- 贤淑 (賢淑) xián shū 어질고 정숙함
- 淑姿 (淑姿) shū zī 아름다운 자태
- 淑女 (淑女) shū nǚ 얌전한 여자, 숙녀
- 窈窕淑女 (窈窕淑女) yǎo tiǎo shū nǚ 요조숙녀
- 遇人不淑 (遇人不淑) yù rén bù shū 시집을 잘못가다, 몹쓸 남자를 만나다

姿
- 姿态 (姿態) zī tài 모습과 태도, 자태
- 姿势 (姿勢) zī shì 몸을 가진 모양과 태도, 자세
- 英姿 (英姿) yīng zī 아름다운 자태 (몸맵시)
- 多姿多态 (多姿多態) duō zī duō tài 다채로운 자태
- 英姿飒爽 (英姿颯爽) yīng zī sà shuǎng 자태가 늠름하고 씩씩하다

淑	姿
氵	丶
汁	丷
汁	次
沫	次
浉	姿
淑	姿

 회화 한마당

免费收发信件，既省钱，又方便. miǎn fèi shōu fā xìn jiàn, jì shěng qián, yòu fāng biàn 무료로 편지를 주고받으니 돈도 절약되고 편리하답니다.

工 嚬 妍 笑

工	嚬	妍	笑
궁 gōng	핀 pín	얜 yán	쌰오 xiào
工	嚬	妍	笑
장인 공	찡그릴 빈	고을 연	웃음 소

工嚬妍笑 상을 찡그려도 예쁘고 웃음띤 모습이었다

工	技工 (技工) jì gōng 기능공, 숙련공 工人 (工人) gōng rén 노동자 人工 (人工) rén gōng 사람이 하는(한) 일 工愁善虑 (工愁善慮) gōng chóu shàn lǜ 조그마한 일에도 노심초사하다 亦工亦农 (亦工亦農) yì gōng yì nóng 공업도 하고 농업도 하다	工 嚬 一 口 丅 呫 工 啡 哔 嚬 嚬
嚬	嚬眉 (嚬眉) pín méi 눈썹을 찡그림 嚬笑 (嚬笑) pín xiào 상을 찡그리고 웃음 双眉嚬蹙 (雙眉嚬蹙) shuāng méi pín cù 양미간을 몹시 찌푸리다 一嚬一笑 (一嚬一笑) yī pín yī xiào 상을 찡그렸다 웃었다 하다	
妍	妍芳 (妍芳) yán fāng 아름답고 향기로움 妍丽 (妍麗) yán lì 아름다움 妍容 (妍容) yán róng 아름다운 얼굴 百花争妍 (百花爭妍) bǎi huā zhēng yán 온갖 꽃이 아름다움을 다투다(백화만발의 뜻) 妍丽多姿 (妍麗多姿) yán lì duō zī 용모가 아름답고 자세가 우아하다	妍 笑 夊 ㇒ 女 𥫗 女 𥫗 妌 笁 妍 笁 妍 笑
笑	笑容 (笑容) xiào róng 웃는 얼굴 微笑 (微笑) wēi xiào 소리내지 않는 웃음, 미소 笑容满面 (笑容滿面) xiào róng mǎn miàn 희색이 만면하다 谈笑风生 (談笑風生) tán xiào fēng shēng 이야기 꽃을 피우다, 흥미진진하게 이야기함 眉开眼笑 (眉開眼笑) méi kāi yǎn xiào 생글생글 웃다	

 没有中文程序怎么办? méi yǒu zhōng wén chéng xù zěn me bàn 중문 프로그램이 없는데 어떡하죠?

年 矢 每 催

年 낸 nián	矢 스 shǐ	每 메이 měi	催 추이 cuī
年 해 년	矢 살 시	每 매양 매	催 재촉 최

> 年矢每催 세월은 화살처럼 항상 재촉하듯이 흘러간다

年
- 每年 (每年) měi nián 해마다
- 新年 (新年) xīn nián 새해
- 年龄 (年齡) nián líng 나이
- 成年累月 (成年累月) chéng nián léi yuè 오랜 세월, 장구한 세월
- 年富力强 (年富力强) nián fù lì qiáng 젊고 기력이 왕성하다

矢
- 放矢 (放矢) fàng shǐ 화살을 쏘다
- 楚矢楚得 (楚矢楚得) chǔ shǐ chǔ dé 초나라 사람이 쏜 화살을 초나라 사람이 줍다(이익이 타인에게 돌아가지 않음을 비유)
- 有的放矢 (有的放矢) yǒu dì fàng shǐ 과녁을 겨누고 활을 쏘다(목적성 있게 일하는 것을 이름)

年	矢
ノ	ノ
㇐	㇐
⼆	⼆
⻠	午
𠂉	矢
年	

每
- 每天 (每天) měi tiān 매일
- 每个 (每個) měi gè ~마다, 각각
- 每次 (每次) měi cì 매번, 매양
- 每况愈下 (每況愈下) měi kuàng yù xià 정황이 갈수록 나빠지다
- 每有所得 (每有所得) měi yǒu suǒ dé 매번(늘) 얻는 것이 있다

催
- 催促 (催促) cuī cù 재촉함, 독촉함
- 催逼 (催逼) cuī bī 재촉하고 다그침
- 催急 (催急) cuī jí 몹시 급하게 독촉함
- 催办手续 (催辦手續) cuī bàn shǒu xù 수속을 빨리 하라고 재촉하다
- 扬鞭催马 (揚鞭催馬) yáng biān cuī mǎ 채찍을 휘두르며 말을 재촉하다

每	催
ノ	亻
㇐	仏
亠	伫
勹	伫
每	催
每	催

可以到书店买中文软件装, 或在网上下载. kě yi dào shū diàn mǎi zhōng wén ruǎn jiàn zhuāng, huò zài wǎng shang xià zǎi 서점에 가서 중문 소프트웨어(프로그램)를 사서 설치하거나 인터넷에서 다운로드를 받으면 됩니다.

羲	晖	朗	曜
시 xī	후이 huī	랑 lǎng	야오 yào
羲	晖	朗	曜
복희 희	빛날 휘	밝을 랑	빛날 요

羲晖朗曜 햇빛은 밝고 눈부시게 빛난다

羲
- 羲 (羲) xī 성(姓)으로 주로 쓰임
- 羲皇上人 (羲皇上人) xī huáng shàng rén 근심 걱정을 모르는 사람을 이름
- 羲皇好龙称官名 xī huáng hào lóng chēng guān míng 복희왕이 용을 좋아해 관직 이름에 용자를 붙였다
- 伏羲是传说中的皇帝 fú xī shì chuán shuō zhōng de huáng dì 복희는 전설 속의 황제이다

晖
- 春晖 (春暉) chūn huī 봄빛
- 寸草春晖 (寸草春暉) cùn cǎo chūn huī 부모 은혜는 만분의 일도 보답하기 어렵다는 뜻
- 三千里江山尽朝晖 sān qiān lǐ jiāng shān jìn zhāo huī 삼천리 강산에 아침 햇빛이 찬란하다

朗
- 晴朗 (晴朗) qíng lǎng 맑다
- 明朗 (明朗) míng lǎng 밝고 쾌활함
- 月朗风清 (月朗風清) yuè lǎng fēng qīng 달은 밝고 바람은 맑다(밝고 고요한 밤을 비유)
- 谈吐爽朗 (談吐爽朗) tán tǔ shuǎng lǎng 말재간(언변)이 활달하고 성격이 시원시원함
- 天朗气爽 (天朗氣爽) tiān lǎng qì shuǎng 날이 개이고 기분이 상쾌하다

曜
- 曜眼 (曜眼) yào yǎn 눈부시다
- 曜眼增光 (曜眼增光) yào yǎn zēng guāng 빛에 눈이 부신 모습을 표현
- 曜曜发光 (曜曜發光) yào yào fā guāng 눈부시게 빛나다
- 灯光曜眼 (燈光曜眼) dēng guāng yào yǎn 등불 빛이 눈부시다

회화 한마당: 复制资料按(摁)哪个键? fù zhì zī liào àn(èn) nǎ ge jiàn 자료를 복사하려면 어느 키를 눌러야 합니까?

璇 玑 悬 斡

쉬안 xuán　　지 jī　　쉬안 xuán　　워 wò

璇　　璣　　懸　　斡

구슬 선　　구슬 기　　달 현　　돌 알

璇玑悬斡 옥으로 만든 혼천의는 허공에서 회전한다

璇	
	璇玉 (璇玉) xuán yù 미옥, 아름다운 구슬
	璇玑 (璇璣) xuán jī 옛날의 천체 관측기계
	璇不染尘 (璇不染塵) xuán bù rǎn chén 옥에는 먼지가 묻지 않는다

璇	玑
王	一
圹	二
玡	干
玡	王
琁	玎
璇	玑

玑	
	珠玑 (珠璣) zhū jī 둥굴지 않은 구슬
	珠玑连篇 (珠璣連篇) zhū jī lián piān 주옥같은 글이 연속 이어짐
	满腹珠玑 (滿腹珠璣) mǎn fù zhū jī 속에 주옥 같은 글이 가득 차다

悬	
	悬案 (懸案) xuán àn 아직 해결되지 않은 사건(문제)
	悬挂 (懸掛) xuán guà 걸다, 달다
	悬望 (懸望) xuán wàng 바라다, 걱정하다
	悬而未解 (懸而未解) xuán ér wèi jiě 아직 해결되지 않음(결말이 없음)
	悬权而动 (懸權而動) xuán quán ér dòng 상대방의 정형을 가늠해 보고 행동하다

悬	斡
冂	十
日	古
旦	卓
县	龺
悬	斡
悬	斡

斡	
	斡旋 (斡旋) wò xuán (남의 일을) 알선하다
	斡流 (斡流) wò liú 감돌아 흐르다
	斡开 (斡開) wò kāi (억지로) 비틀어 열다
	日月斡旋 (日月斡旋) rì yuè wò xuán 해와 달이 공전하다
	绕过旋斡 (繞過旋斡) rào guò xuán wò 소용돌이를 돌아지나다(어떤 사건에 연루되는 것을 피함을 이르기도 함)

先选中(变成黑底白字)有关资料, 然后点击鼠标右键, 再点击'复制'一栏. xiān xuǎn zhòng(biàn chéng hēi dǐ bái zì) yǒu guān zī liào, rán hòu diǎn jī shǔ biāo yòu jiàn, zài diǎn jī 'fù zhì' yī lán 먼저 해당 자료를 블록 설정(검은 바탕에 흰 글자로 만듦)한 다음, 마우스의 우측 버튼을 누르고 다시 '복사'를 누르세요.

晦 魄 环 照

晦 후이 huì	魄 퍼 pò	环 환 huán	照 짜오 zhào
晦 어두울 회	魄 달빛, 넋 백	環 고리, 돌 환	照 비칠 조

晦魄环照 (음력) 그믐과 초하루 밤에도 계속 빛을 뿌린다

晦
- 晦色 (晦色) huì sè 어두운 색깔, 암색
- 晦日 (晦日) huì rì 그믐날
- 晦明 (晦明) huì míng 명암, 낮과 밤
- 隐晦曲折 (隱晦曲折) yǐn huì qū zhé 뜻이 명확하지 않고 복잡하게 얽혀 있다
- 隐晦作品 (隱晦作品) yǐn huì zuò pǐn 뜻이 명확하지 않고 은밀한 작품

魄
- 气魄 (氣魄) qì pò 기백, 진취적 정신
- 魄力 (魄力) pò lì 패기, 기백
- 魂魄 (魂魄) hún pò 혼백
- 魄散魂飞 (魄散魂飛) pò sàn hún fēi 몹시 놀라 혼백이 흩어지다, 혼비백산
- 落魂失魄 (落魂失魄) luò hún shī pò 혼비백산하다

环
- 连环 (連環) lián huán 연환, 서로 관련되는 일을 하나 하나 연계하는 것
- 环境 (環境) huán jìng 주위의 사물, 사정, 환경
- 耳环 (耳環) ěr huán 귀걸이
- 结草衔环 (結草銜環) jié cǎo xián huán 은혜를 잊지 않고 보답하다
- 环环相扣 (環環相扣) huán huán xiāng kòu (사건의) 고리가 하나 하나 밀접히 연계되다

照
- 照像 (照像) zhào xiàng 사진을 찍다
- 照片 (照片) zhào piàn 사진
- 照镜子 (照鏡子) zhào jìng zǐ 거울에 비추어 봄
- 照本宣科 (照本宣科) zhào běn xuān kē 책에 쓰인대로 읽다(융통성이 없음을 뜻함)
- 肝胆相照 (肝膽相照) gān dǎn xiāng zhào 서로 진심을 터놓고 대하다

晦	魄
日	白
旷	的
旷	甴
晦	甿
晦	魄
晦	魄

环	照
干	日
王	旳
王	旳
玎	照
玎	照
环	照

怎样'粘贴'? zěn yàng zhān tiē '붙여 넣기'는 어떻게 합니까?
先点击鼠标右键, 然后点击'粘贴'一栏, 就可以了. xiān diǎn jī shǔ biāo yòu jiàn, rán hòu diǎn jī 'zhān tiē' yī lán, jiù kě yi le 먼저 마우스의 오른쪽 버튼을 누른 후 '붙여 넣기'를 누르면 됩니다.

指 薪 修 佑

지 zhǐ　　신 xīn　　슈 xiū　　유 yòu

指　　薪　　修　　祐

손가락 지　나무 신　닦을 수　도울 우

指薪修佑 마음을 다하여 도를 닦으면 하느님의 도움을 받게 된다

指

手指 (手指) shǒu zhǐ 손가락
指示 (指示) zhǐ shì 가리켜 보임, 일러서 시킴, 지시함
指导 (指導) zhǐ dǎo 가리키어 이끎, 지도함
指桑骂槐 (指桑罵槐) zhǐ sāng mà huái 뽕나무를 빗대고 (홰나무를) 욕을 함
指手划脚 (指手劃脚) zhǐ shǒu huà jiǎo 손짓 발짓하며 말하다, 이러쿵저러쿵 나무라다

薪

薪金 (薪金) xīn jīn 월급, 봉급, 노임
月薪 (月薪) yuè xīn 월급
釜底抽薪 (釜底抽薪) fǔ dǐ chōu xīn 솥 밑에 타는 장작을 꺼내어 물이 끓는 것을 막는다
　(문제를 근본적으로 해결한다는 뜻)
薪水不多 (薪水不多) xīn shuǐ bù duō 봉급이 많지 않다, 생활이 넉넉치 않다

修

修正 (修正) xiū zhèng 수정함
修理 (修理) xiū lǐ 고장이나 허름한 데를 손보아 고침, 수리함, 정비함
研修 (研修) yán xiū 연구하고 닦음
修旧利废 (修舊利廢) xiū jiù lì fèi 낡은 것을 수리하고 폐품을 이용하다(절약한다는 뜻)
修心积德 (修心積德) xiū xīn jī dé 마음을 닦고 덕을 쌓다(남을 돕고 공덕을 베품)

佑

天佑 (天佑) tiān yòu 하늘의 도움
保佑 (保佑) bǎo yòu 보살피어 도와줌
上帝保佑 (上帝保佑) shàng dì bǎo yòu 하느님이 보우하다
自天佑之 (自天佑之) zì tiān yòu zhī 하느님이 그를 도울 것이다

회화 한마당

电子邮件出现乱码怎么办? diàn zǐ yóu jiàn chū xiàn luàn mǎ zěn me bàn 이-메일 글자가 깨졌네요?
得想办法转换文字, 要不, 就得请教明白人了. děi xiǎng bàn fǎ zhuǎn huàn wén zì, yào bù, jiù děi
　qǐng jiào míng bái rén le 방법을 다해 문자로 전환하거나 잘 아는 사람에게 물어야 해요.

永绥吉邵

永 yǒng	绥 suí	吉 jí	邵 shào
永	綏	吉	邵
길 영	편안할 수	길할 길	높을 소

永绥吉邵 길이길이 평안하고 대길할 것이며 고상해질 것이다

永
- 永远 (永遠) yǒng yuǎn 미래를 향해 한없이 계속되는 일, 영원히
- 永别 (永別) yǒng bié 영원히 헤어짐
- 永久 (永久) yǒng jiǔ 길고 오램, 영구함
- 永垂不朽 (永垂不朽) yǒng chuí bù xiǔ (이름, 공훈이) 오랫동안 사라지지 않고 전해지다
- 永生难忘 (永生難忘) yǒng shēng nán wàng 일생동안 영원히 잊지 않다

绥
- 绥和 (綏和) suí hé 평온하고 태평함
- 绥边 (綏邊) suí biān 변경을 평정함
- 顺颂台绥 (順頌台綏) shùn sòng tái suí 아울러 귀하의 평안을 기원합니다 (편지 용어)
- 绥慰家属 (綏慰家屬) suí wèi jiā shǔ 가족을 위로하다

吉
- 吉兆 (吉兆) jí zhào 좋은 징조
- 吉祥 (吉祥) jí xiáng 운수가 좋은 조짐
- 吉庆 (吉慶) jí qìng 경사스럽다
- 万事大吉 (滿事大吉) wàn shì dà jí 모든 일이 썩 좋다 (만사대길)
- 吉凶难测 (吉凶難測) jí xiōng nán cè 좋고 나쁨을 예측하기 어렵다

邵
- 邵美 (邵美) shào měi (덕행이) 매우 높고 아름답다
- 年高德邵 (年高德邵) nián gāo dé shào 나이가 많고 덕망이 높다
- 品德邵美 (品德邵美) pǐn dé shào měi 품성이 뛰어나고 아름답다

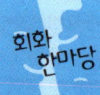 怎样删除没用的文句呢? zěn yàng shān chú méi yòng de wén jù ni 쓸데 없는 문구를 삭제하려면 어떻게 해야 합니까?

矩步引领

矩 jǔ	步 bù	引 yǐn	领 lǐng
법 구	걸음 보	이끌 인	이끌 령

矩步引領 걸음걸이는 예에 맞게 하고 옷은 여미어 의젓해야 한다

矩
- 矩尺 (矩尺) jǔ chě 곱자, 곱척
- 矩范 (矩範) jǔ fàn 규범, 본보기
- 规矩 (規矩) guī jǔ 규칙, 법칙
- 规矩准绳 (規矩准繩) guī jǔ zhǔn shéng (지켜야 할) 규범, 기준
- 循规蹈矩 (循規蹈矩) xún guī dǎo jǔ 규칙을 잘 지키다

步
- 脚步 (脚步) jiǎo bù 발걸음
- 步行 (步行) bù xíng 걸어감
- 进步 (進步) jìn bù 사물이 점차 발달하는 일, 진보함
- 步调一致 (步調一致) bù diào yī zhì 걸음의 속도나 모양이 같다, 행동이 일치하다
- 一步登天 (一步登天) yī bù dēng tiān 벼락출세하다, 갑자기(단번에) 신세를 고침

矩	步
一	丨
矢	止
知	止
知	牛
矩	牛
	步

引
- 牵引 (牽引) qiān yǐn 끌어 당김
- 引道 (引道) yǐn dào 길을 안내함
- 引起 (引起) yǐn qǐ 일으키다, (주의를) 끌다
- 引人注目 (引人注目) yǐn rén zhù mù 사람들의 이목을 끌다
- 引人入胜 (引人入勝) yǐn rén rù shèng (풍경, 문장이) 사람을 황홀한 경지로 이끌다

领
- 领队 (領隊) lǐng duì 대열, 군대를 인솔함, 인솔자
- 率领 (率領) shuài lǐng 인솔함
- 领导 (領導) lǐng dǎo 거느려 이끎, 영도함, 지도자
- 心领神会 (心領神會) xīn lǐng shén huì 마음속으로 깨닫고 이해하다
- 领兵打仗 (領兵打仗) lǐng bīng dǎ zhàng 군대를 통솔하여 싸우다

引	领
丁	人
弓	今
引	令
	邻
	领

先将有关文句选中(变成黑底白字), 然后点击鼠标右键, 再点击'删除'就行. xiān jiāng yǒu guān wén jù xuǎn zhòng(biàn chéng hēi dǐ bái zì), rán hòu diǎn jī shǔ biāo yòu jiàn, zài diǎn jī 'shān chú' jiù xíng   먼저 해당 문구를 블록 설정(검은 바탕에 흰 글)을 한 다음, 마우스의 우측 버튼으로 '삭제'를 누르세요.

俯 仰 廊 庙

俯 fǔ	仰 yǎng	廊 láng	庙 miào
俯	仰	廊	廟
구부릴 부	우러를 앙	행랑 랑	사당 묘

俯仰廊庙 전사(殿舍)에서의 행동거지도 예에 맞게 해야 한다

俯
- 俯身 (俯身) fǔ shēn 허리를 굽힘
- 俯卧 (俯卧) fǔ wò 엎드림
- 俯仰无愧 (俯仰無愧) fǔ yǎng wú kuì 어떻게 봐도 양심에 부끄러움이 없다
- 俯首帖耳 (俯首帖耳) fǔ shǒu tiē ěr (비굴하게) 굽신거림, 순종함
- 前俯后仰 (前俯後仰) qián fǔ hòu yǎng 몸을 앞뒤로 크게 흔들다, 배를 움켜잡고 웃다

仰
- 仰望 (仰望) yǎng wàng 우러러 봄
- 仰天 (仰天) yǎng tiān 하늘을 우러러 봄
- 仰卧 (仰卧) yǎng wò 반듯하게 눕다
- 仰首伸眉 (仰首伸眉) yǎng shǒu shēn méi 목을 세우고 눈썹을 펴다, 의기양양하다
- 久仰大名 (久仰大名) jiǔ yǎng dà míng 일찍기 존함을 들었습니다 (통성명 용어)

廊
- 廊坐 (廊坐) láng zuò 극장의 양쪽 측면의 좌석
- 走廊 (走廊) zǒu láng 복도
- 游廊 (游廊) yóu láng 긴 복도
- 前廊后厦 (前廊后廈) qián láng hòu shà 앞의 포치와 뒤의 베란다
- 经过长廊 (經過長廊) jīng guò cháng láng 긴 복도를 지나가다

庙
- 寺庙 (寺廟) sì miào 사찰, 절
- 庙宇 (廟宇) miào yǔ 사당, 절
- 庙坛 (廟壇) miào tán 묘단 (묘 앞에 쌓은 단)
- 残灯末庙 (殘燈末廟) cán dēng mò miào 사물이 몰락하거나 쇠퇴함을 뜻함
- 有庙无神儿 (有廟無神兒) yǒu miào wú shénr 절은 남아 있어도 (모시는) 신령은 없다

 电脑经常(发生)死机怎么办? diàn nǎo jīng cháng (fā shēng) sǐ jī zěn me bàn 컴퓨터가 자주 다운 되면 어떻게 하죠?

쑤 shù	따이 dài	진 jīn	좡 zhuāng
束	帶	矜	莊
묶을 속	띠 대	자랑 긍	씩씩할 장

束帶矜庄 관대를 두르는 등 예복 차림을 하니 점잖고 정중하다

| 束 | 束缚 (束縛) shù fù 얽어맴
约束 (約束) yuē shù 얽어매어 구속함
束紧 (束緊) shù jǐn 꽉 (졸라) 매다
束手无策 (束手無策) shù shǒu wú cè 어쩔 도리가 없어 꼼짝 못함(속수무책)
束手束脚 (束手束脚) shù shǒu shù jiǎo 손발이 묶여 대담하게 하지 못함, 구속받다, 제한 받다 |

束	帶
一	一
亓	世
吉	世
申	带
束	带
束	带

| 带 | 束带 (束帶) shù dài 띠를 (졸라) 매다
磁带 (磁帶) cí dài 자기테이프
录音带 (錄音帶) lù yīn dài 녹음 테이프
录相带 (錄相帶) lù xiāng dài 비디오 테이프
随身携带 (隨身携帶) suí shēn xié dài 항상(수시로) 몸에 지니다 |

| 矜 | 矜夸 (矜誇) jīn kuā 거만하게 자랑함
矜怜 (矜憐) jīn lián 가엾게 여김
矜才使气 (矜才使氣) jīn cái shǐ qì 재간만 믿고 제 마음대로 하다
不可自矜 (不可自矜) bù kě zì jīn 자기 스스로 자랑하며 뽐내서는 안 된다 |

矜	庄
マ	、
亇	二
予	广
矛	广
矛	庄
矜	庄

| 庄 | 庄重 (莊重) zhuāng zhòng (언행이) 정중함
庄整 (莊整) zhuāng zhěng (옷차림이) 단정함
庄严 (莊嚴) zhuāng yán 정중하고 엄숙함
亦庄亦谐 (亦莊亦諧) yì zhuāng yì xié (극 따위가) 장중하면서도 해학적이다
庄严威武 (莊嚴威武) zhuāng yán wēi wǔ 장엄하고 위엄스럽다 |

得给有关服务中心打电话, 请求帮忙. děi gěi yǒu guān fú wù zhōng xīn dǎ diàn huà, qǐng qiú bāng máng 해당 서비스센터에 전화를 걸어 도움을 청해야 합니다.

徘 徊 瞻 眺

파이 pái　　화이 huái　　잔 zhān　　탸오 tiào

徘　徊　瞻　眺

배회 배　　배회 회　　볼 첨　　볼 조

徘徊瞻眺 이리저리 거닐면서 두루 살펴본다

徘	徘徊 (徘徊) pái huái 목적없이 거닐다 徘徊歧路 (徘徊歧路) pái huái qí lù 갈림길에서 우물쭈물하다(망설이다) 徘徊许久 (徘徊許久) pái huái xǔ jiǔ 한참이나 배회하다
徊	徘徊不定 (徘徊不定) pái huái bù dìng 우물거리며 결단을 내리지 못하다 徘徊观望 (徘徊觀望) pái huái guān wàng 망설이면서 형세를 지켜보다 左右徘徊 (左右徘徊) zuǒ yòu pái huái 이쪽 저쪽 하며 망설이다
瞻	瞻视 (瞻視) zhān shì 바라보다 瞻仰 (瞻仰) zhān yǎng 참배, 우러러 봄 瞻前顾后 (瞻前顧后) zhān qián gù hòu 앞뒤를 살피다(미리 신중히 생각한다는 뜻) 徘徊瞻顾 (徘徊瞻顧) pái huái zhān gù 결단을 내리지 못하고 주저함 瞻望未来 (瞻望未來) zhān wàng wèi lái 미래를 전망하다(내다봄)
眺	远眺 (遠眺) yuǎn tiào 멀리 바라봄 眺望 (眺望) tiào wàng 먼 곳을 바라봄 眺瞻 (眺瞻) tiào zhān 멀리 내다보다 眺望未来 (眺望未來) tiào wàng wèi lái 미래를 전망함 登高眺远 (登高眺遠) dēng gāo tiào yuǎn 높은 곳에 올라 먼 곳을 바라보다

徘	徊
丿	丿
彳	彳
彳	彳
彳	徊
彳	徊
徘	徊

瞻	眺
目	丨
目	目
目	目
目	目
瞻	眺
瞻	眺

会话 한마당　启动电脑时, 要注意些什么呢? qǐ dòng diàn nǎo shí, yào zhù yì xiē shén me ni 컴퓨터를 부팅할 때는 무엇을 조심해야 합니까?

孤 陋 寡 闻

구 gū　　러우 lòu　　과 guǎ　　원 wén
孤　　陋　　寡　　聞
외로울 고　　더러울 루　　적을 과　　들을 문

孤陋寡闻 배운 것이 적고 견문이 좁다

孤
- 孤单 (孤單) gū dān 외롭다, 홀로
- 孤独 (孤獨) gū dú 외로움
- 孤儿 (孤兒) gū ér 부모 없는 자식, 고아
- 孤苦伶仃 (孤苦伶仃) gū kǔ líng dīng 외롭고 쓸쓸하다
- 孤掌难鸣 (孤掌難鳴) gū zhǎng nán míng 한쪽 손바닥만으로는 소리가 울리지 않는다 (혼자서는 일을 성사시키지 못한다는 뜻)

陋
- 陋室 (陋室) lòu shì 누추한 집 (자기 집을 낮추어 비유하기도 함)
- 简陋 (簡陋) jiǎn lòu 초라하고 누추함
- 陋俗 (陋俗) lòu sú 낡은 풍속
- 孤陋寡闻 (孤陋寡聞) gū lòu guǎ wén 학식이 얕고 견문이 좁다
- 改掉陋习 (改掉陋習) gǎi diào lòu xí 낡은 (나쁜) 버릇(습관)을 고치다

寡
- 寡欲 (寡慾) guǎ yù 욕심이 적음
- 寡母 (寡母) guǎ mǔ 홀어머니
- 寡言 (寡言) guǎ yán 말이 적음
- 寡廉鲜耻 (寡廉鮮恥) guǎ lián xiǎn chǐ 염치가 없다, 파렴치하다
- 寡不敌众 (寡不敵衆) guǎ bù dí zhòng 힘이 모자라서 많은 것을 대적하지 못하다

闻
- 闻讯 (聞訊) wén xùn 소식을 듣다
- 闻一知十 (聞一知十) wén yī zhī shí 하나를 들으면 열을 안다
- 耳闻目睹 (耳聞目睹) ěr wén mù dǔ 직접 듣고 보다
- 前所未闻 (前所未聞) qián suǒ wèi wén 종래 들어본 적이 없다, 전대미문
- 百闻不如一见 (百聞不如一見) bǎi wén bù rú yī jiàn 백번 듣는 게 한 번 보는 것만 못하다, 백문이 불여일견

孤	陋
子	了
孑	阝
孒	阝
孤	阿
孤	陋
孤	陋

寡	闻
宀	丶
宀	丆
宜	门
宾	闩
寡	闻
寡	闻

开机前, 先检查一下软驱里有无软盘, 若有, 就取后再开. kāi jī qián, xiān jiǎn chá yī xià ruǎn qū lǐ yǒu wú ruǎn pán, ruò yǒu, jiù qǔ hòu zài kāi (컴퓨터를) 부팅하기 전에 먼저 플로피 디스크 드라이브 안에 디스켓이 있는지를 점검한 후, 만약 있으면 빼낸 다음에 부팅해야 합니다.

愚 蒙 等 诮

위 yú / 멍 méng / 떵 děng / 챠오 qiào

愚 蒙 等 誚

어리석을 우 / 어두울 몽 / 기다릴 등 / 꾸짖을 초

愚蒙等诮 어리석고 무지몽매함을 질책해 주기를 바란다

愚
- 愚见 (愚見) yú jiàn 어리석은 소견, (저의) 얕은 견해
- 愚笨 (愚笨) yú bèn 어리석고 미련함
- 愚弄 (愚弄) yú nòng 바보로 만들어 놀림, 우롱함
- 愚不可及 (愚不可及) yú bù kě jí 어리석음이 그지없다
- 愚昧无知 (愚昧無知) yú mèi wú zhī 지식이 없고 (우매하고) 사리에 어둡다

蒙
- 蒙胧 (蒙朧) méng lóng 흐리멍덩함
- 蒙昧 (蒙昧) méng mèi 어리석고 어두움
- 启蒙 (啓蒙) qǐ méng 계몽(하다)
- 蒙童 (蒙童) méng tóng 철부지, 어린아이
- 蒙聩 (蒙聵) méng kuì 소경과 귀머거리, 지식이 없고 사리에 어두움

等
- 等待 (等待) děng dài 기다림
- 等车 (等車) děng chē 차를 기다림
- 等不及 (等不及) děng bù jí 기다릴 수 없음
- 等候消息 (等候消息) děng hòu xiāo xī 소식을 기다리다
- 等闲视之 (等閑視之) děng xián shì zhī 등한시하다, 대수롭지 않게 여기다

诮
- 诮言 (誚言) qiào yán 비난어
- 讥诮 (譏誚) jī qiào 비난함
- 诮责 (誚責) qiào zé 질책함
- 当面诮责 (當面誚責) dāng miàn qiào zé 사람의 면전에서 책망하다
- 背后讥诮 (背後譏誚) bēi hòu jī qiào 뒤에서 남을 비난하다

회화 한마당 关(闭)机时, 应该注意些什么? guān(bì) jī shí, yīng gāi zhù yì xie shén me 컴퓨터를 끌 때는 무엇을 조심해야 합니까?

谓 语 助 者

웨이 wèi	위 yǔ	주 zhù	저 zhě
謂	語	助	者
이를 위	말씀 어	도울 조	놈, 것 자

谓语助者 이른바 (한문에 없어서는 안 되는) 어조사는

谓
- 或谓 (或謂) huò wèi (혹은) 어떤 이가 말하길
- 所谓 (所謂) suǒ wèi 이른바
- 何谓 (何謂) hé wèi 무엇이라 하는가, 무엇을 … 이라 하는가
- 可谓神速 (可謂神速) kě wèi shén sù (그야말로) 매우 빠르다고 말할 만하다
- 勿谓无礼 (勿謂無禮) wù wèi wú lǐ 예의가 아니라고(무리하다고) 말하지 말아요

语
- 语文 (語文) yǔ wén 어문
- 语法 (語法) yǔ fǎ 말의 조직에 관한 법칙, 어법, 문법
- 语言 (語言) yǔ yán 말, 언어
- 语无论次 (語無論次) yǔ wú lùn cì 말하는 것이 조리가 없다, 말의 갈피를 잡지 못함
- 语重心长 (語重心長) yǔ zhòng xīn cháng 말이 간곡하고 의미심장하다

谓	语
讠	讠
订	订
诩	诉
诩	诉
谓	语
谓	语

助
- 援助 (援助) yuán zhù 도와줌, 원조함
- 帮助 (幫助) bāng zhù 돕다, 방조함
- 补助 (補助) bǔ zhù 모자라는 것을 도와줌
- 助人为乐 (助人爲樂) zhù rén wéi lè 남을 돕는 것을 기쁘게(낙으로) 생각하다
- 鼎力相助 (鼎力相助) dǐng lì xiāng zhù 큰 힘으로 돕다

者
- 强者 (强者) qiáng zhě 강자, 강하다고 하는 것
- 老者 (老者) lǎo zhě 늙은이
- 能者多劳 (能者多勞) néng zhě duō láo 유능한 자가 수고를 많이 한다(유능할수록 일을 더 한다는 뜻)
- 来者不拒 (來者不拒) lái zhě bù jù 오는 것은(보내온 것은) 거절하지 않는다

助	者
｜	十
冂	土
目	耂
且	者
助	者
助	者

无论什么情况, 都不可以直接关机. wú lùn shén me qíng kuàng, dōu bù kě yǐ zhí jiē guān jī 그 어떤 상황에서도 직접 꺼서는 안 됩니다.

焉 yān	哉 zāi	乎 hū	也 yě
焉	哉	乎	也
어조사 언	어조사 재	어조사 호	어조사 야

焉哉乎也 (바로) 언·재·호·야 (따위)이다

焉
- 焉知 (焉知) yān zhī 어찌 … 알겠는가
- 焉敢 (焉敢) yān gǎn 어찌(감히) … 수 있겠는가
- 心不在焉 (心不在焉) xīn bù zài yān 정신을 딴 데 팔다, 제정신이 없다
- 焉知非福 (焉知非福) yān zhī fēi fú (그것이) 복이 되지 않을지 어찌 알랴

哉
- 险哉 (險哉)! xiǎn zāi 위험하도다!
- 有何难哉 (有何難哉)! yǒu hé nán zāi 무슨 어려움이 있겠는가!
- 呜呼哀哉 (嗚呼哀哉)! wū hū āi zāi 아, 슬프도다! (죽음을 뜻함)
- 岂非妙哉 (豈非妙哉)! qǐ fēi miào zāi 그 어찌 묘하다고 하지 않을소냐!

乎
- 几乎 (幾乎) jī hū 거의, 하마트면
- 天乎! (天乎) tiān hū 하늘이여!
- 不亦乐乎 (不亦樂乎)! bù yì lè(yuè) hū 어찌 기쁘지 않을소냐!
- 蛮不在乎 (蠻不在乎) mán bù zài hū 전혀 대수롭지 않게 여기다

也
- 何也 (何也)? hé yě 어찌된 영문인가?
- 不易也 (不易也)! bù yì yě 쉽지 않도다!
- 何其毒也 (何其毒也)! hé qí dú yě 그 얼마나 지독한가!
- 天助我也 (天助我也)! tiān zhù wǒ yě 하늘이 나를 돕는구려!

회화 한마당

关机时, 先在'开始'菜单点击'终了', 然后再点击'确认', 那就自动关机了. guān jī shí, xiān zài 'kāi shǐ' cài dān diǎn jī 'zhōng liǎo', rán hòu zài diǎn jī 'què rèn', nà jiù zì dòng guān jī le 컴퓨터를 끄려면 먼저 '시작' 메뉴에서 '종료'를 클릭한 다음, 이어 '확인'을 누르면 바로 자동적으로 꺼집니다.

컴퓨터 및 인터넷 상용단어

부 록

컴퓨터 및 인터넷 상용단어

电脑(计算机) diàn nǎo(jì suàn jī) 컴퓨터
手提(笔记本)电脑 shǒu tí(bǐ jì běn) diàn nǎo 노트북
操作电脑 cāo zuò diàn nǎo 컴퓨터를 다루다
开机 kāi jī (컴퓨터를) 켜기(켜다)
启动 qǐ dòng 부팅
重新启动 chóng xīn qǐ dòng 재부팅(재시동)
打开 dǎ kāi (파일) 열기
点击 diǎn jī 클릭
单击 dān jī 원클릭
双击 shuāng jī 더블 클릭
按键 àn jiàn (버튼을) 누르다
摁键 èn jiàn (버튼을) 누르다
关(闭)机 guān(bì) jī (컴퓨터) 끄기
停机 tíng jī (컴퓨터) 사용 정지
显示器(荧幕, 屏幕, 스크린) xiǎn shì qì(yíng mù, píng mù) 컴퓨터 모니터
液晶 yè jīng 액정(LCD)
硬件 yìng jiàn 하드웨어
软件 ruǎn jiàn 소프트웨어
硬盘(碟) yìng pán(dié) 하드디스크
软盘 ruǎn pán 플로피디스크
(软)磁盘 (ruǎn) cí pán 디스켓
磁盘盒 cí pán hé 디스켓 보관함
(激)光盘 (jī) guāng pán (CD)디스켓
光盘(光碟) guāng pán(guāng dié) CD롬 디스크
免费软件 miǎn fèi ruǎn jiàn 무료(공개) 소프트웨어
应用软件 yāng yòng ruǎn jiàn 어플리케이션
驱动器 qū dòng qì 드라이브
硬盘驱动器 yìng pán qū dòng qì 하드디스크 드라이브
软盘驱动器 ruǎn pán qū dòng qì 플로피디스크 드라이브
磁盘插口 cí pán chā kǒu 디스켓 드라이브 삽입구
光盘驱动器 guāng pán qū dòng qì CD롬 드라이브
调制解调器(猫儿) tiáo zhì jiě tiáo qì(māor) 모뎀
专线 zhuān xiàn 전용선
打印机 dǎ yìn jī 프린터
激光打印机 jī guāng dǎ yìn jī 레이저 프린터
打印纸 dǎ yìn zhǐ 프린터 용지
印刷 yìn shuā 인쇄
彩印 cǎi yìn 컬러 인쇄

墨盒 mò hé 카트리지
鼠标 shǔ biāo 마우스
鼠键(鼠标器按纽) shǔ jiàn(shǔ biāo qì àn niǔ) 마우스 버튼
鼠标垫 shǔ biāo diàn 마우스 패드
指针 zhǐ zhēn 포인터
键盘 jiàn pán 키보드
回车键 huí chē jiàn 엔터키
控制键 kòng zhì jiàn 컨트롤 키
快捷键 kuài jié jiàn 단축 키
退格键 tuì gé jiàn 백스페이스 키
麦克 mài kè 마이크
音响(箱), (扬声器) yīn xiǎng(xiāng), (yáng shēng qì) 스피커
扫描仪 sǎo miáo yí 스캐너
图标 tú biāo 아이콘
制作执行文件 zhì zuò zhí xíng wén jiàn 실행파일 만들기
文本文件 wén běn wén jiàn 문서파일
图形文件 tú xíng wén jiàn 그래픽파일
图标文件 tú biāo wén jiàn 아이콘 파일
声音文件 shēng yīn wén jiàn 음성파일
文体夹 wén jiàn jiā 폴더
程序(程式) chéng xù(chéng shì) 프로그램
安装 ān zhuāng (프로그램)설치
重装 chóng zhuāng 재설치
电脑联网 diàn nǎo lián wǎng 컴퓨터 통신망
因特网(互联网/国际网络) yīn tè wǎng(hù lián wǎng/guó jì wǎng luò) 인터넷
网络(互联网) wǎng luò(hù lián wǎng) 네트워크
网络(上)聊天, (网聊) wǎng luò(shàng) liáo tiān, (wǎng liáo) 채팅
进聊天室(网聊房) jìn liáo tiān shì(wǎng liáo fáng) 대화방에 들어가다
因特网服务提供者 yīn tè wǎng fú wù tí gòng zhě 인터넷 서비스 제공자
网民 wǎng mín 네티즌
网虫 wǎng chóng 인터넷 애호가
网迷 wǎng mí 인터넷광
电脑盲 diàn nǎo máng 컴맹
网友 wǎng yǒu 통신 친구
网巴 wǎng bā 인터넷 카페, PC방
网站 wǎng zhàn 웹사이트
网页 wǎng yè 웹페이지
(个人)主页 (gè rén) zhǔ yè (개인) 홈페이지

컴퓨터 및 인터넷 상용단어

主页网址 zhǔ yè wǎng zhǐ 홈페이지 주소
网页设计 wǎng yè shè jì 웹페이지 디자인
制作网页 zhì zuò wǎng yè 웹페이지 만들기
网址(因特网址) wǎng zhǐ(yīn tè wǎng zhǐ) 인터넷(사이트) 주소
领域名 lǐng yù míng 네트워크 주소
本地(局部)网络 běn dì(jú bù) wǎng luò 랜(LAN)
(公司)内部网络 (gōng sī) nèi bù wǎng luò 인트라넷
电子信箱 diàn zǐ xìn xiāng 전자우편함
电子邮件(电邮) diàn zǐ yóu jiàn(diàn yóu) 전자우편, 이-메일
电邮地址 diàn yóu dì zhǐ 이메일 주소
a圈(圈a) a quān 골뱅이─@
邮筒(邮箱) yóu tǒng(yóu xiāng) 이메일 박스
电邮服务器 diàn yóu fú wù qì 메일 서버
上网 shàng wǎng 인터넷 접속
挂接因特网 guà jiē yīn tè wǎng 인터넷 접속(연결)
雅虎 yǎ hǔ 야후
搜狐 sōu hú 써우후
用户 yòng hù 사용자
用户代码(标识符/网名) yòng hù dài mǎ(biāo shí fú/wǎng míng) 사용자 ID
密码 mì mǎ 비밀번호(패스워드)
进入, 注册 jìn rù, zhù cè 로그온
登录 dēng lù 로그인하다
登录不进去 dēng lù bù jìn qù 로그인 해도 들어가지 못하다
登陆 dēng lù 로그인하다
登录名 dēng lù míng 로그인 네임
登记 dēng jì 등록하다, 가입하다
输入 shū rù 입력
输出 shū chū 출력
退出 tuì chū 로그아웃
注销 zhù xiāo 로그오프
传送 chuán sòng 전송하다
文件 wèn jiàn 파일
附件 fù jiàn 첨부파일
下载 xià zǎi 다운로드
上载 shàng zǎi 업로드
储存(存, 保存) chǔ cún(cún, bǎo cún) 저장
另存为 lìng cún wéi 다른 이름으로 저장
存储器(内存) cún chǔ qì(nèi cún) 메모리

网络浏览器 wǎng luò liú lǎn qì 웹브라우저
电子商务 diàn zǐ shāng wù 전자상거래
家居购物 jiā jū gòu wù 홈쇼핑
网上购物 wǎng shàng gòu wù 인터넷쇼핑
电子购物 diàn zǐ gòu wù 전자쇼핑
网上书店 wǎng shàng shū diàn 인터넷서점
虚拟商店 xū nǐ shāng diàn 사이버 상점
搜索 sōu suǒ 탐색
检索 jiǎn suǒ 검색
搜索器, 检(搜)索引擎 sōu suǒ qì, jiǎn(sōu) suǒ yǐn qíng 검색 엔진
入网帐户 rù wǎng zhàng hù 인터넷 계정
加入会员 jiā rù huì yuán 회원 가입
服务器(伺服器) fú wù qì(sì fú qì) 서버
免费服务 miǎn fèi fú wù 무료 서비스
网站设计 wǎng zhàn shè jì 웹디자인
字体(同体字组) zì tǐ(tóng tǐ zì zǔ) 폰트
打字 dǎ zì 타자하다
打文件(资料) dǎ wén jiàn(zī liào) 문서(자료) 작성
编辑 biān jí 편집
修改 xiū gǎi 수정하다
选中 xuǎn zhòng 블럭 설정
标点符号 biān diǎn fú hào 문장부호
另起(一)行 lìng qǐ(yī) háng 다음 줄 시작
绘图 huì tú 그리기
表格 bǎo gé 표
留言板 liú yán bǎn 게시판
留言 liú yán 메모(남기다)
功能 gōng néng 기능
数据 shù jù 데이터
资料(数据)库 zī liào(shù jù) kù 데이터 베이스
死机(挡机) sǐ jī(dǎng jī) (컴퓨터가) 다운(되다)
域名 yù míng 도메인 네임
链接 liàn jiē 링크
菜单 cài dān 메뉴
运行(执行) yùn xíng(zhí xíng) 실행
在线(计算机联网) zài xiàn(jì suàn jī lián wǎng) 온라인
查询 chá xún 조회
拨号网络 bō hào wǎng luò 전화 접속 네트워킹

부록

컴퓨터 및 인터넷 상용단어

工具条 gōng jù tiáo 도구 모음줄
工具箱 gōng jù xiāng 도구상자
帮助 bāng zhù 도움말
控制板 kòng zhì bǎn 제어판
按钮 àn niǔ 버튼
使用按钮 shǐ yòng àn niǔ 버튼사용
后一画面 hòu yī huà miàn 다음 화면
动态图象 dòng tài tú xiàng 동영상
背景颜色 bèi jǐng yán sè 배경색
复制(复印) fù zhì(fù yìn) 복사
拷贝 kǎo bèi 카피, 사본
剪切 jiǎn qiē 잘라내기
压缩 yā suō 압축(하기)
粘贴 zhān tiē 붙여넣기
删除 shān chú 삭제
撤销 chè xiāo 실행 취소
继续 jì xù 계속
终了 zhōng liǎo 종료
系统 xì tǒng 시스템
操作系统 cāo zuò xì tǒng OS, (컴퓨터의) 오퍼레이팅 시스템
视图 shì tú 보기, 투시(透视)도
狀态 zhuàng tài 상태
亮度 liàng dù 명도 (밝기)
发生(出)故障 fā shēng(chū) gù zhàng 고장나다
排出故障 pái chū gù zhàng 고장 제거
换零件(附件) huàn líng jiàn(fù jiàn) 부품을 바꿔 넣다
机型 jī xíng 기종
主机 zhǔ jī 본체
终端机 zhōng duān jī 단말기
数码相机(数字照相机) shù mǎ xiàng jī(shù zì zhào xiàng jī) 디지털 카메라
激光视盘机 jī guāng shì pán jī 레이저 디스크
微软公司 wēi ruǎn gōng sī 마이크로 소프트사
视盘 shì pán 비디오 CD
电缆 diàn lǎn 케이블
终端 zhōng duān 터미널
总线 zǒng xiàn 버스
电源线 diàn yuán xiàn 전원코드
电源开关 diàn yuán kāi guān 전원 스위치

接电源 jiē diàn yuán 전원에 연결(접속)
插座 chā zuò 소켓
插头 chā tóu 플러그
插插头 chā chā tóu 플러그를 꽂다
拔插头 bá chā tóu 플러그를 빼다
插接口 chā jiē kǒu 연결코드
指示灯 zhǐ shì dēng 표시등
窗口 chuāng kǒu 윈도우
视窗版 shì chuāng bǎn 윈도우 버전
视窗98 shì chuāng 98 윈도우즈 98
晶片(芯片) jīng piàn(xīn piàn) 칩(컴퓨터)
显像器 xiǎn xiàng qì 컴퓨터 브라운관
家庭电影 jiā tíng diàn yǐng 홈 시네마
多媒体 duō méi tǐ 멀티 미디어
容量 róng liàng 용량
收藏夹 shōu cáng jiā 즐겨찾기 폴더
奔腾 bēn téng 펜티엄
关键词 guān jiàn cí 키워드
升级(更新) shēng jí(gēng xīn) 업그레이드
桌面 zhuō miàn 바탕화면
乱码 luàn mǎ 깨지다
转换 zhuǎn huàn 전환(바꾸다)
电脑游戏 diàn nǎo yóu xì 컴퓨터 게임
电脑病毒 diàn nǎo bìng dú 컴퓨터 바이러스
病毒感染 bìng dú gǎn rǎn 바이러스 감염
盗版光盘 dào bǎn guāng pán 해적(불법복제)판 CD
虚拟世界(空间) xū nǐ shì jiè(kōng jiān) 사이버 세계(공간)
千年虫 qiān nián chóng 밀레니엄 버그
客户 kè hù 클라이언트
黑客(电脑恐怖分子) hēi kè(diàn nǎo kǒng bù fēn zǐ) 해커
剽窃 piāo qiè 해킹

부록

한자와 중국어 함께 배우는 간체자 천자문

임장춘 지음

펴낸곳 | 도서출판 사람과 사람
펴낸이 | 김성호

제1쇄 인쇄 | 2004년 3월 1일
제1쇄 발행 | 2004년 3월 15일

등록번호 | 제1-1224호
등록일자 | 1991년 5월 29일
주소 | 서울 마포구 망원동 458-84 2F
대표전화 | (02)335-3905~6 팩스 | (02)335-3919

값은 표지 뒷면에 있습니다

ⓒ 임장춘, 2004, Printed In Korea
판권 본사소유/잘못된 책은 바꿔 드립니다.
ISBN 89-85541-81-1 03720